本书为 2017 年度国家社科基金项目

（17BKG006）结项成果

岭南地区新石器化过程的考古学研究

陈洪波 著

文物出版社

图书在版编目（CIP）数据

岭南地区新石器化过程的考古学研究 / 陈洪波著.
—— 北京：文物出版社，2023.10
　　ISBN 978-7-5010-8172-1

　　Ⅰ.①岭… Ⅱ.①陈… Ⅲ.①岭南—新石器时代考古
—考古学文化—文化研究 Ⅳ.①K871.134

　　中国国家版本馆CIP数据核字(2023)第167757号

岭南地区新石器化过程的考古学研究

著　　者：陈洪波

封面设计：秦　彧
责任编辑：秦　彧
责任印制：王　芳

出版发行：文物出版社
社　　址：北京市东城区东直门内北小街2号楼
邮　　编：100007
网　　址：http://www.wenwu.com
经　　销：新华书店
印　　刷：北京荣宝艺品印刷有限公司
开　　本：787mm×1092mm　1/16
印　　张：16.5
字　　数：253千字
版　　次：2023年10月第1版
印　　次：2023年10月第1次印刷
书　　号：ISBN 978-7-5010-8172-1
定　　价：180.00元

文化初造，文明破晓（代序）

—— 读陈洪波《岭南地区新石器化过程的考古学研究》

郑君雷

陈洪波教授发来《岭南地区新石器化过程的考古学研究》书稿，嘱我作序。我对新石器考古近乎隔行隔山，万分推脱不得，只好答应写篇读后记。既便如此，仍然是战战兢兢、如履薄冰，深恐为方家见笑，更辜负洪波教授一番好意。不过，这部著作的基础是 2017 年度国家社科基金结项成果，鉴定等级为"优秀"，评审专家当然是慧眼，读者也有慧心，自然能够读出书中的真知灼见，所以我不必从学术角度置喙太多，可以轻松谈些学习体会，于是略得宽心。

全书共五章，计 25 万字，插图 30 余幅。第一章作为学术背景概括介绍了西方新考古学的基本观点，及其在中国的传播和影响，全面梳理了国内外学术界对于"新石器化"和"农业起源"等问题的观点和讨论，以期对于中国特别是岭南地区新石器化研究有所启发。第二章是岭南地区新石器时代文化过程的整体研究，通过对岭南新石器时代文化形态特殊性的检讨，以及对西江中游文化区史前生业经济发展阶段及转变的讨论，揭示出岭南地区新石器时代与黄河流域、长江流域的文化发展差异，以及产生此种区域特殊性的动因。第三章是岭南地区新石器时代文化现象的个案研究，从酿酒的发生、石器功能和形制的演变、战争迹象等角度，对农业起源、生计方式演变和社会结构演进等文化过程进行解读。第四章探讨了岭南与大陆东南亚早期文化的密切交流和整体联系，核心在于分析岭南和中南半岛的"龙山化"现象，强调中国农业起源的核心地带对于周边地区的影响。第五章将岭南地区的新石器化进程概括为从"广谱革命"到"稻作农业"，系统总结了岭南地区新石器化进程的内容、阶段和特点，以及岭南在中国文化早期发展过程中的贡献。

　　"新石器化（neolithization）"通常是指人类从旧石器时代或中石器时代到新石器时代的转变过程，包括"新石器化产生的原因，旧石器或中石器时代向新石器时代过渡的模式，与新石器化相关的农业的起源与传播、陶器的起源与传播、磨制石器的起源、定居的起源以及社会结构复杂化等"多方面内容。这部著作虽然是围绕岭南地区新石器化进程展开论述，但字里行间能够见到作者多年来对于考古学理论方法和考古学史的关注，对于岭南作为考古学上"真正的南方"（苏秉琦语）的思考，以及将岭南考古作为东南亚考古有机组成部分的开阔视野。正是由于努力尝试将这些关注和思考融入岭南地区新石器化过程的考古学研究中，因此本书的篇章结构、材料组织和论述逻辑都很有特点。可以看出，作者不仅关注岭南地区的"新石器化"，同时也在思考气候、环境、资源、区位、族群等背景因素在岭南社会发展进程中的长时段、深层次影响，或许正是因为我就职的中山大学同样地处岭南的缘故，才会找到我这个"外行"写序。

　　本书以"新石器化"为线索，论及岭南新石器时代乃至更晚时期的农业起源、生业方式、石器研究、文化交流、酿酒、战争等专题，研究对象多样，内容丰富。全书结构设计别有匠心。第一章理论、方法与学术史的相关概括和梳理，实际是在搭建岭南地区新石器化过程研究的理论框架，在此理论框架的指引下，后续研究就顺理成章，也便于切中肯綮。作者在第二章的整体研究中能够抓住关键环节和核心内容，在第三章的个案研究中能够紧扣焦点问题，第四章将视野扩大到大陆东南亚，第五章从宏观角度对岭南地区的新石器化过程和模式等问题进行系统阐释和总结，逻辑清晰，重点突出，转承有序，不失为力作。

　　作者认为，在气候条件较好、自然资源丰富的岭南地区，史前居民采取"富裕狩猎采集"的食物生产模式，在"成熟农业"发生之前即已经进入新石器时代，岭南地区的"新石器化"也由此走上了一条不同于黄河流域和长江流域的道路；并将岭南地区的新石器化过程划分为"广谱革命—食物生产的萌芽时期"（距今 18000～12000 年）、"富裕狩猎采集时期"（距今 12000～6000 年）、"稻作农业传入岭南并逐渐与土著文化融合的时期"（距今 6000～5000 年）和"成熟稻作农业社会时期"（距今 5000～4000 年）四个阶段。作者关于岭南地区在"低水平食物生产"（Low Level Food Production）的物质条件下迈进新石器时代的核心认识，化解了岭南考古学材料中"以磨制石器和陶器出现为新石器时代标志"

和"以农业出现为新石器时代标志"的时间冲突，平衡了"岭南地区史前文化发展特殊性"与"中国新石器时代考古研究整体框架"的关系，并将在距今6000年前后来自长江流域的农业文化打破岭南渔猎采集文化格局的经济形态变革成为岭南地区的"第二次新石器化进程"，从而辨识出岭南地区史前时期独特的新石器化过程和模式，学术意义可谓重要。

作者对于岭南地区新石器化过程的研究较为深刻全面，除了熟悉岭南史前考古材料以外，也得益于作者比较熟悉西方考古学的理论方法，充分了解中国考古学的发展历史和现状，并基本掌握东南亚史前考古的研究动态。本书借鉴了过程考古学的理论方法，但是作者对于国外考古学理论方法的欠缺，及其在中国考古学应用中暴露的问题有着清醒认识，正如作者讲到的，"对于新考古学，中国学者学习的重点在视野、思路、技术和方法，对于考古学的阐释理论有自己的看法"，作者是这样总结的，也是这样实践的。这部著作充分发掘田野考古材料的价值，概念简明，行文平实，虽然理论思考比较多，但是与具体材料的结合比较完善，特别是把握到"对于岭南地区从旧石器时代晚期到成熟稻作农业这个进化过程进行阶段性划分"这一"认识这个地区'新石器化'过程的关键方法"，因此聚焦问题"有的放矢"，解释问题"弹不虚发"。

洪波教授的学养与其学习背景、学术经历有关。作者于山东大学先后获得学士和硕士学位，2008年在复旦大学获得博士学位，随即执教于广西师范大学，期间曾赴史语所和耶鲁大学人类学系访学，现担任广西师范大学文物与博物馆专业硕士生导师、世界历史专业博士生导师（东南亚古代文明方向）。洪波教授在华南和东南亚考古研究领域笔耕不辍，已完成"中国科学考古学的兴起与历史语言研究所的实践""华南与东南亚新石器时代比较考古研究""岭南地区新石器化的过程考古学研究""骆越陶瓷文化研究"4项国家社科基金项目，现正主持1项国家社科基金项目"中南半岛新石器时代文化过程的综合研究"，先后出版《中国科学考古学的兴起：1928～1949年历史语言研究所考古史》《华南与东南亚新石器时代的文化面貌、生业经济及族群迁徙》《西江流域的铜鼓文化》3部专著，发表论文50余篇，并与广西文物保护与考古研究所谢光茂研究员合作翻译了著名考古学家、澳大利亚国立大学彼得·贝尔伍德教授《最早的农人：农业社会的起源》《最早的岛民：岛屿东南亚史前史与人类迁徙》两部东南亚考古权威著作。有这些学术经历和前期研究成果为基础，这部专著的完成自然是水到渠成。

岭南地区的新石器化过程早就引起学者关注，张光直先生在"华南的'西南森林地区'——包括四川盆地、云贵高原、广西丘陵地带、北部湾沿岸、海南岛和越南的史前文化"的四期划分中曾提出"亚新石器时代"的说法，陈胜前、吕烈丹、刘莉和陈星灿等先生的研究成果也颇多建树。作者在这些研究基础上，对此问题进行了系统、综合的新阐释，在此领域形成了"逻辑自洽"的认识体系。这套认识体系的基本框架，包括一些具体观点，肯定会引起学术同行的关注乃至争鸣，我无力在理论层面作更深入评价，只能在阅读中提些建议，不一定正确，仅供作者参考。

苏秉琦先生指出岭南地区"是真正的南方"，岭南地区的新石器化过程也确实有其特殊性。根据作者的认识，岭南地区的新石器时代以距今6000年为界，大致可以分为渔猎采集经济和稻作农业经济两大阶段，"前者是更新世晚期以来在本土环境基础上发展起来的一种新石器时代文化传统，后者则是接受了来自长江流域的一种新的文化传统"；而距今约5000年以来岭南地区的第二次全面"新石器化"进程，则"代表了黄河流域、长江流域、珠江流域在文化面貌上的进一步统一，为中国文明的起源和发展奠定了基础"。如果理解无误的话，我想将岭南新石器时代前一个阶段的社会发展形态称为"文化初造"，将后一个阶段称为"文明破晓"，虽然这是两个有根本区别的发展阶段，但也不能截然割裂。

学术界已经注意到，新石器时代早期岭南和东南亚考古学文化的发展处于东亚地区的领先地位，如陶器出现早；但是中后期表现出滞后性，包括卜工先生指出的"石器的长过程"，尤其是狩猎采集经济始终占重要地位，经济生活长期徘徊在"低水平食物生产"层面，"成熟农业"出现更晚。而在中原地区，距今8000年的裴李岗时代农业已经初步发展，社会分化已见端倪，文明已经起步。与辽河流域、海河流域、黄河流域、淮河流域、长江流域"真正的"新石器时代的社会发展状态相比，可以用"文化初造"来形容"农业产生之前岭南地区这种似是而非的'新石器时代'状态"。

"距今5000年左右，岭南似乎迎来了一个迈入真正的新石器时代的过程"，但"即使到了新石器时代晚期，农业自长江流域传入，稻作人群对岭南和东南亚土著狩猎采集社会产生强烈的冲击，仍然没有改变这一地区的整体文化面貌"。而在中原地区，距今 6000 年的庙底沟时代已经出现社会明显分化，距今 5000 多年已经进入中华文明正式形成的古国文明阶段。虽然岭南新石器时代第二阶段的社会发展水平与黄河、淮河、长江等流域仍然存在明显落差，但是随着农业发展、人口增加和社群交往的扩展，文明因子已经孕育。至距今 5000～4000 年的新石器时代末期，当石峡文化的"石斧已经从实用工具演化为武器和礼仪用具"，当桂南大石铲文化"有一部分巨型石铲演变成专用于祭祀以求农业与生育丰产的礼器"，"文明破晓"的晨光已然在岭南升起。

洪波教授提出，"中国史前每个区域的发展都有其特殊性，特殊性才是各区域考古学文化的精彩之处，考古学家的重要任务，就是探讨各个区域文化的自身特点"，我深以为然。从文化初成、文明破晓，到"文物彬彬，不异中华"，这部著作揭示的岭南地区新石器化进程的特殊性、岭南早期文化发展的"海洋性"、岭南地区与大陆东南亚之间早期文化的统一性等现象，对于岭南"自己的青铜文化""自己的'夏、商、周'"研究，对于岭南融入"秦汉统一多民族国家"以来的历史时期考古学研究，对于岭南沿续至明代的融入"中华一体"的考古学研究，都有启发意义。

（作者为中山大学社会学与人类学学院副院长、教授、博导，中山大学历史人类学研究中心铸牢中华民族共同体意识研究基地研究员）

目　录

第一章 理论、方法与学术史

第一节 新考古学理论及其在中国的传播

一 新考古学概述

（一）新考古学的产生和发展

20 世纪五六十年代的美国考古学，和后来中国考古学 20 世纪八九十年代的状况有些类似，考古学家们的主要任务是建立印第安人在美洲不同地区的文化序列和文化谱系。这个考古学发展阶段后来被称为"文化历史考古学"，是美国考古学的第二个发展阶段。考古学家们在美洲从事诸多考古发掘项目，用类型学方法结合地层学研究出土遗物，寻求各种器物的组合关系，以此来建立考古学文化演变的时空框架。但是，由于美洲史前史只有大约两三万年，时间较为短暂，在碳-14 测年法和树轮测年法发明后不久，美洲考古学文化序列的建立这项任务已经基本完成。20 世纪 60 年代初，美国一批年轻考古学者对传统考古学观念和方法提出质疑和挑战，从而兴起了一场考古学革命。这些人被称为"新考古学派"，领袖人物是路易斯·宾福德（Lewis R. Binford）。新考古学思潮是时代的产物，除了美国，在欧洲也有表现，领袖人物是英国考古学家戴维·克拉克（David L. Clarke），代表作是《考古学纯洁性的丧失》[1]《分析考古学》[2] 等。

新考古学派大量吸收了其他学科的理论方法融入考古研究，对诸多问题发表了独特的见解。他们认为，文化是人类对于环境的一种适应方式，包括社会组织、技术经济、意识形态三个亚系，而考古遗存也可以相应分为社会组织产品、

---

[1] Clarke, D. L. Archaeology: the Loss of Innocence. *Antiquity*, 1973, 47: 6-18.

[2] Clarke, D. L. *Analytical Archaeology*. London: Methunen, 1968.

技术经济产品和意识形态产品。考古学者可以通过对这三类遗物的发现和研究，重新建立人类的各种行为模式，从而追寻人类文化发展的动态过程，并找出这个过程背后的规律[1]。

新考古学的发展过程，大致可以分为三个阶段。第一阶段以新考古学派发表宣言为开端；第二阶段以新考古学的建立为主要标志；第三阶段则以对新考古学的反思为特征，反思的主要结果是强化了对意识形态领域的研究。

第一阶段是从1962～1967年，以路易斯·宾福德发表《作为人类学的考古学》这一纲领性文献为开端[2]。这时的新考古学派指出传统文化历史考古学的不足之处，并且努力完善自身理论。在此期间，年轻的宾福德及其追随者相继发表一系列文章，勾勒出新考古学派的基本观点。新考古学派认为，考古学就是人类学，目的在于认识人类行为，揭示社会发展规律。在遗址发掘和研究过程中，不应该只注重典型器物的研究，而应该关注遗址中出土遗物的全部，特别是出土背景；不应该只关注文化发展的脉络，也应该注意社会和文化的结构变化。

从1967年，新考古学的发展进入第二阶段，新考古学派开始探索解决上述问题的具体方法。考古学与其他学科的联系日益紧密，民族学、地理学、生态学等社会科学的理论及方法被应用到考古学中，许多边缘与分支学科相继面世。在新考古学学术思想的影响下，考古学在聚落形态、文化与自然环境关系、社会分层等领域的研究成绩斐然。到20世纪70年代，新考古学的方法论已经初步系统化。1977年，宾福德借用社会学中的"中程理论"来解释考古学中的问题。中程理论运用各个分支学科的理论方法，在考古出土器物与考古学文化变化之间搭建桥梁，或者将现代科学的假说演绎法运用到具体考古材料的分析中，以此来了解考古遗址所体现的人类活动和行为[3]。为了建立中程理论的研究范例，宾福德身体力行，开创了民族考古学（ethnoarchaeology）的研究方法，卓有成效。

新考古学改变了传统考古学只注重解释考古材料本身的局限性，拓宽了考古学的研究范围。但是基于考古材料实物性研究的性质，新考古学派认为，考古

---

[1] 〔加〕布鲁斯·特里格著，陈淳译：《美国新考古学述评》，《文物季刊》1992年第3期，第87～95页。

[2] Binford，Lewis. Archaeology as Anthropology. *American Antiquity* 28: 217，1962.

[3] Binford, Lewis. Middle-range Research and the Role of Actualistic Studies. In: Binford L.R. *Working at Archaeology*. New York. Academic Press,1983.

学擅长的研究领域在物质方面，即实证研究，对于人类思想意识的研究，考古学则无能为力。由于思维的不可验证性，考古学研究不可能进入思维领域，因为考古遗物反映的是人类行为而不是思想。虽然新考古学将人类遗物分为社会产品、技术产品、精神产品，但最主要的研究成就还是集中在社会与经济两大方面，在意识形态与精神领域建树较少。

20世纪80年代，考古学界对新考古学理论进行了反思，认为社会发展的动力并不完全决定于自然环境和人类的生存方式，人类的思想观念对社会发展也有着不可忽视的作用。精神意识领域的研究工作开始受到重视，认知考古学逐渐发展起来，这是新考古学发展的第三阶段。也有人称这个阶段超越了新考古学，如果将新考古学称之为"过程考古学（processual archaeology）"，那么这个阶段可称之为"后过程考古学（post-processual archaeology）"。后过程考古学也有自己的代表人物，最著名的是英国考古学家伊恩·霍德（Ian Hodder）[1]。但后过程考古学远远没有达到过程考古学那么大的影响，大多数人认为它只不过是新考古学的余绪。

（二）主要学术观点与方法

路易斯·宾福德为代表的新考古学派自认为是革命者，提出了一系列颠覆性的理论观点，对传统考古学形成了极大的冲击。

新考古学派认为，考古学的研究目标包括三个方面。第一，复原文化历史；第二，复原人类的生活方式；第三，研究文化的进程。第三个方面是考古学的最终目标，第一和第二方面的研究都是为第三个目标奠定基础。所谓"文化进程"，即阐释考古遗存起源、发展和传承的原因[2]。如果说传统的文化历史考古学主要是解决考古现象"是什么"的问题，那么新考古学要解决的就是考古现象"为什么"的问题，二者的思路有根本的区别。

新考古学认为，考古学理论和方法应有明确的科学体系，就像自然科学一样，要对研究的课题先提出假设，然后使用考古研究加以验证。在研究方法方

---

[1] Hodder, I. *Reading the Past: Current Approaches in Interpretation in Archaeology*. Cambridge: Cambridge University Press, 1986.

[2] Binford, L.R. Archaeological Perspectives. In: Binford S. R. & L. R. Eds. *New Perspectives in Archaeology*. Chicago: Aldine, 1968.

面，提倡演绎法，反对归纳法[1]。

美国新考古学派为了实现自身研究的目标，引入社会学中的"中程理论"来解释考古学中的问题，即运用实验考古学和民族考古学等学科的方法，将考古遗存与实验结果和现代民族考古学观察之间搭建桥梁，以此来解释考古遗存中的人类行为方式[2]。

实验考古学是在特定的环境下，对过去人类的制造技术和结构进行复原，以及对遗址中发现的建筑物和人工制品的损坏情形进行模拟或再现。通过对实验结果观察和参照，进而对在实际发掘工作中发现的考古资料进行解释。

新考古学派十分重视对考古遗物制作过程和使用过程的模拟与观察。例如旧石器考古学家进行石器打制实验，通过观察石器的剥片和加工步骤，对旧石器遗址出土的打制石器进行研究。考古学家还制作刮削器等打制石器加工食物，使用后对其刃缘进行低倍镜观察，对其微痕进行分析，以探讨加工不同食物产生的不同微痕形态。根据考古遗址中出土打制石器的磨损状况和微痕特征，判断该工具的原始功能。

民族考古学在美洲地区一直受到重视和关注，因为美洲的考古学与民族学关系十分紧密。民族考古学并非新考古学的独家发明，早在20世纪初，就有学者提出这种方法，但是，民族考古学形成系统的理论和方法，并成为考古学的一个边缘学科，是20世纪60年代的事情，新考古学派对此功不可没。新考古学希望探索文化变化的动因以及方式，然而，考古实物遗存所能反映的信息毕竟有限，想要重现考古学家所期待的社会组织、经济形态以及生活方式等，就需要有其他方式的辅助，民族考古学显然是最可行的方法之一。对现代原始民族进行长期系统性调查，观察现代原始民族的生产生活方式、社会组织及其意识形态，对于考古资料的阐释具有十分重要的价值[3]。

路易斯·宾福德身体力行，进行民族考古学的实践。他只身前往阿拉斯加，与努那缪提（Nunamiut）爱斯基摩人共同生活了十年，观察他们的生活方式、资源利用、群体结构和流动方式，以观察结果来解释考古遗存。新考古学派的

---

[1]　〔加〕布鲁斯·特里格著，陈洪波、陈虹译：《十字路口的考古学：新在哪里》，《南方文物》2006年第3期，第114～122页。

[2]　陈淳：《考古学理论》，复旦大学出版社，2004年，第126～129页。

[3]　陈星灿：《民族考古之我见》，《中国文物报》1989年9月22日第3版。

一大批考古学家追随宾福德的步伐，在中美洲、北极、澳大利亚、非洲和美国西南部等地开展民族考古学活动，观察那些仍然处于狩猎采集或原始农耕阶段的土著人，了解他们的生活栖居习性，以及制作工具和废弃垃圾的过程。其中比较著名的是美国人类学家理查德·古尔德（Richard Gould），他和澳大利亚土著进行了深入的交流，根据研究结果，古尔德成功地将考古学和民族学结合起来，成绩斐然[1]。

在美国新考古学兴起的同时，以英国剑桥大学为阵地的一批年轻考古学家也以批判的眼光对传统考古学进行反思，代表人物是戴维·克拉克。克拉克认为，二战之后，考古学所处的学科环境和研究内容有了急剧的变化，考古学不应该再局限于过去那些有限的研究目标和手段，应该接受新环境当中新方法、新观察、新范例、新哲学和新思想的渗透和交融。与宾福德等人不同的是，克拉克不排斥考古学的历史学性质。他使用社会科学以及生物学中的数理方法来解决考古学分类和文化演变问题，还采用生态学、民族学、人口统计学、经济学方法对考古资料进行分析，取得了重要成果[2]。

新考古学自从诞生以来就饱受争议，在西方考古学界经历了从质疑、争论到最后基本肯定这几个阶段。对它的批评集中在以下四个方面：新考古学为了解释自身，堆砌其他学科晦涩的新概念，忽视田野考古发掘材料本身的价值；对"演绎法"过度偏爱，忽视和贬低传统的"归纳法"；过分注重文化生态学，强调自然环境对人类社会的影响，忽视人类的能动性；将考古学的性质定位在人类学，将终极目的设定为探寻人类文明发展规律，显然期望过高[3]。

"新考古学派"以激进的学术思维对传统考古学进行了批判，虽然有些观点过于片面，但是给欧美考古学思想观念带来的变化是无可替代的，极大拓展了考古学的学科范围和研究方法。在长期的学术论战过程中，新考古学与传统考古学出现了融合之势，双方都体现出自身的改进。新考古学提出的类似于自然科学的研究方法，使得考古学的研究结论更加令人信服，将科技手段引入考古学，更加关注生态环境对人类社会的影响，这些变革对考古学的发展都有积极意义。

---

[1] Gould, R. A. (ed) *Exploration in Ethnoarchaeology*. Albuquerque: University of New Mexico Press, 1978.

[2] Clarke, D.L. *Analytical Archaeology*. London: Methunen, 1968.

[3] 陈淳：《考古学理论》，复旦大学出版社，2004年，第132~133页。

二　新考古学在中国的传播

以田野调查发掘为基础的现代考古学，是由西方传入我国的，与中国传统的金石学有本质区别。20世纪20年代，瑞典学者安特生（Johan Gunnar Andersson）在河南省渑池县仰韶遗址的发掘，以及对仰韶文化的命名，标志着中国现代考古学的诞生。随后，中国学术机构开始对周口店和殷墟等遗址进行发掘，中国考古学迈入初步发展阶段。中华人民共和国成立以后，中国考古学进入"黄金时代"，以调查和发掘为核心的考古工作遍及全国各地，形成了以马克思主义理论为指导，综合利用各种自然科学方法的考古研究新局面，取得了举世瞩目的成就，逐步建立起有中国特色的考古学体系。

改革开放以来，中国考古学在国际学术交流中不断借鉴吸收西方考古学的成果，促进学科的发展。田野考古工作量的大幅度增加，田野技术水平的进步，为学术研究积累了一大批资料，要想充分利用这些原始资料并从中获取更多的信息，就要在解读资料的手段上有所革新。要想让考古学发挥更重要的社会作用，实现考古学和考古学家的现代价值，也需要对学科有更高的定位。一些考古学者认识到，西方考古界的新考古学"革命"，将文化人类学的诸多理论方法引入考古学中，在聚落考古、文化演进规律、古代社会结构研究等领域取得了令人瞩目的成绩，部分达到"透物见人"的效果，可以解决传统考古方法无法解决的很多问题，这正是我们所要追求的。在这个时代大背景之下，我国考古学界开始了对新考古学的介绍和学习过程。

20世纪80年代，在改革开放的进程中，部分得风气之先的中国学者对新考古学已经有所了解。夏鼐在《什么是考古学》和《中国大百科全书·考古学》中首先介绍了"新考古学"。他认为，所谓"新考古学派"，系主张考古学是研究"文化过程"的科学，研究目的是为了寻求"文化动力学规律"。夏鼐对"新考古学"评价不高。他说，新考古学派制造了一些令人难以理解的术语，以阐释他们自己的范例和理论，提出模式和规律，这种主张过于片面，只能看作是对传统考古学流于繁琐的一种反抗[1]。夏鼐的看法，和西方学术界部分学者对新考古学的批评有相似之处，但也有自己的思考。国内外学术界对新考古学的态度，都是

---

[1]　夏鼐：《什么是考古学》，《考古》1984年第10期，第931～935页。

既有赞同也有反对。赞同者更多看到新考古学积极的一面，反对者则对新考古学的缺点难以容忍。不同学术背景的学者，站在不同的立场上观察同一事物，得出不同结论是很自然的事情。但总体来说，对新考古学肯定者较多，全面否定者较少，在中国和西方都是一样的。

1988 年 12 月 2 日，在纪念安徽省文物考古研究所成立 30 周年大会上，俞伟超在发言中提及了新考古学，对其中的合理成分进行了肯定，反映了中国考古学者对新考古学的理解[1]。俞伟超的态度与夏鼐有明显区别，反映出大家对新考古学思想观念的不同认识。

李富强《新进化论与战后美国考古学的变化》一文介绍了美国考古学在二战之后的发展历程，特别介绍了美国新考古学的基本情况，对我国考古学发展具有启示作用[2]。

陈星灿对于新考古学做了较多的传播工作。《"新考古学"与美国考古学的人类学传统》一文，介绍了美国新考古学的人类学传统。美国新考古学之所以没有像欧洲很多国家一样属于历史学，与美国的历史和国情有关[3]。《宾福德与新考古学派》对宾福德和美国新考古学派的贡献给予了正面评价[4]。《新考古学述略》对新考古学理论观点进行了较为全面的述评[5]。

1991 年，时任中国历史博物馆馆长的俞伟超组织翻译编写了《当代国外考古学理论与方法》，译介了路易斯·宾福德、戴维·克拉克、张光直、科林·伦福儒等一批著名考古学家的论文，其中包含了不少新考古学的内容[6]。

1996 年，中国社会科学院考古研究所组织编写了《考古学的历史·理论·实践》一书，对于欧美新考古学的理论方法做了详细介绍，并且指出对待国外考古学理论，应有一种扬弃的态度[7]。

---

[1] 查晓英：《20 世纪末关于中国考古学走向的争论——以俞伟超和张忠培的观点为中心》，《四川大学学报（哲学社会科学版）》2003 年第 1 期，第 101～115 页。

[2] 李富强：《新进化论与战后考古学的变化——试论"新考古学"产生的理论基础》，《史前研究》，三秦出版社，1988 年，第 285～293 页。

[3] 陈星灿：《"新考古学"与美国考古学的人类学传统》，《平原大学学报》1989 年第 3 期，第 69～73 页。

[4] 晓星编译：《宾福德与新考古学派》，《文物天地》1989 年第 3 期，第 46～48 页。

[5] 陈星灿：《新考古学述略》，《中国文物报》1990 年 1 月 4 日第 3 版。

[6] 中国历史博物馆考古部：《当代国外考古学理论与方法》，三秦出版社，1991 年。

[7] 中国社会科学院考古研究所：《考古学的历史·理论·实践》，中州古籍出版社，1996 年。

　　大概在 20 世纪 90 年代中期，我国考古界开始出现采用新考古学理论方法撰写的论文，代表新考古学的影响进入实践层面。考古学者们除了使用传统的地层学和类型学方法，也开始利用西方新考古学的技术方法。这时的考古学研究不仅关注文明起源，而且开始涉猎人与生态环境的关系、农业起源问题、人类行为等重要课题。研究本身虽然还是以文化历史考古学为主体，但混合了新考古学的诸多因素。

　　在田野工作中，中国考古学者开始利用新考古学的理论方法，引进欧美先进技术，开展多领域的探索。最著名的试验之一是俞伟超领导的河南省三门峡市渑池县南村乡班村新石器时代遗址的发掘。考古团队改变传统的发掘方法，采用全面揭露和多学科协作的方式开展工作，产生了很大影响[1]。这段时期环境考古特别兴盛，《驻马店杨庄》[2] 等考古报告甚至直接以环境考古为副标题。这种趋势明显受到了新考古学的影响，注重环境因素，重视文化生态学。其他带有新考古学特征的技术方法也大量融入中国考古研究中。古人类考古学家引入西方的分子生物学，对考古出土人骨进行研究，如刘武和朱泓对庙子沟遗址人牙非测量特征的研究[3]。王象坤等学者在农业考古方面对中国籼稻、粳稻的起源和分化问题提出假设[4]。戴尔俭运用聚落考古学对良渚遗址进行研究，认为良渚文化与酋邦社会的特征比较吻合[5]。中国社会科学院考古研究所在西安利用遥感技术对汉代长城开展调查[6]。这些活动在一定程度上都受到了新考古学理论方法的启发。

　　在应用新考古学理论方法的过程中，以多学科协作研究为名，兴起了很多交叉学科，产生了如陶瓷考古、冶金考古、古人类考古、聚落考古等领域。还兴起一些新的专题考古门类，如农业考古、环境考古、动物考古、植物考古等。这些研究成果的权威性和前沿性广受认可，多学科协作成为新考古学在中国影响收获最大的一个方面，已经构成当代中国考古学的重要内容。当代的中国考古发掘

[1] 孙庆伟：《淹没的班村与淡忘的俞伟超》，《江汉考古》2020 年第 2 期，第 116～123 页。
[2] 北京大学考古学系等：《驻马店杨庄——中全新世淮河上游的文化遗存与环境信息》，科学出版社，1998 年。
[3] 刘武、朱泓：《庙子沟新石器时代人类牙齿非测量特征》，《人类学学报》1995 年第 14 卷第 1 期，第 8～20 页。
[4] 王象坤等：《中国稻作起源与演化》，《科学通报》1998 年第 22 期，第 2354～2363 页。
[5] 戴尔俭：《从聚落中心到良渚酋邦》，《东南文化》1997 年第 3 期，第 47～53 页。
[6] 刘建国：《环境遥感在城址考古中的应用初探——汉长安城环境遥感考古的尝试》，《考古》1996 年第 7 期，第 76～79、103 页。

和研究中，采取多学科协作的方法开展工作已经是一种常规操作，科技考古成为发展最快的一个领域。

新考古学在中国的传播和吸收，是一个渐进的过程，从最初的理论译介，到后来独立开始实践研究，再到后来考古学家开展的专题性研究。这个过程虽然可以大致分为三个阶段，但是并无明确的演替，而是交叉进行，呈现一种互相镶嵌的模式。这个发展历程反映了新考古学理论对中国考古界多方面、多层次的冲击和影响，许多专题研究的分支学科，都是外部理论方法引进后应用到中国考古研究中的结果。经过长期探索，大多数考古学家的眼光也从传统考古学建立时空框架的研究，扩展到更加重视各研究领域全面均衡的研究，突破了文化历史考古学研究的藩篱，反映出新考古学思潮对于中国考古学发展的积极影响。当然，中国考古学的成就表现在多个方面，是长期以来虚心学习、兼蓄并收的结果，更是立足国情、自主探索的结晶。

三　小结

自 20 世纪八九十年代以来，改革开放使考古学国际交流成为常态，西方考古学理论方法的传入，逐渐改变了中国考古学的面貌。虽然现在中国文化历史考古学的建构任务还未完成，但是由于受到新考古学的影响，考古学者除了注重传统地层学与类型学之外，还使用新的理论、方法和技术探索更加广泛的问题，对文化历史考古学研究主流形成了补充。

新考古学在中国的传播和实践，有以下特点。①拓宽了考古学研究领域，中国考古学者引入新考古学的理论方法，研究领域不再局限于文化历史考古学；②技术方法多样化，采用多学科合作模式，科技考古成为必不可少的手段，研究方法不再局限于地层学和类型学；③没有盲目采用新考古学推崇的中程理论等模式，对于新考古学，中国学者学习的重点在视野、思路、技术和方法，对于考古学的阐释理论有自己的看法。

通过对新考古学在中国传播和实践这一过程的梳理，使我们对新考古学在中国的发展有了较为明确的认识。20 世纪八九十年代是新考古学传入中国的关键节点，在这以前，中国考古学主要以传统的文化历史考古学为主，随着改革开放之后国际交流的正常化，新考古学理论与方法传入，中国考古学者开始有选择地学习新考古学知识，到 90 年代中期，国内学者开始使用新考古学理论进行实践，直至今天形成了较多的交叉学科和边缘学科，对于考古学的发展起到了重大推动作用。总而言之，新考古学传入中国之后，经历了一个本土化过程，既吸收了新考古学长处，也保持了中国考古学的固有传统，产生了积极的成果。

本书探讨的岭南地区"新石器化"，本身就是建立在新考古学理论基础上的一个问题，所要探索者，不仅是岭南新旧石器时代过渡的过程，更是岭南地区走向新石器时代的原因或者动力机制。考察新考古学的理论观点、思维方式和技术方法，对于进行这一领域课题的研究具有重要的启示作用。实际上，已经有相当多一批学者采用了新考古学的思路对于岭南新石器化过程进行了较为深入的探索，如陈胜前[1]、吕烈丹[2]、刘莉、陈星灿[3]等都有研究成果，代表了新考古学在中国产生的积极影响。

其中陈胜前《史前的现代化——中国农业起源过程的文化生态考察》很有代表性，这是一部典型的新考古学著作，在指导思想、研究思路、技术方法等各个方面，都带有鲜明的新考古学色彩。当然，这毫不奇怪，因为这是陈胜前在美国南方卫理公会大学的博士论文，新考古学的领袖路易斯·宾福德就是他的指导老师之一。《史前的现代化——中国农业起源过程的文化生态考察》毫无疑问是一部成功的作品，主要从文化生态学的角度探索了中国农业起源过程，它所展现出的分析方法，以及研究结论，都给人留下了深刻的印象。该书也论及岭南地区的新石器化过程，注意到这个区域文化发展的特殊性。但本人认为，陈胜前著作给人最重要的一个启发是，中国史前每个区域的发展都有其特殊性，特殊性才是各区域考古学文化的精彩之处。考古学家的重要任务，就是探讨各个区域文化的自身特点。所以，以陈胜前的工作为例，可以看出新考古学给当前中国考古研究带来的积极影响是多方面的，这对我们从事岭南史前考古研究深有启示。

---

[1]　陈胜前：《史前的现代化——中国农业起源过程的文化生态考察》，科学出版社，2014 年。

[2]　吕烈丹：《稻作与史前文化演变》，科学出版社，2013 年。

[3]　刘莉、陈星灿：《中国考古学——旧石器时代晚期到早期青铜时代》，生活·读书·新知三联书店，2017 年。

第二节　西方考古界"农业起源"理论及其启示

一　缘起

人类起源、农业起源和文明（国家）起源是国际考古界公认的三个最重要的问题[1]，其中，农业起源作为人类从数百万年的狩猎采集社会跨入食物生产社会的关键性事件，广受关注。全世界有多个农业起源中心，中国是世界上农业起源最早的地区之一，形成了以北方的粟作农业和南方的稻作农业共生的形式，深刻影响了人类历史的发展。正是在农业经济的基础上，中国后来形成了辉煌灿烂的古代文明。

西方考古学家将旧石器时代或中石器时代向新石器时代转变的过程称为"新石器化（Neolithization）"，主要标志在于所研究的特定地区有农业发生[2]。农业在新石器化过程中发挥核心作用，因此也是研究的重点和热点。目前我国对于"新石器化"的研究还不够深入，大部分的农业考古研究还主要依赖于考古发现。以寻找早期农业遗存为目标，主要利用科技手段，确定农业最初起源的时间和地点。在理论方面，大部分学者倾向于认为农业起源是人类的发明创造，它有一定的起源中心，然后向周围地区不断扩散。

国际考古界对于农业起源的研究一直高度重视，各类专家通过自身的视角来探讨这一革命性进程。长期以来，随着人文社会科学的发展，与农业相关的考古学研究范式也在不断变化，学者们根据自己的研究提出了众多不同的假说和理论。本节写作目的在于，对当前流行的关于农业起源的经典理论进行综合论述，探讨"新石器化"思潮对中国史前考古学的影响，为研究岭南地区新石器化进程提供理论基础。

二　农业起源的基本概念

想要弄清楚什么是"农业起源"，我们首先应该了解什么是农业。宽泛地讲，农业是指人们利用土地种植作物，进行食物生产。农业的形式多种多样，通

---

[1]　陈淳：《文明与国家起源研究的理论问题》，《东南文化》2002年第3期，第6~15页。
[2]　余西云、李俊：《欧亚大陆新石器化研究动态》，《考古》2011年第4期，第87~96页。

常我们所指的是以谷物生产为主的农业形式。目前所知的古代农业形式包括梯田农业（如沙特阿拉伯古代的拦淤坝梯田、秘鲁的梯田等），培高田、培土农业（如古代墨西哥的浮筏农业、太平洋岛上的珊瑚礁田），旱作农业，以及各主要文明中心的灌溉农业[1]。农业是史前文化发展到最后时期的产物，在它最初发生和发展的时期，只是当时人类生业经济的一小部分，只有全面了解史前社会生业经济的整体结构及其发展变化，才能更加深入地探讨农业产生的机制、发生的过程、初期的形态、不同地区的差别及其对当时社会的影响[2]。

关于"农业起源"的研究，英国考古学家戈登·柴尔德（Vere Gordon Childe）最早做出了重要贡献[3]。柴尔德主要根据近东的考古学材料提出，传统上以磨制石器和陶器作为新石器时代的主要标志是不准确的，农业才是新石器时代的根本特征。农业的出现是突发性的，也是颠覆人类历史的重大事件，他将农业的产生称之为"新石器革命（Neolithic Revolution）"。柴尔德指出，"新石器革命"在人类发展历史上的重要性堪比近现代的工业革命，甚至犹有过之[4]。这一论断的提出使得农业起源问题在全世界考古界受到重视，之后，考古学家们在田野工作中开始有目的地收集与农业起源相关的遗存，并对农业起源的动因进行深入探索。

在中国，农业起源发生于旧石器时代向新石器时代过渡的阶段，因此也被作为新石器时代的三大标志之一[5]。农业起源从人类历史发展阶段来看主要属于新石器时代考古领域，但要研究其文化渊源，就必须了解农业起源之前旧石器时代狩猎采集者的生活。旧石器时代的遗存相对较少，留下来的通常只是一堆石制品和数量有限的动物化石。但通过这些资料，并对比民族志材料，可以建立一个

---

[1]　陈胜前：《史前的现代化——中国农业起源过程的文化生态考察》，科学出版社，2013年，第16页。

[2]　张弛：《中国农业起源的研究》，《中国考古学研究的世纪回顾·新石器时代考古卷》，科学出版社，2008年，第110页。

[3]　Maxime N. Brami. The Invention of Prehistory and the Rediscovery of Europe: Exploring the Intellectual Roots of Gordon Childe's "Neolithic Revolution" (1936). *Journal of World Prehistory*. Volume 32, Issue 1. 2019. pp. 311-351.

[4]　英文版：Childe, V. G. *Man Makes Himself*. London: Watts.1936. 中译本：〔英〕戈登·柴尔德著，安家瑗、余敬东译，陈淳审校：《人类创造了自身》，生活·读书·新知三联书店，2008年。参见第五章《新石器时代革命》。

[5]　古为农：《中国农业考古研究的沿革与农业起源问题研究的主要收获》，《农业考古》2001年第1期，第1～16页。

良好的参考框架，从简单的工具功能的类比，到对数以百计的狩猎采集者文化系统的研究，从中提炼出理性认识，对农业起源的动因有所了解。

中国地域广阔，南北方的农业发展道路有所不同。北方地区旱地农业起源相对较早，南方长江流域稻作农业起源相对较晚，但都发生在新石器时代早期。岭南地区在新石器时代早期也有农业迹象，但未能发展起来。大多数考古学家认为，岭南地区成熟的稻作农业是从长江流域传播而来，并非本地起源。所以，探讨中国的农业起源问题，必须要考虑各个地理区域的特殊性，并不存在统一的答案。

中国农业起源问题还是一个世界性课题，是全球农业起源过程中必不可少的一个板块。中国的农业起源，是全球环境和文化变化进程的组成部分，从全世界的视野来考察中国的农业起源，可以得出不一样的认识。同时，借鉴西方学者关于农业起源的各种理论与方法，对于中国的研究也一定大有裨益。

三 西方农业起源经典理论

20 世纪 30 年代，英国考古学家戈登·柴尔德提出"新石器革命"这一论断，农业起源问题由此引起国际学术界的高度重视，成为研究热点，直至今日。考古学家和其他学科的学者主要根据西南亚和中美洲等地的考古资料，开展了大范围、交叉性综合研究。一般说来，考古研究遵循逻辑学的基本方法，存在三大基本推理结构：演绎、归纳、类比[1]。农业起源就是从实证研究出发，形成各种理论，并进而在实践中加以验证，是以上三大基本推理结构的典型表现。在国际上影响较大的农业起源理论主要有以下几种，代表了对"新石器化"过程的理论思考。

1. 戈登·柴尔德的绿洲学说

农业起源诸多理论中，"绿洲学说（Oasis Theory）"出现最早。英国考古学家拉斐尔·普佩利 1904 年在中亚多学科探险队中担任领队，于 1908 年提出，是晚更新世之末的干旱导致人们逃到绿洲地区，利用这里残存的植物资源，进而驯化了植物[2]。

---

[1] 陈胜前，《考古推理的结构》，《考古》2007 年第 10 期，第 42～51 页。

[2] Pumpelly R. ed, Explorations in Turkestan. Expedition of 1904. *Prehistoric Civilizations of Anau: Origins, Growth, and Influence of Environment*. Publication no.73. Carnegie Institution, Washington, 1908.

　　戈登·柴尔德是"绿洲学说"的集大成者，正是通过他的研究，这个学说产生了重大影响[1]。柴尔德对"绿洲理论"的论述，集中在他的名著《人类创造了自身》[2]。柴尔德提出，西亚地区在晚更新世末期到全更新世初期这段时间里，气候十分干旱，人和动物只能生活在水源相对丰富的地区，也就是绿洲和河谷地带。在这样的环境中，人和动植物有了更密切的接触，人类发现了动植物作为食物的潜力。最终，人类学会了开发利用野生谷物及其他植物，并驯养动物。他在书中并未提出在这种环境下人类对植物展开了驯化，但后来的研究者将这类观点全都归于柴尔德的名下，认为是柴尔德提出了"绿洲学说"。柴尔德还认为尼罗河谷、幼发拉底河、底格里斯河以及巴勒斯坦等地可能是最早出现植物驯化的地方，他更把纳吐夫文化的创造者称之为最早开始种植作物之人。

　　"绿洲学说"的内容主要有三点。第一，由于环境的剧烈变化，特别是干旱化，导致自然资源不断减少；第二，人和动植物在绿洲地带有了更密切的接触；第三，由于自然资源的减少，人们必须设法扩大食物的来源以及产量维持生计，从而有了动植物的驯化。柴尔德后来还进一步阐述，如果农业开始产生，就会迅速地传播到其他区域，其他地区的群体也会积极地接受[3]。

2. 布莱德伍德的山侧地带假说和核心区域假说

　　"山侧地带说（Hilly Franks Theory）"系由美国考古学家罗伯特·布莱德伍德（Robert J. Braidwood）所提出。布莱德伍德关于农业起源的研究开始于1950～1951 年芝加哥大学东方研究所在伊拉克加墨遗址（位于扎格罗斯山区）的发掘项目。基于这个项目的考古资料，加上诺贝尔奖得主威拉德·利比为布莱德伍德提供了少量的放射性碳测年数据，这让布莱德伍德认识到最早的农业可能不像柴尔德认为的那样起源于河谷低地与绿洲，而是起源于地势较低的丘陵地带和扎格罗斯山脉的山谷中。在末次冰期结束时期，在某些地区很有可能发生了对麦类植物、豆类植物以及牛羊等动物的利用，继而产生了像加墨遗址这样具有早

---

[1] Watson P. J. Explaining the transition to agriculture. In T. D. Price and A. B. Gebauer eds, *Last Hunters-First Farmers*. School of American Research Press, Santa Fe, New Mexico, 1995, pp. 21-38.

[2] 英文版：V. G. Childe, Man Makes Himself. Watts, Library of Science and Culture, London, 1936. 中文版：〔英〕戈登·柴尔德著，安家瑗、余敬东译：《人类创造了自身》，上海三联书店，2008 年。

[3] 陈胜前：《史前的现代化——中国农业起源过程的文化生态考察》，科学出版社，2013 年，第18 页。

期食物生产的村落 [1]。

1954 年，在布莱德伍德领导下，对该地区的多学科综合研究正式开始，团队包括了动物学家、植物学家以及地质学家等。地质学家小赖特发现末次冰期时加墨遗址所在的扎格罗斯山一带分布有冰川，没有找到早全新世干旱的证据，而且从早期食物生产起源到现在，也没有发生重大的气候变迁。这个结论导致布莱德伍德只能寻求环境之外影响农业起源的因素。最终他将农业的起源归因于社会因素及文化因素的共同作用，并在"山侧地带假说"的基础上提出"核心区域假说"。他认为，随着社会发展，知识与文化体系不断完善，人类获得了足够的技术能力，能够更加清晰地认识周围环境，人和动植物之间的关系变得更为密切，最终导致了农业的产生。布莱德伍德的核心观点是，农业的产生是人类认知体系长期积累变化的结果，这是一种突变，而非自然环境的改变造成的 [2]。

3.宾福德的边缘区起源理论

1968 年，美国考古学家路易斯·宾福德发表《后更新世的适应》一文，提出他的假说——"边缘区起源理论"。他认为，无论是柴尔德的"绿洲学说"还是布莱德伍德的"核心区域假说"，对于农业起源地带的认识都是不对的。宾福德强调，农业最早产生的地方既不是柴尔德所提出的河谷绿洲，也不是布莱德伍德所提出的山侧核心区域，而是一些边缘地区。在民族学与文化生态学的认识基础上，宾福德指出，在自然资源极为丰富且适合人类生活的最佳地区，自然资源的供给与人口的增长之间存在一定的比例，从而保持这个地区动态平衡。这种平衡可能会被内外部各种因素打破，比如环境恶化、人口增长、资源减少、部落战争等。随着平衡被打破，一些部落群体可能发生解体，部分人口被迫离开适合生存的地区，迁移到一些边缘地带。在这种情况之下，最佳地区生活的群体能够保证资源与人口的平衡，从而长久地生存下去，而迁移至边缘地带的部分群体，由于食物的短缺，生存压力随之而来，资源与人口比例失衡，人们不得不寻找新的可食用物种来缓解生存压力。这些群体发现某些具有潜力的物种之后，最终产生

---

[1] Braidwood, Robert J. Prehistoric Men. 8th ed. Glenview & Foresman. *The Agricultural Revolution. Scientific American*, 1975(203): 130-141.

[2] 〔美〕布雷德伍德著，陈星灿译：《农业革命》，《考古学的历史、理论与实践》，中州古籍出版社，1996 年，第 267～292 页。

了动植物的驯化 [1]。

美国考古学家肯特·弗兰纳利（Kent V. Flannery）十分赞同宾福德的边缘区起源理论，他在伊朗东部德鲁兰地区发掘时便认同这个理论。在墨西哥圭拉那魁兹洞穴遗址的发掘报告中，弗兰纳利提出了"广谱革命"的概念，进一步完善了这个理论。他发现在旧石器时代晚期的考古材料中存在着一些现象，人们慢慢开始开发以前很少利用的食物种类，包括一些捕捉难度大的小动物，以及需要花费较多劳动才能食用的植物种子，尤其是谷物。他认为这是农业起源最初的适应状态。基于"广谱革命"的作用，人口大约在两万年前开始增加，生存压力迫使更多的人移居到边缘地区，开始种植谷物。这种活动无疑是有意识的，但在这个过程中，人们对植物的选择是无意识的。在边缘区自然条件下不能存活的植物最终被淘汰，正是这种无意识的选择导致了植物的驯化 [2]。

宾福德与弗兰纳利对农业起源的理论探索无疑更加深入，他们将人口的增长看作是农业起源的主要动力。宾福德在 2001 年出版了《构建参考的框架》一书，更加系统地讨论了人口因素在不同性质的史前狩猎采集者中的影响，认为农业起源是人口压力的产物 [3]。

4.博塞洛普的人口压力说

人口压力说这一理论最早是由美国人类学家埃斯特尔·博塞洛普（Ester Boserup）所提出，她认为人口压力是世界各地食物生产开始的最主要原因。在第四纪冰川晚期，人口持续增长使全新世初期全球人口总量不断攀升，很多地区人口已经达到饱和，在这种情况下，食物资源越来越少，面对的生存压力越来越大，人类迫不得已开始食用以前不利用的动植物资源。这种变化会促进觅食方式以及食谱向着更加丰富多样的方向发展。与此同时，各种新技术被发明和创造出来，主要目的在于储存粮食，以保障自身的生存。在这样的情况下，

[1] 〔美〕路易斯·宾福德著，曹兵武译：《后更新世的适应》，《农业考古》1993 年第 3 期，第 16～29 页。

[2] 〔美〕肯特·弗兰纳利著，陈淳等译：《圭拉那魁兹：墨西哥瓦哈卡的古代期觅食与早期农业》，上海古籍出版社，2019 年，第 365～417 页。

[3] Binford, L. R. *Constructing Frames of Reference: an Analytical Method for Archaeological Theory Building Using Hunter- Gatherer and Environmental Data Sets*. University of California Press. Berkeley. 2001.

农业开始发展 [1]。

美国考古学家理查德·雷丁（Richard Redding）也是人口压力说的有力支持者。他认为，假如没有人口压力以及资源不断地减少，对动植物的驯化纯属浪费时间。每当一个地区人口和资源的比例出现较大的变化，那么就会选择向外迁徙以保持这种平衡，从而缓解这个地区的各种压力，这也是生存危机的最优解决方式。只有在已经没有迁徙之地的情况下，人类才会采用农业这种艰苦的生活方式 [2]。

在农业发明之后，人类也会因为各种压力选择继续向外扩张，从而把农业带到其他地区。英国考古学家戈登·柴尔德在其名著《欧洲文明的曙光》中也提到，农业的传播是人口迁徙的结果 [3]。英国考古学家科林·伦福儒和澳大利亚考古学家彼得·贝尔伍德提出"农业—语族迁徙假说"，将这种观点推向极致 [4]。

5.林多斯的共同进化论

在研究农业起源的过程中，有些学者相信农业的进化是在无意识的情况下发生的，并且通过这种无意识的进化过程促成了农业起源。其中生物学家戴维·林多斯（David Rindos）的观点最有代表性，他十分强调人类与植物之间以及动物与植物之间的共同进化关系，认为由于长期的适应导致人类群体和植物群体之间互相选择，共同进化。

林多斯的共同进化论将农业起源分为三个阶段。第一阶段称为偶然驯化，因为人类的收获、保护或是偶然的播撒活动，造成某些物种的形态改变。我们在考古遗存中会发现某些物种多于其他物种，或是它们分布到了原生地之外的区域，可能就是出于这种情况。第二阶段为专一驯化，人类成为某些植物的主要播撒媒介，人类通过焚烧、砍伐、栽培等形成人为环境，造成这些物种形态进一步发生改变，如种子变大、皮壳变薄，以及播撒机制改变等。我们在考古材料中经常发现这种野生与驯化种并存的状况。第三阶段为农业驯化，物种的

---

[1]　Boserup, E. *Conditions of Agricultural Growth*，Chicago: Aldine, 1965.

[2]　〔美〕理查德·雷丁：《生存变化的一般解释：从狩猎和采集到粮食生产》，《考古人类学刊》1988 年第 1 期，第 56～97 页。

[3]　〔英〕戈登·柴尔德著，陈淳、陈洪波译：《欧洲文明的曙光》，上海三联书店，2012 年，第二章。

[4]　〔澳〕彼得·贝尔伍德著，陈洪波、谢光茂等译：《最早的农人——农业社会的起源》，上海古籍出版社，2020 年。

多样性大幅减少，形态趋于稳定，随着人类定居的加强，聚落形态也发生改变，最终农业生态系统形成。随着人口的进一步增长，或是遇到灾荒，农业人口开始向外扩散[1]。

弗兰纳利、沃森和皮尔萨等考古学家也赞同共同进化论的观点，因为这个理论的某些内容在田野实践中不断得到验证[2]。

6.海登的竞争宴享理论

美国考古学家布莱恩·海登（Brian Hayden）的"竞争宴享理论"很有吸引力，他认为农业应该开始于技术发达、能够稳定获取资源的地区。这些地区，随着个人意识不断增强，经济富足，社会结构越来越复杂，从而导致竞争性宴享。通过举办宴享活动，一些引领者能够获得权力和威望，然后控制群体中的劳动力去培养特殊的物种，用于下一次宴享。这些需要投入较大劳动力的品种，可能是某种美食或者美酒，它们只可能出现在结构复杂的社会中。复杂社会的狩猎采集者获得一定的生产剩余，与其让这些剩余腐烂，不如把它们转换为对自己有利的东西。在条件充分的情况下，增加美食种类，酿造更多美酒，通过宴享群体，领导者获得权力和威望，从而更加容易获取和控制劳力、忠诚和资源。海登的理论来源于对当代社会的观察，控制劳动的目的不是为了生存，而是获得权力[3]。

以上这几种典型的农业起源理论都有可取之处，对我们的研究深有启发。但所有的考古学理论都不可能放之四海而皆准，面对不同地区的农业考古资料，我们应该具体问题具体分析，不能仅仅依靠单一理论来解释。考古学阐释除了理论作为引导之外，也需要和植物学、生态学、地质学等诸多学科合作，寻找和解释"新石器化"这一过程的动因。

四　西方考古学理论对于中国农业起源研究的启示

改革开放之后，中国和西方考古界的联系逐渐加强，开始利用西方的一些

---

[1] Rindos, D. *The Origins of Agriculture: an Evolutionary Perspective*. Academic Press, Orlando, 1984.

[2] 陈胜前：《史前的现代化——中国农业起源过程的文化生态考察》，科学出版社，2013 年，第20 页。

[3] 〔美〕布莱恩·海登著，陈淳译：《驯化的模式》，《农业考古》1994 年第 1 期，第 25～40 页。

技术方法开展农业起源的研究，同时，西方考古学的一些理论观点也被介绍到中国。例如，童恩正《中国南方农业的起源及其特征》《略述东南亚及中国南部农业起源的若干问题》等一系列文章，实际上主要介绍了西方考古界关于中国南方和东南亚地区农业起源研究的成果[1]。孔令平《关于农业起源的几个问题》，重点介绍了农业起源地区、分期以及起源的原因等基本概念，列举了近代以来国外各种学说，将农业起源理论介绍给中国考古界[2]。20 世纪 80 年代，《农业考古》等刊物着重转载国外代表性论著，介绍国际学术前沿理论的发展动态，对国内农业起源研究起到了促进作用。对世界农业起源研究进展的了解，使我们对农业起源研究的方法有所改变，对中国原始农业形态有了进一步认识，在农业的发生和发展方面深入探索，提高了农业起源研究的整体水平。

20 世纪 90 年代以后，中国农业考古逐步走向成熟，自然科学与人文科学相互渗透，农业起源的综合研究加强，农业考古理论、方法的探讨日益受到重视。1991 年 8 月，第一届"农业考古国际学术讨论会"在江西南昌举办，"农业的起源"是这次会议的主题。会议邀请了来自日本、美国等地 150 多名专家学者参与讨论，会后出版了论文集[3]。此后中国多次召开农业考古国际学术讨论会，对农业起源研究有着巨大帮助，推动了中国考古事业的进步。

随着中国经济的飞速发展，与国外考古界交流越来越密切，越来越多的中国学者了解到西方的相关研究，更多的农业起源理论论著得以翻译发表，给中国农业起源研究提供了可以参考的研究范式。稻作起源的考古发现日新月异，年代不断更新，几大核心文化区的谱系得到进一步完善，自然科学技术应用日益广泛，如植物硅酸体、淀粉类分析、同位素分析等都是目前十分常用的手段，取得了重要成果。中国学者受到西方理论影响，也开始普遍注意人地关系的研究，1999 年出版了中国第一部史前时期地区性环境考古专著《胶东半岛贝丘遗址环境考古》[4]。中国高校与日本、美国、澳大利亚等国家相关机构联合，进行中外合作考古调查研究，双方学者在考古第一线交流和互鉴，从理论到实践对中国农业

---

[1]　以上两文后收入童恩正：《南方文明——童恩正学术文集》，重庆出版社，1998 年。

[2]　孔令平：《关于农耕起源的几个问题》，《农业考古》1986 年第 1 期，第 28～37 页。

[3]　《农业考古》编辑部：《首届农业考古国际学术讨论会在江西召开》，《农业考古》1991 年第 3 期，第 384 页。

[4]　中国社会科学院考古研究所编著：《胶东半岛贝丘遗址环境考古》，社会科学文献出版社，1999 年。

起源研究都有极大帮助[1]。

中国是世界农业起源核心区之一，有着独特的文化和悠久的传承。有学者认为，当前中国农业起源研究重点应该集中在三个方面：（1）寻找证据，积累考古资料；（2）对早期植物遗存鉴定技术和方法的创新；（3）探寻农业起源背景与动力机制[2]。目前这几个方面都取得了很大的成就，尤其是考古材料的发现，改变历史的重要资料层出不穷。在农业起源的动力机制方面，也就是"新石器化"的过程和动因研究方面，现在也有不少成果。西方学者关于农业起源人口压力的阐述、竞争宴享对于农业起源的作用等，都有待中国学者进行验证。例如，中国学者认为长江流域稻作农业向岭南的传播是出于人口压力因素的观点，就明显受到了西方学者"人口压力说"的影响[3]。刘莉等对于新石器时代陶容器酿酒功能的研究和谷物种植、社会复杂化等问题都有密切关系[4]。

总体来说，中国考古学家比较实事求是，尊重中国考古学的实际，并不热心照搬西方的理论。大多数学者仍然遵从"让材料牵着鼻子走"的信条，主要立足在考古发现的基础上加以适当解释，并不做过度解读。"新石器化"的核心是农业起源，西方考古学家根据两河流域的材料，将农业起源作为新石器时代来临的根本特征，这个判定标准明显不符合中国史前考古发现的实际。在中国的史前考古体系中，仍然将磨制石器、陶器的出现作为新石器时代来临的主要特征，农业的出现是稍晚之后的事件。这一点在岭南地区尤其明显，岭南地区的稻作农业是外来的，虽然新石器时代早期也出现了食物生产的迹象，但显然不占主流，也没有持续发展起来，整个新石器时代早中期，岭南都是典型的渔猎采集文化[5]。

五　小结

"新石器化"理论从开始的材料阐释，到现在动力机制的研究，对我国各个

[1]　中国社会科学院考古研究所编著：《中国考古学·新石器时代卷》，中国社会科学出版社，2010年，第47页。

[2]　吕厚远：《中国史前农业起源演化研究新方法与新进展》，《中国科学》2018年第2期，第181～199页。

[3]　赵志军：《中国稻作农业起源研究的新认识》，《农业考古》2018年第4期，第7～17页。

[4]　刘莉：《早期陶器、煮粥、酿酒与社会复杂化的发展》，《中原文物》2017年第2期，第24～34页。

[5]　陈洪波：《岭南地区新石器时代特殊性的思考》，《农业考古》2020年第6期，第7～14页。

阶段的农业起源研究产生了深远的影响。从目前我国农业起源研究的整体情况来看，对于"新石器化"相关理论仅限于认知方面，在研究方式上也局限于实证验证，即将最早的农作物考古发现作为农业起源最早时间和地点的依据。这种方式虽然可以找到最早的农作物，但并不能完全证明这个地方就是起源地，更不能解释起源的动因。因此，目前我国农业起源的研究，最重要的不是收集更早、更新的考古材料，也不是建立某种体系，而是应该注重研究范式的转化，从事件性研究转变为过程性研究[1]。相信随着时代的发展，我们一定会在农业起源研究方面取得更加丰硕的成果，并对岭南地区的新石器化过程有更深刻的了解。

第三节 中国酿酒起源考古研究综述

酒作为人类食谱中的一个重要门类，不仅具有饮食属性，而且在社会生活中发挥着重要作用。自古以来，除了个别民族如爱斯基摩人、火地岛印第安人和澳洲土著之外，酒都是流行全世界的一种饮品[2]。正因如此，古酒起源问题一直受到学术界的广泛重视，多个学科的学者对此都有所探索。就中国而言，大家公认，酿酒必定起源于农业发轫的新石器时代。学者们多以考古发现为主，并参考其他资料加以论述[3]。本节以考古研究为主线，从民族考古、酿造工艺、科技考古、社会功能研究等方面入手，对于中国学术界酿酒起源的研究成果做一番简要梳理，以期对认识岭南地区农业起源的内容及特点有所启发。

一 民族考古研究

在近现代重要学者中，民族学家凌纯声对于古酒起源问题的研究最为系统，先后发表过多篇重要论文，如《中国与东亚的嚼酒文化》[4]《太平洋区嚼酒文化

---

[1] 郑建明：《西方农业起源研究理论综述》，《农业考古》2005年第3期，第33~38页。

[2] 麦戈文、方辉、栾丰实等：《山东日照市两城镇遗址龙山文化酒遗存的化学分析——兼谈酒在史前时期的文化意义》，《考古》2005年第2期，第73页。

[3] 酒作为一种挥发性物质，属于考古发现中的罕见遗物，直接材料甚少，而且酒的研究本身需要酿造工艺方面的知识，这两个方面限制了该问题研究的开展。所以长期以来学术界虽然对此问题很关注，但相关成果并不是非常多。

[4] 凌纯声：《中国与东亚的嚼酒文化》，《民族学研究所集刊》（第4期），1957年，第1~30页。

的比较研究》[1]《中国酒之起源》[2]《匕鬯与醴柶考》等[3]，既有文献的考证，也有民族学的研究。他根据传说、文献、甲骨文和金文资料，认为中国最古之酒有醴、酪、醪、鬯四种，其中以醴这种粮食制作的谷酒最为古老。他收集整理了大量的民族学资料，推断"嚼酒"是最原始的制酒"发酵法"，在中国、东亚及太平洋地区广泛存在，而中国最早出现的"醴"酒就是使用"嚼酒"法制作而成。凌纯声认为嚼酒起源于中国北方，然后向东南传播，而中国南方地区最早流行的是另外一种坏饭酒系统，西晋江统《酒诰》曾经提到过[4]。"醴"作为中国最早的酒，在文化史上意义非凡。王国维在《观堂集林·艺林六·释礼》中曾经提出，"盛玉以奉神人之器谓之丰，若豊，推之而奉神人之酒醴并谓之醴，又推之而奉神人之事通谓之礼（禮）"，"其分化为禮、礼二字，盖稍后矣。"[5]就是说，礼与醴，实即一字。由此可知，中国古礼的发展与谷物酒密不可分，具有悠久的历史渊源。凌纯声的研究高屋建瓴，能够从跨文化的角度揭示嚼酒这种最古老的酒文化的性质和演化传播，而且有坚实的民族学资料和文献资料作为支撑，堪称奠基之作。

中华人民共和国成立后的民族考古学家中，李仰松对酿酒起源研究的成果影响最大。20世纪60年代初，他发表了《对我国酿酒起源的探讨》一文，根据考古学资料、民族学资料并参考古代文献、传说等，提出了一系列重要观点[6]。他认为，中国酿酒当起源于仰韶文化时期，因为这时候农业已经有了一定的发展。这也印证了《淮南子》的记载——"清盎之美，起于耒耜"，酿酒当是农业经济发展的产物。仰韶文化陶器中有各式各样的小口尖底瓶、平底瓶、小口壶等，可以作为水器，也可以作为酒器，在中国西南地区少数民族中还把圜底陶器专作酿造水酒之用。仰韶文化遗址出土的一些小口尖底瓶，外壁特别是下半部有草泥的痕迹，说明人们可能用其酿酒。方法是将蒸过的谷物装在尖底瓶中，并

---

[1]　凌纯声：《太平洋区嚼酒文化的比较研究》，《民族学研究所集刊》（第5期），1958年，第45～86页。

[2]　凌纯声：《中国酒之起源》，《历史语言研究所集刊》（第29本），1958年，第883～907页。

[3]　凌纯声：《匕鬯与醴柶考》，《民族学研究所集刊》（第12期），1961年，第179～216页。

[4]　西晋江统《酒诰》中提到酒的来源："有饭不尽，委馀空桑，郁积成味，久蓄气芳，本出于此，不由奇方"。这段话被作为酒起源的文献证据广为引用。凌纯声将其归类为坏饭酒系统。

[5]　王国维：《观堂集林》，中华书局，1961年，第290页。

[6]　李仰松：《对我国酿酒起源的探讨》，《考古》1962年第1期，第41～44页。

固定在一个地方，经过一定时日发酵，加入清水泡成水酒。今天一些少数民族仍然使用这种方法酿酒。到了龙山文化时期，出现了专门的酒器，如高柄杯、罍、鬶、斝、盉等，说明龙山时期酒文化已经有了很大发展。纵观世界多个后进民族，酿酒是普遍存在的一种现象。20 世纪 90 年代，李仰松对自己的观点做了进一步的阐发。在《谷物酿酒新论》一文中，他根据民族学资料，对于新石器时代至夏代可能与酿酒和饮酒有关的陶器做了系统的辨析和整理，并特别提出，装饰有蜥蜴图像的陶器体现了原始人类的交感巫术信仰，是用于饮酒和贮酒的容器[1]。

民族考古对古代酒文化的探讨有优势也有局限性。优势在于，在缺乏直接证据的情况下，类比方法为认识古代器物的功能提供了一条可信途径，特别是在精神领域的探索，能够发挥考古研究和科技研究所无法达到的作用。局限性在于，基于民族学资料的类比仍然属于一种推测，并非实证研究，结论的正确性无法保证。

二　酿造工艺研究

中华人民共和国成立到 20 世纪 70 年代，一批化学家、微生物学家和酿造专家分别从专业角度探讨了中国酿酒史，对古酒起源研究有很大推动。如袁翰青提出酿酒起源于新石器时代的原始社会[2]；张子高认为酿酒行为是阶级社会的产物，起源于龙山时期[3]；罗志腾认为中国原始社会酿酒从龙山文化时期开始，使用的是曲蘖并用的糖化发酵剂技术[4]；中国工业微生物学的开拓者方心芳则根据裴李岗文化的考古发现，从微生物发酵规律出发，认为我国曲蘖酿酒的创始应在距今 8000 年以前，比龙山文化早 4000 年，而且曲和蘖在早期其实是同一种东西，即谷芽[5]。总的来说，限于时代，以上探讨都比较简略。

[1] 李仰松：《我国谷物酿酒新论》，《考古》1993 年第 6 期，第 534～542 页。

[2] 袁翰青：《酿酒在我国的起源和发展》，《中国化学史论文集》，生活·读书·新知三联书店，1956 年，第 99 页。

[3] 张子高：《论我国酿酒起源的时代问题》，《清华大学学报（自然科学版）》1960 年第 2 期，第 31 页。

[4] 罗志腾：《我国古代的酿酒发酵》，《化学通报》1978 年第 5 期，第 51～54 页。

[5] 方心芳：《对"我国古代的酿酒发酵"一文的商榷》，《化学通报》1979 年第 3 期，第 94 页。

　　20 世纪 90 年代，作为国家"九五"重点图书项目，中国食品科技史权威、中国科学院自然科学史研究所洪光住主持编写了一部集成之作——《中国酿酒科技发展史》，全面总结了中国各地丰富多彩的酿酒工艺的起源及其演进，包括黄酒、红酒、白酒、药酒、葡萄酒、啤酒和奶酒七个大类，其中对古酒起源多有探讨 [1]。作者认为，在各类酒中，最古老和常见的是黄酒，果酒和口嚼酒也是非常古老的酒，但不发达。黄酒系指以稻米或黍米为原料，以酒曲或酒药又加酒母为糖化酒化剂，经过制醪发酵、压榨分离、煮酒灭菌、入窖陈酿等工序制作而成的酒。按照酿酒原料的区别，今天的中国黄酒可以分为两大类，即南方的稻米黄酒和北方的黍米黄酒。中国上古时期的酒实际上也主要是这两类。作者详细讨论了中国黄酒起源问题，认为应该是起源于龙山时期，很可能是使用天然曲蘖酿成的谷物酒"醴"。醴的度数不高，起初汁滓不分，是为浊酒，后来又出现了过滤清酒。最早时期的曲和蘖一道用于酿酒，曲的糖化作用更强，逐渐淘汰了蘖。关于酿酒所用容器，新石器时代的小口鼓腹罐或缶有可能是后世常用的酒坛，陶甑或陶鬲可能用于蒸饭酿酒。长期以来，颇有人认为中国古代的"醴"是一种啤酒，因为工艺和成分类似 [2]。有学者引用《尚书·说命篇》中的"若作酒醴，尔惟曲蘖"，说明蘖就是发芽的谷物，醴就是蘖糖化后发酵的"古代啤酒。" [3] 洪光住《中国酿酒科技发展史》则从原料、发酵菌类比、糖化酒化作用、贮存期和成品酒特点等几个方面说明，中国古代醴酒并非啤酒。但该书对于古代酿酒的论述主要使用的是文献资料和考古资料，民族学资料不多。如凌纯声关于嚼酒的研究成果，基本上没有涉及，是很大的遗憾。

　　20 世纪末到 21 世纪初，对古酒起源研究做出重要贡献的是我国酿造大师、轻工业部高级工程师包启安。包启安对新石器时代和先秦时期的考古发现进行了力所能及的全面分析和探索，并对仰韶文化、大汶口文化、长江下游诸史前文化酿酒问题进行了专题研究，在《中国酿造》《酿酒科技》等刊物发表了多篇学术

---

　　[1] 洪光住编著：《中国酿酒科技发展史》，中国轻工业出版社，2001 年。

　　[2] 例如有人把贾湖发现的新石器时代古酒就当作是一种"啤酒"，世界著名的精酿啤酒厂美国特拉华州的角鲨头（Dogfish Head Brewery）公司还据此开发出了"贾湖城（Chateau Jiahu）"牌新款啤酒。

　　[3] 顾国贤主编：《酿造工艺学·啤酒工艺学》，中国轻工业出版社，1996 年，第 3 页。

论文[1]。他的主要观点如下。

从考古发现和文献记载判断，第一，中国最早的酒是谷芽酒，出现时间不晚于仰韶文化时期。第二，除了高柄杯等明显是酒器的陶器之外，还辨认出多种史前陶器和遗迹与酿酒、饮酒有关，其中最重要的论断是关于仰韶文化小口尖底瓶，明确提出这是一种酿酒器，其他如大汶口文化的陶尊、平底陶缸，龙山文化的陶鬶，崧泽文化和良渚文化的陶盉、大口尖底缸等，都可能与酿酒、贮酒和饮酒有关，仰韶文化的某些浅穴灰坑是制作谷芽的坑，过去考古学界对这些器物和遗迹的性质认识是不深的。第三，全面收集整理了甲骨文和金文中与酒有关的文字，将其与古酒起源联系起来，他认为甲骨文和金文的"酒"字明显描绘了小口尖底瓶的形状，与古巴比伦和古埃及酿酒所用的小口尖底瓶相同，实际上就是酿酒使用的发酵罐，尖底是为了沉淀谷壳，小口是为了防止蒸发和酸败；甲骨文中的"豊"字，相当于"醴"字，实际上就是从史前时期延续下来的谷芽酒。第四，从仰韶文化到大汶口文化和良渚文化时期，酿酒器逐渐由小口尖底瓶变成大口尖底瓮，不仅说明制酒量在增大，而且说明了酿酒技术的进步，即由谷芽酒向曲酒转化，大汶口时期蒸饭曲酒的出现是中国酿酒史上的一大进步。第四，河姆渡文化可能出现了以米粉为主、草药为辅的原始"草曲酒"，与大汶口文化以粟、黍为原料的原始曲酒有所区别，形成了南北不同的酿酒道路。包启安从酿酒工艺技术的角度考察新石器时代相关考古资料，得出的很多结论令人耳目一新。

总体来看，酿造工艺界对于中国古酒起源的研究成果丰硕，从技术层面所

---

[1]　包启安关于中国古酒研究的学术成果甚多，涉及史前酿酒起源的论文主要如下：1.《谈谈曲蘖》，《中国酿造》1993年第3期，第25～32页。2.《新石器时代出土文物与我国酒的起源》，《中国酿造》1994年第2期，第33～40页。3.《再谈曲蘖（上）》，《酿酒科技》2003年第5期，第33～36页。4.《再谈曲蘖（下）》，《酿酒科技》2003年第6期，第28～32页。5.《中国酒的起源（上）》，《中国酿造》2005年第2期，第56～59页。6.《史前文化时期的酿酒之一：酒的起源》，《酿酒科技》2005年第1期，第78～82页。7.《史前文化时期的酿酒之二：谷芽酒的酿造及演进》，《酿酒科技》2005年第7期，第88～93页。8.《史前文化时期的酿酒之三：曲酒的诞生与酿酒技术进步》，《酿酒科技》2005年第10期，第94～97页。9.《仰韶文化遗存与酿酒之一》，《中国酿造》2007年第1期，第77～79页。10.《仰韶文化遗存与酿酒之二》，《中国酿造》2007年第2期，第76～80页。11.《长江下游文化区的遗存与我国小曲酒的诞生之一》，《中国酿造》2007年第3期，第77～79页。12.《长江下游文化区的遗存与我国小曲酒的诞生之二》，《中国酿造》2007年第4期，第76～78页。13.《长江下游文化区的遗存与我国小曲酒的诞生之三》，《中国酿造》2007年第5期，第93～94页。14.《大汶口文化遗存与酿酒之一》，《中国酿造》2008年第1期，第100～101页。15.《大汶口文化遗存与酿酒之二》，《中国酿造》2008年第5期，第104～105页。

做分析系统而深入，大大拓宽了研究视野。但有些看法也并未得到广泛关注和认可，特别是关于器物功能的研究。例如关于小口尖底瓶到底是酒器还是汲水器，长期以来仍然存在争论，甚至考古界有不少人仍然认为是汲水器，也有人认为是孔子所说的座右之"欹器"。这些功能当然可以并行不悖，但总有主有次，有先有后。在小口尖底瓶的各项用途中，酒器功能应该是最古老、最主要的。关于曲蘖的认识是其独到之处，但没有考古发现的佐证，需要下一步以科技考古方法证实之。

三　科技考古研究

传统的考古研究对于认识酒器和相关遗存并没有很好的手段，主要是通过与当代酒具的比较、文献记载以及民族学类比来辨别相关器物和遗迹。21 世纪之后，科技考古方法在中国古酒起源研究方面大显身手。发挥重要作用的是两支来自美国的科技考古团队，分别是宾夕法尼亚大学的麦戈文（Patrick E. McGovern）团队和斯坦福大学的刘莉团队。中国考古学家与其合作，对相关考古材料进行分析测试，取得了一系列突破性的成果。

麦戈文团队和中国考古界的合作较早，主要开展了两项工作。

第一项工作是对河南舞阳贾湖遗址出土材料的研究。贾湖遗址是 20 世纪中国考古最重要的发现之一，出土了多方面的材料。以张居中为首的发掘者积极邀请国内外专家开展多学科研究，其中酒遗存的研究是与世界著名的古酒专家宾夕法尼亚大学麦戈文教授合作的，研究成果于 2004 年发表在《美国国家科学院院刊》（PANS）上，产生了很大影响[1]。该成果也完整收入在《舞阳贾湖（二）》[2]考古发掘报告中。该研究从贾湖遗址出土品中选择了来自 16 个陶器的残片，以不同极性的溶剂进行了残留物提取和分析。陶器类型包括腹部穿孔甑形器、小口双耳罐、高领敞口罐等，从造型来看，这些器物适合用来加工、盛放和贮存酒

[1]　McGovern P. E, Zhang J, Tang J, Zhang Z, Hall G. R, et al. Fermented beverages of pre-and proto-historic China. *Proceedings of the National Academy of Sciences of the United States of America* 101(51), 2004: 17593-17598.

[2]　河南省文物考古研究院、中国科学技术大学科技史与科技考古系编著：《舞阳贾湖》（二），科学出版社，2015 年。见第十三章《技术工艺研究》之第三节《酿酒工艺》，第 485～490 页。

的原料或成品。团队采用了气相色谱－质谱（GC-MS）、高效液相色谱－质谱（HPLC-MS）、傅里叶变换红外光谱（FT-IR）、稳定同位素分析等方法测定残留物的化学组成。实验分别在美国德雷克塞尔大学、美国农业部东部地区研究中心、宾夕法尼亚大学博物馆实验室、布拉德福德大学进行。综合化学分析、植物考古和考古证据来看，贾湖遗址的小口双耳类陶器曾经用来加工、储存和盛放一种由大米、蜂蜜和果实（葡萄或山楂，也可能是龙眼或山茱萸）制作的混合发酵饮料。虽然由于酒精的挥发特质，无法发现酒的直接化学证据，但综合判断，这显然是一种以稻米为主要材料酿造的酒类。贾湖的发现将人类酿酒史提前到了距今 9000 年，贾湖遗址成为目前世界上发现最早酿酒证据的遗址，引起了很大轰动。有学者认为贾湖古酒证实了加拿大考古学家海登的竞争宴享理论，是稻作起源的主要动力[1]。但发掘者张居中对此并不认可，他根据贾湖发现的大量巫术用具推断，贾湖古酒首先是巫师作法时通神的道具。

　　第二项工作是对山东日照两城镇遗址出土材料的研究。山东大学和美国考古学家合作，在两城镇进行了多年的考古调查和发掘工作。这里发现的主要是龙山文化遗存，明显存在大量酒器，如蛋壳陶高柄杯，但对酒遗存本身的认识并不清楚。山东大学考古系和麦戈文团队合作，对两城镇出土可能与酒有关的陶器进行了残留物分析，取得了重要成果[2]。研究中有意选择了不同的陶器器类，包括壶、罍、杯、罐、鬶、鼎、盆等，提取了 27 个有机样本，由宾夕法尼亚大学博物馆考古应用科学中心分子考古实验室进行了分析。分析使用了 4 种技术方法，包括傅里叶变换红外线光谱仪（DRIFTS）、高效液相层析仪、气相色谱－质谱仪（GC-MS）和费格尔化学点试验（Feigl Spot Test）。技术手段与贾湖古酒研究近似，也有所不同。对两城镇遗址龙山文化陶器标本所做的多项化学分析结果显示，当时人们饮用的酒是一种混合型发酵饮料，包含有稻米、蜂蜜和水果，并可能添加了大麦和植物树脂（或药草）等成分。酒的主要成分是稻米，这与两城镇遗址植物考古发现稻米是当时最为普遍的谷物相一致。两城镇遗址也发现了少量

　　[1]　陈淳、郑建明：《稻作起源的考古学探索》，《复旦学报（社会科学版）》2005 年第 4 期，第 126～131 页。

　　[2]　麦戈文、方辉、栾丰实等：《山东日照市两城镇遗址龙山文化酒遗存的化学分析——兼谈酒在史前时期的文化意义》，《考古》2005 年第 2 期，第 73～85 页。

的粟，但分析表明，酿酒原料中不包括粟[1]。虽然植物考古没有发现大麦，但微化分析却发现了大麦的成分。综合分析，龙山文化中期的这种混合酒和裴李岗文化贾湖古酒非常类似，代表了中国早期酒的传统，可以称之为早期的"醴"酒。从功能分析，这种酒既用于日常生活，也用于丧葬活动，奉献给死者。

最近十年来，美国斯坦福大学的刘莉教授团队在中国做了大量科技考古工作，主要针对史前时期。近年来重点开展了"中国新石器时代陶器与酿酒关系"的专题研究，选取了多个遗址做了深入探索，主要案例如下。

1.陕西西安米家崖遗址

刘莉团队对米家崖陶器上的淀粉粒、植硅体以及化学残留物做了综合分析，发现了酿造谷芽酒的最早直接证据。米家崖谷芽酒的原料包括黍、大麦、薏米以及一些块根作物。说明在距今约5000年的仰韶文化晚期，中原地区已经发展出较为成熟的谷芽酒酿造技术。这项研究还提出大麦最初从欧亚大陆西部传入中国中原地区的动因可能就是用于酿酒[2]。

2.陕西高陵杨官寨遗址

杨官寨遗址出土仰韶中期典型器物小口尖底瓶、小口平底瓶和漏斗，对残留物进行淀粉粒和植硅体分析的结果，显示出它们属于酿酒器具；并复原出了中国最早（距今5700～5300年）谷芽酒的酿造方法，系以黍和薏苡为基本原料，辅以野生小麦族种子、栝楼根、山药及百合等，在小口尖底瓶和平底瓶中发酵而成。其中，黍在酿酒原料中居于核心地位。谷芽酒在仰韶文化人群的饮食和礼仪活动中具有重要作用，逐步形成了最早的礼制[3]。

3.河南偃师灰嘴遗址

刘莉团队运用淀粉粒和植硅体方法，对灰嘴遗址大房子F1地面及附近出土

---

[1] 粟虽然是中国北方最常见的谷物，但糖化率较低，不适于酿酒，此后的科技考古研究也证实了这一点。另一种重要的北方作物黍的糖化率较高，常用来酿酒，直到今天仍然如此。

[2] 王佳静、刘莉等：《揭示中国5000年前酿造谷芽酒的配方》，《考古与文物》2017年第6期，第45～53页。

[3] 刘莉、王佳静等：《仰韶文化的谷芽酒：解密杨官寨遗址的陶器功能》，《农业考古》2017年第6期，第26～32页。

陶器进行了残留物分析，证明大房子 F1、附近的灶及共存的陶瓮、陶缸等共同构成了宴饮活动的一套设施。这套设施曾经酿造谷芽酒，主要原料包括黍、稻米、少量小麦族种子及山药等块根植物，至少可以复原出糖化和发酵两道酿酒程序。大房子是宴饮集会的公共场所，可能用于礼仪活动，也用于酿酒。在仰韶文化遗址中经常发现大房子，说明当时社会普遍存在以谷芽酒为饮料的宴饮礼仪，这是仰韶时代一个很重要的文化特征。黍和稻酿制的谷芽酒的流行，可能是仰韶时期农业生产不断发展的动力机制之一[1]。

4.陕西蓝田新街遗址

刘莉团队对蓝田新街仰韶文化晚期遗址出土的 5 件陶器进行了植物残留物分析，证明漏斗和尖底瓶是酿造谷芽酒的配套器具，酿酒原料包括黍、薏苡、小麦族、稻米、栝楼根和芡实，另外还有块根等附加植物原料。这是首次发现黍与稻同时用作酿酒原料。渭河流域仰韶文化谷芽酒的基本原料均为黍，遗址中普遍存在小口尖底瓶，意味着以黍为主要原料的谷芽酒是当时常见的饮品，代表了仰韶社会的饮食传统[2]。

5.黄河中游新石器时代滤酒陶壶分析

河南郑州大河村、偃师灰嘴和渑池仰韶村出土了 3 件仰韶晚期至龙山早期的带流陶壶，刘莉团队根据对灰嘴遗址出土标本的淀粉粒和植硅体残留物分析，认为带流壶系用于过滤米酒。米酒的酿造方法很可能是利用发芽的黍和稻谷进行糖化。这 3 件带流壶是中原地区最早的滤酒壶，反映了一种新的饮酒方式的出现，即由浊酒向清酒的初步转变，可能是受到了大汶口文化和屈家岭文化的影响[3]。

刘莉团队的技术手段主要是淀粉类分析和植硅体分析，虽然比麦戈文团队的复杂技术能够分析出来的成分种类要少，但已经足以抓住要点，可以辨认出主

[1]　刘莉、王佳静等：《仰韶文化大房子与宴饮传统：河南偃师灰嘴遗址 F1 地面和陶器残留物分析》，《中原文物》2018 年第 1 期，第 32～43 页。
[2]　刘莉、王佳静等：《陕西蓝田新街遗址仰韶文化晚期陶器残留物分析：酿造谷芽酒的新证据》，《农业考古》2018 年第 1 期，第 7～15 页。
[3]　刘莉等：《黄河中游新石器时代滤酒陶壶分析》，《中原文物》2019 年第 6 期，第 55～61 页。

要酿酒原料，例如稻、黍、块茎等作物，从而解决一些重大问题。刘莉团队对中国考古比较熟悉，对器物功能、遗址性质和文化关系有准确认识，能够全面考虑经济方式、社会结构和精神礼仪各个方面，是一种有机的综合性研究。刘莉团队所谓"谷芽酒"实际上就是包启安所说的"醴"，属于北方"黄酒"系统，系用黍或者稻、黍兼用发酵而成。刘莉团队对多类陶器酿酒功能的认识也基本验证了包启安等学者的推断，使得中国酒起源的研究由推测走向实证。

刘莉团队的重点研究对象是仰韶文化的典型器物小口尖底瓶，分析结果确凿证实这是一种酿酒器，也可能用以贮酒和饮酒。研究表明，除了小口尖底瓶之外，仰韶时期的多种小口陶容器都与酿酒、贮酒有关，这也与包启安之前从发酵工艺的要求出发做出的判断一致。实际上，从民族学资料来看，酿酒、贮酒器具大多也是小口陶罐、陶釜之类，史前酒器应该也是如此。当然，不仅仅是民族学材料，甚至我们今天的生活经验也佐证了这一点。

四　社会功能研究

关于史前古酒的社会功能，探讨的学者比较多，前文回顾的民族考古、科技考古和酿酒工艺史研究中或多或少也都涉及古酒社会功能的问题。因为酒的特殊性质，它不仅与饮食习惯、工艺技术有关，也与农业起源、社会结构和礼仪信仰等高层次问题有关。

围绕小口尖底瓶的研究就是一个典型案例。小口尖底瓶是仰韶文化最具有代表性的器物，反映出多方面的社会内涵，是认识仰韶文化的关键。如果说广泛存在的小口尖底瓶主要作为酒器使用，那么仰韶时代酒文化的普遍性就大大超出了人们的固有认识，中国古礼可能正是由此发轫。中国考古学泰斗苏秉琦便认为仰韶文化的尖底瓶与礼仪有关，苏秉琦在《关于重建中国史前史的思考》一文曾经论述："小口尖底瓶未必都是汲水器。甲骨文中的酉字有的就是尖底瓶的象形。它组成的会意字如'尊''奠'，其中所装的不应是日常饮用的水，甚至不是日常饮用的酒，而应是礼仪、祭祀用酒。尖底瓶应是一种祭器或礼器，正所谓'无酒不成礼'"[1]。刘莉和包启安的研究都验证了这个观点的正确性。

---

[1]　苏秉琦：《关于重建中国史前史的思考》，《考古》1991年第12期，第1109~1118页。

从对仰韶文化古酒的研究出发，刘莉对于中国礼制的起源和发展做了精彩的论述。在《早期陶器、煮粥、酿酒与社会复杂化的发展》[1]一文中，她认为，新石器时代早期常见的小口鼓腹壶有些是用来酿酒的，说明至少距今 9000 年利用谷物酿酒已是黄河和长江流域的普遍现象，贾湖古酒就是一个很好的例证。黄河中下游地区新石器时代中期的陶器可划分为东西两大区域类型：东部地区器类复杂，酒器居多，典型器物如鬶和高柄杯，是个人饮酒用具；西部地区器类简单，典型器物是小口尖底瓶，有些尖底瓶用来酿造谷芽酒，也是集体饮酒（即咂酒）的容器。如半坡博物馆收藏的小口尖底瓶有黄色和白色的残留物，可能是酒的痕迹，特别是口部有竖向的摩擦痕迹，应该是集体群饮时吸管留下的擦痕。西部地区的咂酒群饮代表了集体本位的文化传统，在仰韶文化之后消失。东部地区以高柄杯为饮器的饮酒方式代表个人本位的社会关系，后来演变成为强调社会等级秩序的中国礼制传统的重要组成部分。

总之，刘莉认为仰韶时代的集体主义传统失传，而龙山时代的酒礼构成了中国古代以等级秩序为特征的礼制源头。但实际上，仰韶文化流行的咂酒群饮传统在中国历史文化中并没有完全消失。在广大的中国南方地区，咂酒群饮一直很流行，直到今天很多少数民族地区仍有保留，这种风俗是否与仰韶文化传统有关，当可进一步探讨。

从陶质酒器入手探讨中国礼制起源与发展的重要论文还有张小帆的《崧泽文化陶质酒器初探》[2]。张小帆认为，崧泽文化陶质酒器代表了礼制和礼仪的出现，是体现太湖流域文明化进程的最重要的物质遗存。张小帆根据酿酒的基本流程和酒器的基本功能，将崧泽文化陶质酒器归为三类。第一类是酿酒器，即酿酒所用器具，包括甗甑类、盆匜类、大口尊类和滤酒器等；第二类是贮酒器，用于贮存过滤后的酒，主要为罐瓮类；第三类是宴享酒器，用于祭祀或宴享活动，包括鬶类、盉类、壶类、杯类、异形器等。之前的马家浜文化时期尚未见到陶质酒器，崧泽文化开始出现宴享类陶质酒器，并逐渐形成了完整的礼器体系，所以说长江下游的礼制滥觞于崧泽文化时期。崧泽文化的礼器系统是鼎、豆、壶组合，

---

[1]　刘莉：《早期陶器、煮粥、酿酒与社会复杂化的发展》，《中原文物》2017 年第 2 期，第 24～34 页。

[2]　张小帆：《崧泽文化陶质酒器初探》，《考古》2017 年第 12 期，第 69～81 页。

代表了祭祀礼仪最重要的三个要素，即稻粱、肴羞和酒醴，鼎和豆在马家浜文化时期已经出现，壶作为"酒醴之器"则出现于崧泽文化时期。

以往探讨中国古酒与礼制的研究大多集中于黄河中下游，对长江流域关注不多，张小帆的论文是比较难得的一篇，深入讨论了龙山时代长江下游礼制的发展，不但系统梳理了陶器资料，而且结合文献记载对这些陶酒器做了很好的解读。朱乃诚也探讨过长江流域新石器时代中晚期的酿酒业，他认为良渚文化中的双鼻壶、带流宽杯以及屈家岭文化中的壶形器、薄胎陶杯等，制作精致，可能是酒器，酿酒行为当是粮食剩余现象的副产品[1]。

20世纪90年代初，加拿大考古学家海登（Brain D. Hayden）提出了农业起源的竞争宴享理论（the Competitive Feasting Theory），影响很大。他认为农业可能起源于资源丰富且供应较为可靠的地区，社会结构因为经济富裕而相对比较复杂，于是一些首领人物能够利用对劳力的控制来驯养主要用于宴享的物种，这些物种或本身就是美食，或者可以酿酒，在这个过程中农业逐渐发生[2]。陈淳较早在国内介绍了海登的这个理论，并以之分析中国新石器时代早中期的稻作遗存，认为中国早期稻作的起源可能与宴享有关，早期稻米的利用是出于制作美酒佳肴的需要[3]。中国早期稻作起源是一个热点问题，对于起源动因的解释多种多样。稻作起源是否符合竞争宴享理论，或者说与酿酒有关，可备一说。

马利清等受到海登竞争宴享理论的启发，根据贾湖遗址等考古发现探讨了中国古酒起源与农业发生之间的关系[4]。她认为，贾湖先民不是因为稻谷大量剩余才用来酿酒，而是将仅有的少量稻谷用于酿制米酒。贾湖遗址的稻作农业并不发达，考古发现揭示出贾湖古酒产生的背景与农业之间没有必然联系，贾湖先民是在狩猎采集条件下，种植少量的稻专供酿酒之用。贾湖先民主要依靠植物根块、坚果、豆类和大量的鱼来果腹，而用采集来的水果、蜂蜜、谷粒和种植得来的少量稻米酿酒来满足精神享受。粮食是酿酒的必备条件，但并不必然经由农耕

[1] 朱乃诚：《中国史前稻作农业概论》，《农业考古》2005年第1期，第26～32页。

[2] Hayden B. Models of Domestication. In B. Gebauer, et al. eds. Transition to Agriculture in Prehistory. *Monographs in World Archaeology,* No.4. Madson: Prehistory Press, 1992: 11-19.

[3] 陈淳：《稻作、旱地农业与中华远古文明发展轨迹》，《农业考古》1993年第3期，第51～53页。

[4] 马利清、杨维娟：《从考古发现看中国古酒的起源及其与农业的关系》，《文博》2012年第4期，第18～22页。

去获得，采集活动完全可以提供酿酒原料，当然也不排除人们正是出于酿酒需求才开始有意识地种植谷物。

以上学者的研究成果揭示出中国早期农业起源的特殊性。过去考古发现的黍、稻等所谓"农业遗存"，有可能并非作为人们赖以果腹的主要粮食作物而存在，而是有另外的用途，酿制酒精饮料是其中最有可能的一个。

以上简要回顾了近一个世纪以来我国学术界关于史前古酒研究的学术史，对此问题可以做出以下总结。

第一，古酒起源是一个具有世界意义的课题，在中国考古中同样重要，目前中国学术界开展了一些研究，取得了一定成果，但仍任重道远。

第二，古酒起源问题需要人文学科和自然科学各个领域的专家共同参与，从多个方面开展研究，才能取得全面的认识。特别是酒的类别和工艺方面，没有酿造专家参与，很难区分清楚。比如曲和蘖的区别，就是一个不易解决的难题。就考古研究而言，当前最需要的是科技考古方法，事实证明也是最有效的手段。

第三，当前对于器物的研究，特别是对典型器物的研究，已经取得了比较大的突破，很多与酒有关的器物和遗存被辨识出来，其中最大的一个突破是对仰韶文化小口尖底瓶的认识。但总体来看，目前对器物群的研究仍然不足，对于遗迹的研究办法不多，特别对于酿酒作坊和设施，基本上还是处在推测阶段。

第四，当前研究主要集中在黄河流域，特别是仰韶文化分布区，广大南方地区，包括长江流域和珠江流域，史前酿酒活动肯定是普遍存在的，但一直没有开展相关研究，是一个很大的遗憾。而且即使对中国礼制发生的关键时代和重点地区，即典型龙山文化及其分布区，虽然面对众多出土酒器，但研究也不多。

第五，对某些重要问题认识不够深入。例如，中国史前酒文化在古代社会生活中具有的普遍性，我们过去的认识是很不足的，刘莉的研究已经提醒了这一点。饮酒行为在仰韶文化时期业已相当常见，对于社会生活的影响也是全方位的。酿酒与农业起源之间的关系也是非常复杂的，海登的竞争宴享理论固然不完全符合实际，但作物驯化显然与酿酒有关，甚至酿酒行为的发生也应在农业出现之前，我们现在观察到的许多所谓"低水平食物生产（Low Level Food Production）"[1]现象，可能与酿酒有关。史前酒文化与中国古代礼制的形成高度

[1] Smith Bruce. Low-level Food Production. *Journal of Archaeological Research*. 2001, 9(1): 1-43.

相关，这一点是学术界的共识，龙山时期以酒礼为核心的礼制已经初步形成，起源至少可以追溯到仰韶时代，目前对这方面的探索也不够。龙山文化和仰韶文化中与酿酒、酒器有关的资料是相当丰富的，研究薄弱并非都是缺乏材料所致，既有手段问题，也有观念问题。

第六，世界主要农业起源中心地区普遍发现酿酒现象，例如中美洲玉米酿制的吉开酒（Chicha）、古埃及的葡萄酒、非洲地区的珍珠粟酒等，这些早期酒类的产生都与农业社会的起源和发展有密不可分的关系，国际考古界有丰富的研究成果，目前我国学术界对这方面的了解不多，应该加强借鉴，并积极开展跨文化比较研究。

第七，古酒在农业起源和文明起源过程中可能发挥了重要的催化作用，学术界对此认识不足，而这一点，有可能具有世界性的普遍意义[1]。

第四节　华南与东南亚新石器时代文化的特点及历史贡献

中国早期文明起源研究的焦点，向来集中在中国的"两河流域"（黄河流域和长江流域），而以珠江流域为核心的华南，一直是一个被忽视的地区。但实际上，华南地区在中国早期文化的发展乃至文明的形成过程中，有其独到的作用，贡献了独特的海洋性成分，尤其是与东南亚地区之间密切的文化交流和互动，更是奠定了该地区在东亚与太平洋文化发展史上无可替代的地位。下面以考古资料为主，探讨华南或者说岭南新石器时代的文化特点、在文明发展史上的贡献，以及与东南亚地区早期文化的关系等问题。

一　华南与东南亚早期文化面貌的统一性与特殊性

"华南"的地理概念有广义和狭义之分。广义的华南即"中国南方"，地理上指秦岭—淮河线以南中国的广大区域。狭义的华南则特指"岭南"，即"五岭以南"，包括江西省、湖南省位于五岭以南的部分。民国时期的教科书中，将华

---

[1]　陈淳：《科学方法、文明探源与夏代信史之争》，《广西师范大学学报（哲学社会科学版）》2020年第3期，第128～140页。

南的范围定义为福建、台湾岛、广东、广西、贵州、云南、海南和香港、澳门，而依照现在的行政区划和定义，狭义的"华南"通常只指广西壮族自治区、广东省、海南省以及香港、澳门两特区。因为要与东南亚这一文化区划名称相对应，故而此处使用了华南来指代地理意义上的岭南。

"东南亚"的概念比较复杂。东南亚（Southeast Asia）这一名称最初出现在1839 年美国牧师哈瓦杜·马尔科姆（Howard Malcolm）的著作《东南亚之旅》一书。到第二次世界大战末期的 1943 年 8 月，同盟国在锡兰成立"东南亚司令部"以后，才被人们广泛使用[1]。它既是一个政区的概念，又是一个文化区划的概念，通常有狭义和广义之分。狭义"东南亚"主要是一种政区概念，指亚洲东南部地区，包括中南半岛与马来群岛。今天这里分布着 11 个国家，包括缅甸、泰国、柬埔寨、老挝、越南、新加坡、马来西亚、文莱、印度尼西亚、菲律宾、东帝汶等国。广义"东南亚"是一种文化区划的概念，通常有两种说法。其一指亚洲东南部的大陆和岛屿，包括长江下游以南的大陆区、中南半岛和马来半岛所在的半岛区、印尼和菲律宾群岛所在的岛屿区。其二指亚洲东、南部的大陆与岛屿，包括半岛区、群岛区和南亚的印度、巴基斯坦，即二战时盟军的"东南亚战区"。目前较为通行的"东南亚"概念由半岛区和岛屿区组成，即中南半岛和马来群岛。

这里主要采取其文化区划的含义，以探讨中国南方特别是华南与东南亚的关系问题。

对于华南与东南亚在文化面貌上的密切联系，中外学术界有一个认识逐步加深的过程。

20 世纪初，美国历史学派人类学家阿尔弗雷德·路易斯·克鲁伯（Alfred L. Kroeber）在《菲律宾的民族》等论著中先后概述了以东南亚群岛为中心、分布于东西两大洋和亚澳两大洲之间的土著文化的共同体特征，即"印度尼西亚文化圈"或"东南亚古文化圈"[2]。

20 世纪 30 年代以来，林惠祥、凌纯声等学者相继提出了"亚洲东南海洋地

---

[1] 王民同：《东南亚史前文化述略》，《云南师范大学学报（哲学社会科学版）》1983 年第 1 期，第 21 页。

[2] 凌纯声：《东南亚古文化研究发凡》，《中国边疆民族与环太平洋文化》，台湾联经图书出版公司，1979 年，第 330 页。

带""亚洲地中海文化圈"等理论，以概括史前和上古时期华南、东南亚至大洋洲间的土著文化关系。林惠祥认为"亚洲东南海洋地带"文化不同于华北，而与东南亚、太平洋群岛间土著新石器文化有密切关系[1]。凌纯声创立的环南中国海"亚洲地中海文化圈"理论，阐述了东亚大陆、东南亚到西南太平洋三大群岛之间的土著民族文化共同体的特点，认为西方人类学家所指的"印度尼西亚文化圈"的范围应扩展到华南大陆。凌纯声还具体提出了"亚洲地中海文化圈"的谱系，并对这个宏大的理论做了具体深入的阐述[2]。

中国南方与东南亚在文化上的紧密联系，早为国内外民族学家和考古学家所认知，这就是广义"东南亚"概念形成的历史背景。1966年8月至9月，国际上研究东南亚考古最重要的学术组织"印度—太平洋史前史学会（the Indo-Pacific Prehistory Associate，简称IPPA）"在东京召开第十一届年会，著名东南亚考古学家、美国学者索尔海姆（Wilhelm G. Solheim Ⅱ）提出了一个从文化角度考察的东南亚的概念，它主要分为两部分：一部分为大陆东南亚（Mainland Southeast Asia），包括中国大陆北纬30°（大致以长江为界）以南直至中南半岛马来亚南端、南中国海西至缅甸伊洛瓦底江的区域；另一部分是岛屿东南亚（Island Southeast Asia），即大陆东南亚以外的岛屿部分，包括台湾岛、印度尼西亚、菲律宾，东至伊利亚诸岛[3]。

索尔海姆提出文化上的东南亚这一概念，是基于对华南和东南亚史前文化统一性的深刻洞察，故而得到了学术界的广泛认同。自20世纪60年代以来，西方绝大多数重要的东南亚考古学家，如索尔海姆、贝尔伍德（Peter Bellwood）、海厄姆（Charles Higham）等，在讨论东南亚史前乃至青铜时代考古问题时，无不遵循此一概念。这当是索尔海姆对东南亚考古最重要的贡献之一。我们可以看到，西方学者关于东南亚考古的论文，无不涉及华南甚至整个中国南方地区。其中的缘由，正是因为华南与东南亚之间存在文化上的密切联系。事实上，华南和东南亚，特别是在新石器时代，本来在文化上就密切相关。正如贝尔伍德所说，"必须记住，不提到中国南部，就不可能理解东南亚史前史

---

[1]　林惠祥：《林惠祥人类学论著》，福建人民出版社，1981，第294~333页。

[2]　凌纯声：《东南亚古文化研究发凡》，《中国边疆民族与环太平洋文化》，台湾联经图书出版公司，1979年，第329~334页。

[3]　Wilhelm G. Solheim Ⅱ, International Congresses and Symposia. *Asia Perspectives*. Vol. 10, 1967, p3.

的进程"[1]。

中国学者虽然长期以来已经认识到华南与东南亚在文化与种族上的一致性，但大多不认同索尔海姆这种广义东南亚的概念，当然也极少使用此一概念。即如童恩正在介绍索尔海姆此一概念时说，"为了避免过分强调我国南方文化的独立性，与国际上少数人宣传的所谓'东南亚民族区'的概念混淆起来，我认为我们不必采用此一概念"[2]。

与凌纯声等老一代学者相比，后辈学者们的视野相对内化，对以美国为首的西方学者们从"旁观者"角度得出的某些结论更是难以认同。中国考古界除少数具有国际交流能力的学者之外，大多考古学者甚少将中国南方考古与东南亚考古联系起来考虑，大多是孤立地研究国内问题甚至自己所在行政区划内的考古资料，这就很难对本区域范围内文化的整体面貌得出全局性的认识，因为彼得·贝尔伍德的那句话反过来说其实也是对的——如果我们不联系东南亚，也很难完整理解中国南方史前文化的发展过程。

华南与东南亚在文化上的统一性，在区域层次上体现出它自己具有的特殊性，这种特殊性与中国长江、黄河农业起源核心区相比特别突出。

20世纪初，美国人类学家克罗伯（A. L. Kroeber）在《菲律宾的民族》一书中提出"东南亚古文化圈"概念，并对东南亚古文化圈的文化特征进行了总结。克罗伯将东南亚土著民族特征总结为26项，包括刀耕火种、梯田、祭献用牺牲、嚼槟榔、高顶草屋、巢居、树皮衣、种棉、织彩线布、无边帽、戴梳、凿齿、纹身、火绳、取火管、独柄风箱、贵重铜锣、竹弓、吹箭、少女房、重祭祀、猎头、人祭、竹祭坛、祖先崇拜、多灵魂。这许多文化特质组成了东南亚古文化。[3]这一认识后来被凌纯声所发挥。1950年，凌纯声将范围扩大到整个所谓"亚洲地中海文化圈"，并另外增加了24项特征，即铜鼓、龙船、弩箭、毒矢、梭标、长盾、涅齿、穿耳、穿鼻、鼻饮、口琴、鼻笛、贯头衣、衣著尾、坐月、父子连名、犬图腾、蛇图腾、长杵、楼居、点蜡印花布、岩葬、罐葬、石板葬，

[1]〔新〕尼古拉斯·塔林主编，贺圣达等译：《剑桥东南亚史》（第一卷），云南人民出版社，2003，第43页。

[2]童恩正：《近二十年来东南亚地区的考古新发现及国外学者对我国南方古文明起源的研究》，《南方文明》，重庆出版社，2004，第189页。

[3]克罗伯：《菲律宾的民族》第七章，转引自凌纯声：《东南亚古文化研究发凡》，《中国边疆民族与环太平洋文化》，台湾联经图书出版公司，1979年，第330页。

加起来一共 50 项，作为这一文化圈的主要文化表现形式[1]。

总之，无论是民族学还是考古学的研究结果，都说明华南与东南亚地区在文化上存在紧密联系，而与南岭以北的中国文化核心区具有一定区别。这种区别主要是地理环境所致，故而在文化上各自形成了不同的特点。总体来说，华南与东南亚是一种海洋性、热带亚热带性质的文化，这是这一广阔范围内文化面貌基本相同的地理基础。地理环境与气候并非是文化相似性的唯一原因，我们还可以找到另外的一些因素，例如族群的迁徙、文化的传承等，这些方面都是学术研究的重要内容。

二　华南及东南亚新石器时代文化的特征

华南包括东南亚部分地区在内的新石器时代文化，表现出以下一些特点。

1. 早期的领先性

华南和东南亚地区，新石器时代早期文化十分发达，发展程度远远超过黄河流域和长江流域。例如广西桂林甑皮岩、广东阳春独石仔、江西万年仙人洞、湖南道县玉蟾岩等遗址，在中国新石器时代文化早期阶段都具有十分重要的地位。在大陆东南亚的越南北部，北山文化也十分繁荣。这实际上是继承了旧石器时代晚期华南和东南亚区域文化高度发达的传统，很多早期遗址，旧石器时代遗存和新石器时代遗存是紧密联系在一起的。华南和东南亚的许多地区，在旧石器时代晚期表现出"和平文化"的特征，步入新石器时代之后，仍然延续了这类风格。故而在新石器时代早期，华南和东南亚考古学文化的发展，在整个亚洲东部都处于领先地位。

2. 中后期的滞后性

新石器时代早中期，与黄河流域和长江流域相比，华南文化的发展表现出一定的特殊性，也可以表述为文化发展阶段上的滞后性和文化群体的分散性，这

---

[1]　凌纯声：《东南亚古文化研究发凡》，《中国边疆民族与环太平洋文化》，台湾联经图书出版公司，1979 年，第 330 页。

种特殊性也并非孤立的区域特征，而是一直向南延伸到东南亚广大地区的普遍文化现象。到新石器时代晚期，华南和东南亚这一早先文化滞后的地区，受到长江流域稻作文化的冲击，整个文化面貌为之一变，生业方式从采集经济为主转化为稻作农业为主。目前来看，农业发展、人口增加、族群迁徙、语言扩散这样的连带关系是对这一文化发展进程最为合理的解释。

随着新石器时代文化的发展，进入以农业为主导的新石器时代中晚期之后，一度领先的华南和东南亚新石器时代文化，与中原地区裴李岗文化、仰韶文化、龙山文化等相比，文化进程表现出明显的滞后性。

以顶蛳山文化、多笔文化为代表的新石器时代中期文化，延续和发展了新石器时代早期和平文化的经济方式，以采集、捕捞水生贝类、鱼类等为食，基本没有农业迹象，陶器、玉器等物品的制作技术相对也处于较低的水平，没有像同时期黄河、长江流域那样高度发展。即使到了新石器时代晚期，农业自长江流域传入，稻作人群对岭南和东南亚土著狩猎采集社会产生强烈的冲击，但仍然没有改变这一地区的整体文化面貌。例如石峡文化、"大石铲文化"、大垄坑文化、越南的冯原文化，以及泰国西北部呵叻高原一带遗址，这些地方相对适于开展农耕活动，虽然出土了不少似乎与农耕有关的工具，并发现了农作物遗存，但数量和水平明显远不及长江流域。精美器物的制作也比较罕见，实际上反映出社会组织相对简单，没有能够产生强大的社会动员力量，以及对奢侈品和大型礼仪建筑的强烈需求。社会组织的不发达，与富裕狩猎采集生业方式这一经济基础直接相关。虽然在世界其他地区，例如美国西北海岸，富裕采集经济社会也产生了高度发达的社会组织，但似乎这是少数甚至特例。至少在华南和东南亚一带，建立在富裕狩猎采集基础上的社会组织一直维持在较低的水平，没有得到类似黄河流域和长江流域史前社会那样的高度发展。华南和东南亚新石器时代经济形态的这种滞后性根植于特殊的自然环境，此地多为温暖湿润的热带、亚热带丘陵山地，动植物种群多、规模大，为狩猎采集活动提供了丰富的天然食物资源，农业生产活动的需求不那么迫切，延缓了农耕、动物驯养等生产性经济的产生和发展，同时也制约了社会组织结构的复杂化。

需要说明的是，虽然这里使用了"滞后性"一词，但对于这种发展模式并无贬低之意。采用富裕狩猎采集生产方式，以较低层次的社会组织形式存在，可

能是新石器时代华南和东南亚古人类最为适宜的生存方式，体现出对环境的最佳
适应。

3.石器的长过程

卜工指出，从新石器时代以来，岭南地区的考古学文化就显示了鲜明的自
身特点，展现出一个独立考古学文化区所要求的诸种特征，与同时期中国其他考
古学文化区域相比，可谓独树一帜。这些特点被他概括为：石器的长过程，珠江
的大传统，聚落的多形态，地域的两大块[1]。

所谓石器的长过程，是指岭南地区新石器时代开启的年代早而结束的时间
晚，文化积淀的过程长。实际上这一点也是岭南和东南亚地区的共同特点。从目
前的发掘资料，如广西柳州白莲洞、桂林甑皮岩、桂林庙岩、广东英德牛栏洞、
湖南道县玉蟾岩，以及越南境内的和平文化和北山文化，泰国仙人洞等，可以看
出华南和东南亚地区新石器时代开始的时间在东亚可能是最早的，年代至少在
12000 年之前，甚至更早。特别值得注意的是，此地的新石器时代文化基本上和
旧石器时代晚期文化一脉相承，连续发展，几乎看不出明显的界限。由此还产生
了关于此地是否存在"中石器时代"的问题[2]，主要是因为新旧石器时代之间联
系过于密切，难以划界所致。

该地区新石器时代延续时间很长，青铜时代开始很晚。主要是由于华南和
东南亚本土没有产生青铜文化，这里的青铜文化是外来的。就岭南和邻近地区而
言，一般认为是受到来自长江流域和黄河流域青铜文化的影响。由于文化传播需
要一定时间，故而这里青铜文化的发展也表现出相当的滞后性。就中国学术界而
言，对于岭南地区新石器时代结束的时间看法并不完全一致，但大多认为可以分
为三期：

第一阶段为距今 10000 年前，典型表现是原始陶容器的产生；

第二阶段为距今 10000～6000 年，大致与裴李岗时代相当；

第三阶段为距今 6000～3500 年，与仰韶、龙山和夏时期相当[3]。

总之，岭南新石器时代的下限，大约在距今 3500 年，相当于早商时期。新

---

[1]　卜工：《文明起源的中国模式》，科学出版社，2007 年，第 211～212 页。

[2]　英德市博物馆等：《中石器文化及有关问题研讨会论文集》，广东人民出版社，1999 年，第 20 页。

[3]　卜工：《文明起源的中国模式》，科学出版社，2007 年，第 217～218 页。

石器时代结束的时间，比中原地区晚了大约 500 年。

越南北部的新石器时代文化下限，与岭南地区相当，大约为距今 3500 年。史前时期两地在文化上本来就存在极为密切的关系。

大陆东南亚再向南方，新石器时代结束的时间更晚。海厄姆父子对在泰国班努瓦遗址精细发掘而来的资料进行贝叶斯方法测年，得到的数据表明此地的新石器时代遗存年代在公元前 17 世纪[1]。

台湾岛和东南亚新石器时代结束的时间，比华南和大陆东南亚还要晚得多。台湾岛在公元初年之前，一直保持没有金属器的生活状态，实际上是新石器时代生活方式的延续[2]。有学者认为台湾岛的新石器文化下限可能在距今二三千年[3]，但可能还要晚。菲律宾的新石器时代结束的时间，过去一度认为甚至晚到距今 200 年。新的资料证明可能其年代要更早一些，但具体数据尚未见发表[4]。

4. 狩猎采集经济始终占有重要地位

狩猎采集经济在华南及东南亚新石器时代居民生活中始终占有重要地位。当然，这种现象并非仅以此地为然，但在华南和东南亚地区特别突出，当与华南和东南亚的热带亚热带气候条件和山地丘陵水源丰富的地理条件有密切关系。此种地理环境下，一年四季皆有丰富的动植物食物资源，是居民天然的食物来源。

张光直很早以前就指出，中国东南海岸自旧石器时代晚期以来就存在一种"富裕的食物采集文化"（Affluent Foragers）。他介绍了卡尔·索尔（Carl O. Sauer）的相关理论[5]，并具体分析了河姆渡、大坌坑以及东南海岸旧石器时代晚期的资料，认为这里最初的向农业生活推动的试验发生在居住于富有陆生、水生动植物资源环境中的狩猎、渔捞和采集文化中[6]。限于材料较少，张光直没有展

[1] Charles Highaml & Thomas Higham，A new chronological framework for prehistoric Southeast Asia，based on a Bayesian model from Ban Non Wat. *Antiquity*. 2009: 125–144.

[2] 韩起：《台湾省原始社会考古概述》，《考古》1979 年第 3 期，第 245～259 页。

[3] 臧振华：《台湾考古研究概述》，《文博》1998 年第 4 期，第 53～61 页。

[4] 吴春明：《菲律宾史前文化与华南的关系》，《考古》2008 年第 9 期，第 36～50 页。

[5] Carl Sauer，*Agricultural Origins and Dispersals*. Cambridge: The MIT Press，1969，pp. 20–24.

[6] 张光直：《中国东南海岸的"富裕的食物采集文化"》，《中国考古学论文集》，生活·读书·新知三联书店，1999 年，第 190～205 页。

开细致的讨论，但他关于新石器时代经济方式的观点实际上是适用于整个华南和东南亚主要地区的。

有学者对华南地区新石器时代主要遗存进行统计分析，得出这样一个结论：第一，史前早期的聚落形态多是洞穴遗址，且狩猎经济比重远大于渔捞经济，如广东阳春独石仔遗址、广西桂林甑皮岩、江西万年仙人洞遗址等。而且洞穴遗址一般都分布在内陆山地。在这一类型的遗存中，狩猎经济的重要性超过渔捞经济，在遗址堆积的主要包含物以及所发现的工具组合形态上有很好的体现。如甑皮岩遗址中发掘出数千件动物遗骨，主要是哺乳动物，分属于 25 种，而鱼类和贝类仅 10 种左右；甑皮岩遗址的工具中用于狩猎的砍砸器、尖状器、骨锥、角锥、牙锥数量占绝对多数，而用于渔捞的鱼镖、鱼叉、网坠等基本不见，反映渔捞经济的蚌刀数量很少，相对于狩猎工具来说微乎其微。这一特点在目前发现的其他几个洞穴遗址中情形也类似。第二，史前中晚期的聚落形态多是内陆河边阶地遗址和贝丘遗址。在这些类型的遗址中，狩猎经济仍占很大比重，但是渔捞的比重也开始上升。如河姆渡遗址中锥、镞、矛、匕、梭形器、弹丸、哨等狩猎工具大量存在，相对于一般洞穴遗址来说，其狩猎工具种类丰富多样，且相对轻巧精致，体现了狩猎经济发展的结果。而昙石山遗址代表的贝丘遗址中，贝壳堆积丰厚，且鱼叉（尖头木棍）、鱼镖、网坠、锛、石凿等渔捞工具数量多，所占比重不比狩猎工具小。第三，史前中晚期，原始农业有所发展，但是仍以采集渔猎经济为主，体现在内陆河流边的阶地遗址和贝丘遗址中有少量农业工具出土。这些农业工具相对渔猎工具来说，不仅数量极少，而且加工粗糙，如顶蛳山第四期出土的中小型工具，一定程度上体现了这种情况。这似乎可以说明，农业是在采集渔猎文化背景下起源和发展起来的[1]。

5.特征鲜明的海洋文化

华南和东南亚新石器时代文化面貌十分复杂，但论其最有特点且在后来的历史发展进程中发挥主导作用者，当是其海洋性的一面，这是因为这里拥有漫长的海岸线，面向海洋，为史前人类提供了广阔的天地。这与黄河流域和长江流域

---

[1] 郭琼娥：《东南地区史前的采集渔猎文化》，《百越研究》（第二辑），厦门大学出版社，2011年，第148~155页。

以陆地为主体的文化形成了鲜明的对比，是华南和东南亚史前文化的重要特点之一。

华南和东南亚新石器时代的文化主体特征是海洋文化，表现在各个方面，例如生业方式、生活习俗、精神信仰等，但由于考古资料的局限性，很多方面已经难以追寻，只能根据后来南岛语族群的文化特征加以推测。

经济方式当是华南和东南亚新石器时代文化呈现出海洋性的基础。张光直认为，对海外稀奇物品的追求和贸易活动是原始南岛语族从中国东南沿海向外扩散的根本原因[1]。臧振华则提出，距今六七千年以后，大陆东南海岸考古资料所表现出的具有强烈海洋倾向的生业和聚落形态，及其所反映的当时居民对海岸环境的适应能力，有可能是促成南岛民族继续向海洋扩散的重要因素之一。民族志和历史资料显示，海边的渔民面对开阔的海洋，不但便于熟悉海洋资源和航海技术，而且易于广泛接触到外来讯息，所以也就比较容易受到自然或社会、经济因素的影响而迁徙人群和聚落[2]。

索尔海姆更是直指新石器时代的南岛语族是以贸易为生的海洋民族。他认为，从距今 7000～2000 年，在台湾岛、华南沿海、越南北部之间，存在一个努散陶（Nusantao，意为"岛屿之人"）海洋贸易网络。这个网络是覆盖整个太平洋、中国沿海和日本、孟加拉湾和印度洋沿岸，直到马达加斯加、岛屿东南亚和大陆东南亚沿岸的努散陶大网络的一部分，在距今 7000 多年前起源于岛屿东南亚，然后向北传播，到达菲律宾、台湾岛和华南沿海，在距今 5000 年前后传入朝鲜和日本九州，公元前第一千年在朝鲜和日本高度发达[3]。尽管索尔海姆的基本观点与学术界主流观点不同，但他关于南岛语族群是以海上贸易为突出特征的海洋民族这个看法，是广受认可的。

海洋民族能够从近海走向远洋，生存和发展的基本条件是造船和航海技术。之所以这些技术在新石器时代中晚期的华南和东南亚兴起，可能有四个方面的基

[1]　Chang，K. C. & Ward H. Goodenough，Archaeology of Southeastern China and its Bearing on the Austronesian Homeland，In W. H. Goodenough (ed.)，*Prehistoric Settlement of the Pacific*，Philadelphia: American Philosophical Society，1996，pp. 28-35.

[2]　臧振华：《中国东南海岸史前文化的适应与扩张》，《考古与文物》1999 年第 3 期，第 20～33 页。

[3]　Wilhelm G. Solheim Ⅱ，Taiwan，Coastal South China and Northern Viet Nam and the Nusantao Maritime Trading Network. *Journal of East Asian Archaeology*，2000,2(1-2): 273-284.

本原因：人口密度不断增长、植被的破坏、贸易与交换、全新世中期气候变化所引起的海平面升降[1]。

新石器时代以来，由于农耕、养殖等生产性经济和定居的发展，人类生存、发展的能力较之旧石器时代有了质的提高，导致了人口的增长和定居聚落的不断扩张，人口密度也不断增加。这在中国东南大陆表现得尤其明显，比如福建地区的平原，主要分布于大陆海岸狭窄地带，可以利用的农耕陆地面积有限，随着新石器时代文化的发展、人口数量的增长，定居聚落在本地区扩张、转移的腹地十分有限，向外扩展的压力越来越大，向外部、向海岛寻求新的生存发展空间是必然的选择。

植被的破坏是新石器时代生产发展的必然结果，也是全球新石器时代文化发展共有的现象。新石器时代定居农业的发展导致土地不断被开垦，土地上的植被遭到了人类历史上第一轮大规模的破坏。为了不断扩张的定居聚落的建设，以及定居聚落中燃料的需要，森林再度遭受不断的砍伐。此外，史前时代刀耕火种还经常造成意外的大规模森林火灾，也是原始植被遭受毁灭性破坏的重要原因。在农耕土地资源特别紧张的中国东南沿海地区，植被的破坏导致人类生存空间的压力陡增，同样迫使东南大陆沿海的新石器时代人类向海岛迁徙。

贸易与交换也是史前文化的普遍现象之一，中国东南大陆新石器时代原始居民的贸易与交换活动十分频繁。原始居民最初的贸易与交换可能是沿着河流展开的，之后扩展到海岸、海岛并延伸到广阔的海洋。海岛、海洋贸易与交换的需要，是航海兴起的一个重要动力。

海平面的变化是航海兴起的一个直接诱因。末期冰期结束后，全球气候不断变暖，海平面总体上处于上升过程，但上升的幅度、速度是波动的。根据第四纪地质学家的研究，大致来说，距今7500年左右，海平面进入了快速上升的时期，直到距今6000～4500年间，海平面大致高于现今水平约2.4米，形成一个高海面时期，到了距今4000年左右，海平面再次恢复到现今水平。高海面时期，东亚大陆沿海狭窄的农耕平原地带大多被海水淹没，人群生存空间压力更大，同时有些原本与大陆相连的沿海高地成为岛屿，岛屿上的居民与大陆的交通也只能通过航海。这对于解释东南沿海地区新石器时代聚落的位置和分布是至关重要

[1]　〔美〕Barry V. Rollet:《中国东南的早期海洋文化》,《百越文化研究》, 厦门大学出版社, 2005年, 第130～134页。

的，福建和台湾岛新石器时代遗址大都位于地势较高的坡地和山冈上，这些高地在海进盛期就成为海湾中的小岛，避免了海水的侵袭，人类活动与海洋发展出密切的关系。

三　华南地区在中国和东南亚及太平洋史前文化中的地位与贡献

中华文明的主体区域，实际上是三大流域，即黄河流域、长江流域和珠江流域。过去在讨论中国文明的起源时，常常提到中国的两河流域，即黄河流域和长江流域，对于珠江流域的地位和作用相对低估。这种观点主要还是出于材料本身所致，在中国的新石器时代，华南地区虽然起步早，但在后来的社会文明化进程中，却远远落在了黄河流域和长江流域的后面。原因当然是多方面的，但资源环境的独特性是主要原因，导致珠江流域的古代文化走上了与资源相对匮乏、生存竞争激烈的黄河流域和长江流域不同的道路。今天我们从现代文明的角度来看，岭南古代社会的发展进程似乎是落后的，但是以古人类自身所处状况而言，他们选择的可能是一种最适宜的生活方式。至于后来这种生活方式为北方强势侵袭而来的农业文化所扭转，以至彻底改变，则是另外一个话题。而且即使是北方传播而来的次生稻作文化，在进入岭南和东南亚之后，也大量吸收了当地富裕渔猎采集文化的因素，特别是无性繁殖作物"原始农业"的因素，故而这个稻作农业文化实际上已经与原生形态相当不同了，可以说属于二次创新。

华南或者说岭南地区，在新石器时代以降的中华文化发展进程中虽然处于从属地位，但对于中华文明的形成，有一个最重要的贡献，是过去人们往往忽略的，那就是为中华文明的内涵提供了"海洋性"因素，而这正是黄河流域和长江流域以大陆性为主的文化所缺乏的，这也是华南地区新石器时代文化独放异彩之处。

有学者曾经提出，以中国东南沿海为中心的"环中国海"是古代世界海洋文化繁荣发展的主要区域之一，"环中国海"的视野克服了以王朝正史为核心的传统中国历史框架下的错误海洋观。传统史学以中原遥望四方、从陆地鸟瞰海洋的中心自居，代表了以农耕文化为基础的古代帝国的话语，忽视了中国古代文化大陆性与海洋性二元共存的史实，造成海洋文明史认识上的边缘、附庸和汉人中心论的偏颇，无法捕捉到"海洋世界"的真实历史及其人文价值。以几何印纹陶遗存为核心的中国东南史前、上古考古学文化，与东南亚、大洋洲土著人文关系密切，展现了善于用舟的百越 / 南岛土著先民文化传播、融合的海洋性人文空间，明显区别于北方华夏的大陆性文化体系，是失忆于汉文史籍的环中国海海洋人文土著生成的考古证据。汉唐以来，"环中国海"成为世界海洋商路网络中最繁忙的区段，被视为"海上丝绸之路""陶瓷之路""香料之路""香瓷之路""茶叶之路"的起点，从海洋族群变迁、东南港市发展与基层海洋人文的土著特征看，被传统史学誉为汉人主导的"大航海时代"是对史前、上古东南土著海洋文化内涵的传承与发展[1]。

实际上，以岭南为中心的华南地区起到了一个连通海陆、沟通中外的作用，也可以说是一个文化的缓冲区。长江流域的稻作文化，甚至黄河流域的粟作文化，皆是经由此地南传和东传，由此，中国本土起源的文化因素传播到东南亚和太平洋，为世界文明的发展做出了贡献。

总之，岭南或者说华南地区在独特的资源环境条件下，在多种文化因素错综复杂、风云激荡之下，形成了自身的文化特质，由此构成了中国早期文化的重要一极。

---

[1]　吴春明：《"环中国海"海洋文化的土著生成与汉人传承论纲》，《复旦学报》2011 年第 1 期，第 124～131 页。

第二章　岭南地区新石器时代
文化过程的整体研究

本章对于岭南新石器时代文化发展过程从整体角度进行考察，探索这一地区新石器化进程的特殊性，并主要基于广西地区的考古材料，对于岭南中部和北部的文化现象及其发展阶段进行具体分析。考虑到历史发展的延续性，研究时段在以新石器时代为主的同时，前后做了适当延伸，对前端的旧石器时代和后续的历史时期都有所讨论。

第一节　关于岭南地区新石器时代特殊性的思考

随着考古学研究的进展，国内外学术界对于"新石器时代"这个重要概念有一个不断再认识的过程。今天对于"新石器时代"的定义，与一个世纪之前新石器时代考古学诞生之初相比，已经有了极大的差异。理论的更新直接影响到实践活动，过去一些约定俗成的认识、似乎不是问题的问题已经面临挑战。在新的理论体系下，如何观照农业产生之前岭南地区这种似是而非的"新石器时代"状态？如何对之估价？如何与现有的理论体系相洽？又如何利用对岭南"新石器时代"的分析推进新石器时代理论观念的进一步发展？都成为很有价值的话题。本文拟通过"新石器时代"概念发展演变的历史回顾，对照岭南地区新石器时代的考古资料，分析这一广大区域内文化特征的一般性和特殊性。

一　"新石器时代"概念的演进

"新石器时代（Neolithic）"这一概念的诞生已经有近两个世纪的历史。最早的理论建构发轫于著名的"三期说"。1816～1819年之间，丹麦国家博物馆首席馆长、古物学家克里斯琴·朱尔金森·汤姆森（Christian Jurgensen Thomsen）依据武器和工具的制作材料性质把馆藏文物划分出石器、铜器和铁器三个依次承继的时代，标志着从幼稚的古物学到成熟的考古学所跨出的第一步[1]。19世纪中期，法国考古学家将石器时代划分为"打制石器时代"和"磨制石器时代"两段。英国考古学家艾夫伯里勋爵（即约翰·卢伯克，Sir John Lubbock）在1865年发表的《史前时代》一书中正式提出了旧石器时代和新石器时代的概念，认为新石器时代是"较晚的或磨制石器的时代，这一阶段的特点是用燧石和其他石料制作精美的武器和工具，不过在这一阶段除黄金之外没有发现任何有关金属使用知识的迹象，黄金这时似乎偶然用于制作装饰品"[2]。卢伯克对新石器时代的命名，反映了19世纪五六十年代的思想，认为新石器时代就是制作和使用磨制石器的时代。新石器"neolithic"一词来自于希腊文neo（新）与lithos（石头），后来成为标准术语，表示能够制陶、种植农作物、饲养牲口以及使用磨制工具的早期社会[3]。由此，考古界将磨制石器、陶器、农业和家畜作为新石器时代文化的四个基本要素。直到今天，判断一处考古遗址是否处于新石器时代，仍然主要根据这四个要素是否同时或单独出现。

这四项要素在考古学理论体系中的地位并不平等。磨制石器和制陶属于生产技术，而农业和家畜饲养则属于经济方式，生产技术明显是经济方式的附属物。所以，关于新石器时代的定义，学术界很快将农业生产方式置于核心位置（家畜饲养业是农业的延伸），而视磨制石器和制陶为因农业经济而产生的生产工具和生活用具。

中国考古界很早以前就已经将农业作为新石器时代四要素的核心内容。《中国大百科全书·考古学》关于"新石器时代"的论述是："这一时代的基本特征是农业、畜牧业的产生和磨制石器、陶器、纺织的出现。"[4]

---

[1] 〔英〕格林·丹尼尔著，黄其煦译：《考古学一百五十年》，文物出版社，1987年，第30页。

[2] 〔英〕格林·丹尼尔著，黄其煦译：《考古学一百五十年》，文物出版社，1987年，第75～76页。

[3] 〔英〕科林·伦福儒、保罗·巴恩主编，陈胜前译：《考古学：关键概念》，中国人民大学出版社，2012年，第268页。

[4] 中国大百科全书总编辑委员会《考古学》编辑委员会编：《中国大百科全书·考古学》，中国大百科全书出版社，1986年，第477页。

　　在厘清"四要素"的关系之前，事实上人们已经注意到其中存在的矛盾。这四个要素，特别是技术层面的磨制石器、陶器，并不能构成判定新石器时代的绝对标准。史前世界的实际情形非常复杂，旧、新石器时代如何分野，由此成为一个聚讼不已的重要学术问题[1]。

　　长期以来，磨制石器和陶器一直被认为是新石器时代的发明，并成为标志新石器时代的主要特点，它们的使用常常被认为与农业经济有密切的关系。但随着研究的深入，人们很快发现并非如此。磨制石器和陶器固然是新石器时代的常见之物，但它们的出现，已经远远突破全新世之初。其年代之早，令人惊异，已经完全无法把它们纳入新石器时代的范围。

　　以磨制石器为例，可以说明这一点。欧洲的莫斯特文化已经出现了局部磨光的石器。南非距今4.9万年的旧石器时代遗址中也发现了磨制石器。澳大利亚北部的磨制石器则距今2万年[2]。日本多处旧石器时代遗址，如东京成田机场三里冢55号遗址、关东平原南部铃木遗址、高井户东遗址都发现了距今3万年左右的磨制石器[3]。中国大约在旧石器时代晚期也出现了零星的磨制石器，如山顶洞遗址发现有磨制装饰品，水洞沟遗址发现3件磨石，南方一些旧石器时代晚期遗址，如广东封开黄岩洞，也发现有刃部磨制的石器[4]。磨制技术的出现可能有不同的发明机制，不一定与农业直接有关，可能和砍伐林木有关，也可能与制作水上交通工具如木筏或独木舟有关。然而，无论是砍伐林木，还是制作独木舟，似乎都是在旧石器时代末期之前未曾存在的活动，这些活动的出现表明自然环境或者人类社会发生了某种变化，正是这种变化导致了新石器的出现。

　　陶器的情况也是如此。长期以来，人们一直认为陶器是农业生活方式的产物，但考古发现表明，陶器的出现也是早到超乎想象。制陶术的复杂性远超过磨制石器，这是人类第一次利用土与火的结合创造出一种全新形态的器物，是革命性的发明。在旧石器时代晚期，人们已经掌握陶土的可塑性，在欧洲和近东，泥

---

　　[1]　陈淳：《石器时代分野问题》，《考古》1994年第3期，第239~246页。

　　[2]　Cohan, M.N., *The Food Crisis in Prehistory--over population and the Origin of Agriculture*. New Haven, Yale University Press, 1977.

　　[3]　Ikawa-Smith F., Late Pleistocene and Early Holocene Technologies. In: *Windows on Japanese Past: Studies in Archaeology and Prehistory*. ed R. J. Pearson, 1986, pp.199-216.

　　[4]　陈淳：《石器时代分野问题》，《考古》1994年第3期，第245~246页。

塑动物和人像已经较为普遍，也有用火烧过的现象，但这时候作为生活用具的陶器（特别是陶容器）并未出现，说明当时并未有此需求。陶容器的出现可能主要与定居生活方式有关，用来炊煮和贮存食物。过去认为世界上最早的陶器出现在东亚，包括中国、日本和俄罗斯远东地区，年代约在距今 16000 年前后。如日本本州北部青森市的大平山元 I 遗址（约 16500 cal. BP）和九州南部岛屿上的福井遗址 [1]。但后来的研究表明，中国南方的陶器出现更早。吴小红等对湖南省道县玉蟾岩遗址出土陶片进行了细致的分析测试，给出了一个准确的年代，即距今 18500～17500 年。这个年代比日本出土的早期绳文陶器的最早年代早了几百年，故而吴小红等得出结论——在世界范围内，最早的陶器是在中国南方被制造出来的，而后向周边地区逐渐扩散 [2]。与玉蟾岩陶器年代相近者还有广西桂林庙岩遗址出土的陶片，测年结果最早也到了距今 18000 年。这个年代显然已经突破了现有新石器时代的理论框架，只能将这些陶器归入旧石器时代，从而动摇了戈登·柴尔德以来将陶器作为新石器时代标志物的观点。

陶器的出现并不必然与农业有关，而可能与多种因素相关。西方学术界关于陶器起源有各种各样的理论，这里略作介绍。第一种是"建筑假说"，认为制陶是与早期建筑同时产生的；第二种是"厨房假说"，认为陶器是作为厨房中的盛器被发明出来的；第三种是"资源强化利用假说"，认为陶器的出现是适应性生业策略的一部分，用来应对更新世晚期至全新世早期这一过渡期中发生的环境和食物资源变化 [3]。中国早期陶器资料似乎支持第二种和第三种模式。无论如何，陶器的出现实际上是更新世末人类文化即将发生巨变的前兆。

磨制石器和陶器与新石器时代农业的发展并不同步，不仅体现在有些区域前二者的出现早于农业，也体现在另一些区域即使已经出现农业，陶器和磨制石器技术仍然没有被发明和使用。最典型的例子是西亚两河流域，这里诞生了世界上最早的农业，距今约 11500 年，但直到距今 9000 年，陶器才在这一地区出现。[4]

[1]　刘莉、陈星灿著：《中国考古学：旧石器时代晚期到早期青铜时代》，生活·读书·新知三联书店，2017 年，第 73 页。

[2]　吴小红：《中国南方早期陶器的年代以及新石器时代标志的问题》，《考古学研究》（九），文物出版社，2012 年，第 49～68 页。

[3]　Rice, Prudence M., On the Origins of Pottery. *Journal of Archaeological Method and Theory* 6 (1), 1999: 1-51.

[4]　Ofer Bar-Yosef, Climatic Fluctuations and Early Farming in West and East Asia, *Current Anthropology*, Vol. 52, No. S4, The Origins of Agriculture: New Data, New Ideas. October 2011, pp. S175-S193.

而在中国南方地区，在新石器时代早中期，一直是打制石器占主导，甚至在一些新石器时代遗址中也极少发现磨制石器[1]。

排除了磨制石器和陶器作为新石器时代绝对标志物的可行性之后，农业成为新石器时代理论体系的核心内容，也几乎成为唯一的标志。近代考古学巨擘戈登·柴尔德据此提出"新石器革命（Neolithic Revolution）"理论，他把新石器革命视为一个爆发性的质变过程，旧石器时代过着狩猎采集生活的人类开始转向前所未有的农业经济类型：

第一次经济转向的革命中，人类开始控制自己的食物来源。人们开始种植、培育、选择可食的谷物、根茎与果树。他们还成功地照看某些动物物种，喂给这些动物草料，给它们提供保护，为它们防备风险，最终让这些动物依附人类生存。这两个步骤是互相关联的[2]。

流行于西方考古界的"新石器化（Neolithization）"一词，实际上主要反映了柴尔德"新石器革命"的思想，不但将"新石器化"视为"农业化"，而且将其视为一个突发性事件。西方考古界将新石器化（Neolithization）定义为人类从旧石器时代或中石器时代到新石器时代的转变过程，主要内容大致包括以下几个方面：新石器化产生的原因，旧石器或中石器时代向新石器时代过渡的模式，与新石器化相关的农业的起源与传播、陶器的起源与传播、磨制石器的起源，定居的起源以及社会结构复杂化等。作为学术热点，西方考古界对于欧亚大陆的新石器化过程分区域进行过深入的研究，主要包括西南亚地区、欧洲地区、华南地区、华北地区和东北亚地区，这五块地区的新石器化进程互有联系又各具特色。例如，西南亚地区农业的发生远远早于陶器的出现，而东北亚地区则正好相反。欧洲的新石器化过程则被称为移民模式或殖民模式，柴尔德等学者认为可能是近东的新石器农人向欧洲迁徙的结果[3]。

尽管世界上各个地区的新石器化处于一个整体时代背景之下，体现出相同的趋势，但各地区的具体进程千差万别，形成了不同的区域特点。这些不同特点，正是人类各地区不同形态文化形成和发展的根基所在。

---

[1] 李大伟、谢光茂：《试论广西新石器时代打制石器》，《广西考古文集》（第四辑），科学出版社，2010年，第348～365页。

[2] Childe, V.G., *Man Makes Himself*. London: Watts, 1936: 74-75.

[3] 余西云、李俊：《欧亚大陆新石器化研究动态》，《考古》2011年第4期，第87～95页。

二　关于岭南地区"新石器化"的案例研究

近年来也有学者从"新石器化"的视角来研究中国史前考古资料，最有代表性的是刘莉和陈胜前。

美国斯坦福大学刘莉和中国社会科学院考古研究所陈星灿合著的《中国考古学：旧石器时代晚期到早期青铜时代》是一部具有创新性意义的著作，以全新的视角考察了中国从旧石器时代到早期青铜时代的演变过程，提出了很多发人深省的新观点[1]。这部著作受到戈登·柴尔德"两个革命"思想的影响比较深。柴尔德提出的"两个革命"，第一个即从旧石器时代向新石器时代转化的"农业革命"，第二个即从新石器时代向青铜时代转化的"城市革命"。这两次革命都代表了生产力的根本变化，决定了人类社会的历史进程[2]。该书认为，中国史前文化的核心区域，包括华北、华中和华南，在距今 9000 年之前，经济类型仍然是狩猎采集，农业并未发生，尽管这一阶段出现了陶器和磨制石器。过去认为一定与农业有关的陶器和磨制石器实际上主要是为采集经济服务的，可能与定居生活方式的出现有关。刘莉、陈星灿认为，中国真正迈入新石器时代，也就是农业的产生，是在距今 9000 年前，这个时候北方的粟作经济和长江流域的稻作经济才真正形成。而华南地区的稻作经济则是在距今 6000 年前后从长江流域传播过去的，这也意味着该地区进入"真正的"新石器时代是在距今 6000 年之后。虽然中国南方地区的陶器出现几乎是世界上最早的，很可能是整个东亚陶器的源头，但从经济方式角度观察，那个时期并没有真正进入新石器时代。

陈胜前 2004 年博士毕业于美国南方卫理公会大学（Southern Methodist University），指导老师之一是"新考古学"的领袖路易斯·宾福德（Lewis R. Binford）教授，博士论文题目是《中国更新世至全新世过渡期史前狩猎采集者的适应变迁》（Adaptive Changes of Prehistoric Hunter-Gatherers during the Pleistocene-Holocene Transition in China）。他回国任教之后，在博士论文的基础

---

[1]　英文版：Li Liu and Xingcan Chen. *The Archaeology of China from the Late Paleolithic to the Early Bronze Age*. Cambridge: Cambridge University Press, 2012. 中译本：刘莉、陈星灿著，陈洪波等译：《中国考古学：旧石器时代晚期到早期青铜时代》，生活·读书·新知三联书店，2017 年。

[2]　英文版：Childe, V. G. *Man Makes Himself*. London: Watts. 1936. 中译本：〔英〕戈登·柴尔德著，安家瑗、余敬东译，陈淳审校：《人类创造了自身》，上海三联书店，2008 年。参见第五章《新石器时代革命》、第七章《城市革命》。

上写作了《史前的现代化——中国农业起源过程的文化生态考察》[1]一书，引起了很大的反响。该书主要研究的是中国旧石器时代向新石器时代过渡的问题，实质是农业起源的问题。陈胜前的观点和刘莉等人类似，认为中国考古材料中"真正的"农业形成是相当晚的，那些最早的"农业遗存"并不可靠。他认为中国文化核心区的原始农业形成于距今8500年前后，而在此之前，确实出现了新石器时代的文化特征，如陶质容器、磨制石器等，但仍然不是"真正的"新石器时代。对于这个时间段，陈胜前采用了国内大多数学者广泛使用的一个概念——旧—新石器时代过渡阶段，所对应的绝对年代大约为距今15000～8500年。这个时期的文化特征带有明显的过渡性质，代表了文化变迁的一个关键阶段。对于距今8500年之后"真正的"新石器时代，陈胜前划分为早、中、晚三期。新石器时代早期，大致处于距今8500～7000年，这是新石器时代形成的阶段，也是原始农业初步确立的时期。新石器时代中期是其文化发展的鼎盛时期，在这个阶段原始农业完全建立。新石器时代晚期，古代社会开始复杂化，逐步走向文明起源。陈胜前同样认为，新石器时代早期农业起源于中国北方和长江流域，岭南地区不存在这个阶段，岭南的新石器时代来自于长江流域的农业迁徙和传播。他对岭南早期文化的评价是"但开风气不为先"，即新石器时代的某些特征出现很早，以陶器而论几乎是中国最早的，但真正进入新石器时代却很晚。这个阶段几乎持续了1万年左右，非常奇特，陈胜前也用了过去一度流行的一个概念工具"中石器时代"，来分析岭南的旧—新石器时代过渡问题。

陈胜前毫无疑问是赞成"新石器时代革命"理论的。他说：

跟新旧石器时代过渡阶段零星的发现相比，新石器时代早期的材料表现出一种"涌现性"，新石器时代早期文化似乎突然繁荣起来，出现了成规模的聚落，具有完整的村落结构，除了成片的房址，还有储藏用的窖穴、壕沟、墓地等。遗址的数量、文化堆积的厚度、遗物的丰富程度等都有飞跃性的增加。这种"涌现性"毫无疑问需要解释，而不能将之简单视为文化的"自然"发展[2]。

既然是突然"涌现"，显然是一种革命性的突变，也就是所谓"新石器时代革命"。而革命的原因，则是在此之前"农业"因素已经作为"序参量"对于社

---

[1] 陈胜前：《史前的现代化——中国农业起源过程的文化生态考察》，科学出版社，2013年。

[2] 陈胜前：《史前的现代化——中国农业起源过程的文化生态考察》，科学出版社，2013年，第148页。

会发展产生了巨大制约和推动。最早期的"农业"可能在生计中微不足道，但是它能够促使其他文化与社会因素随之改变，最终形成新石器时代早期"涌现性"的文化特征。当然，这些最早期的"农业"是否可以称之为农业，有很大争议。

柴尔德的"新石器时代革命"理论，虽然一个世纪以来都在发生影响，但并非没有不同的声音。有些学者如戴维·林多斯（David Rindos）、肯特·弗兰纳里（Kent Flannery）等认为，农业起源并不像其他学者认为的那么具有革命性，或者说突发性的"革命"并不存在，而只是一个长期进化过程。农业的出现与更新世末期气候环境的变化、人口压力等多方面因素相关，是人类长期适应的结果，并非是环境剧变造成的短期突变[1]。不少现代考古学者使用"新石器时代过渡（Neolithic Transition）"或者"向农业过渡（Transition to Agriculture）"，强调农业是逐渐发生、缓慢发展而来，实际上也是对柴尔德"新石器革命"的变相否定。

对于华南旧—新石器时代过渡的研究，陈胜前重新拾起了"中石器时代"这一沉寂多年的概念工具。中石器时代这个概念，学术界对它的解释比较复杂多样，过去认为中石器时代的特征是细石器文化与陶器共存、打制石器与陶器、磨制石器同出，主要注重物质遗存特征。但如果以细石器作为典型特征，那么中石器时代这个概念所能使用的范围实在有限。所以，对于中石器时代的定义，就类似于对待新石器时代一样，要逐渐转移到它的经济形式上来才有应用价值。路易斯·宾福德等对此研究其深，直截了当强调所谓中石器文化就是对水生资源的强化利用。宾福德指出，中石器文化适应是利用水生资源的狩猎采集适应，由于水生资源独特的有利条件，这种适应可以支持流动性相对较小、甚至是定居的狩猎采集生计，造成陶器、磨制石器等通常属于新石器时代的特征出现，但与农业无关；由于定居，形成的人口规模远大于一般狩猎采集群体，社会复杂性也更高，甚至产生了分层的社会结构。考古学上经典的案例包括西欧（受大西洋暖流影响）、日本（受日本暖流影响）、智利（受秘鲁寒流影响），以及北美西北海岸地带，这些区域海洋资源丰富，足以支撑定居生活。日本绳文时代的情况也与西欧相同。所以，水生资源的丰富程度及其利用收益成为中石器时代存在与否的主要因素。陈胜前认为，华南地区旧石器时代向新石器时代的过渡，周期很长，而

[1] a. Rindos, D. *The Origins of Agriculture: on Evolutionary Perspective*. Academic Press, Orlando, 1984. b. Flannery K. V. Origins and ecological effects of early domestication in Iran and the Near East. *The Domestication and Exploitation of Plants and Animals*. London, Duckworth. 1969, pp. 73–100.

且渔猎采集经济特点突出，与西欧中石器时代、日本绳文时代很相似，使用"华南中石器时代"是比较适宜的[1]。

华南地区或者说岭南地区，这一时期的文化特征与西欧典型中石器时代有一定相似之处，但差别还是很大，至少缺乏典型的细石器。岭南的渔猎采集经济利用的食谱非常广泛，和北美西北海岸这些洋流经过之地集中利用某些特定海洋资源很不一样，更没有形成大规模定居聚落和较高的社会复杂性。所以，岭南"中石器时代"这个概念是否能够得到学术界的广泛认可，还是一个很大的疑问。

通过以上学术史和研究动态的回顾可知，关于岭南新石器时代的开端至少存在两种观点。第一，按照物质遗存特征，以陶器和磨制石器的出现为依据，将岭南新石器时代的开端定在距今 12000 年，也就是全新世开始的时候。这也是当前绝大多数考古文献的通行做法，是占统治地位的一个体系。但是，随着新的发现增多，陶器出现的年代越来越早，甚至早到距今 20000 年，这个理论体系很快陷入困境。第二，按照戈登·柴尔德"新石器革命"的观点，将岭南新石器时代的开始定在距今 6000 年长江流域稻作农业传入之时，而将之前那个漫长的过渡阶段定为"中石器时代"，但因为这个阶段又不具备类似西欧"中石器时代"的典型特征，故而也很难得到学术界的广泛认可。如果直接命名为"旧—新石器时代过渡期"，又有些似是而非，不是一个界定清晰、内涵明确的概念工具，并不利于学术研究。总而言之，如何认识和表述这个时期，成为一个值得探讨的重要学术问题。

既然将岭南新石器时代的开始定在距今 16000 年陶器初现过早，而定在距今 6000 年稻作农业传入又过晚，那么该如何处理这个问题？当前学术界实际上是采取了一个折中的做法，即将岭南新石器时代的开端定在距今 12000 年。例如，中国社会科学院考古研究所编著的《中国考古学·新石器时代卷》，作为权威著作，即将华南新石器时代的开端定在距今 12000 年前后，早期文化典型遗存包括江西万年仙人洞和吊桶环、湖南道县玉蟾岩、广西邕宁顶蛳山第一期、桂林甑皮岩第一期至第四期、庙岩和临桂大岩第三期等。对于更早之前出现陶器和磨制石器的遗存，该书同样采取了"中石器时代"的表述，认为华南

---

[1]　陈胜前：《史前的现代化——中国农业起源过程的文化生态考察》，科学出版社，2013 年，第 250～252 页。

地区的广东阳春独石仔、封开黄岩洞以及广西柳州白莲洞等遗址属于中石器时代遗址[1]。

以上划分明显出于以下三个方面的考虑，有其合理之处。第一，可以和北方地区、长江流域两大核心文化区的史前文化框架协调起来，尊重长期以来形成的学术传统，使得整个中国史前考古学体系能够形成为一个和谐统一的整体。第二，作为标志物的陶质容器，真正以完整形态出现是在距今 12000 年，如甑皮岩和仙人洞的陶器，而之前发现的陶片大都十分残碎，几乎无法复原器形，信息有限，作为文化定性依据有不足之处。除了陶器，这个时期还涌现出其他具有新石器时代特征的事物。第三，距今 12000 年这个年代，是全新世的开端，具有分水岭的意义，而实际上，文化上的变化与全新世的来临具有最为密切的关系。尽管距今 12000~6000 年之间的岭南地区并未出现"真正的"农业，但经济形式与旧石器时代相比显然已经有了重大改变。

三　岭南地区全新世早期文化的性质

那么，如何看待岭南全新世早期文化或者说早期新石器时代的性质？这可以从多个视角来观察和思考。

首先，是现有理论体系内的观察。依照当前考古学界的主流观点，无论是华北还是华南，新石器时代都始于距今 12000 年左右全新世开始之时，尽管这个时期中国南北都未产生真正的原始农业，仍然以狩猎采集为主。问题在于，该时期集中涌现了一系列前所未有的文化成就，如制陶术、磨制石器和原始栽培稻等。这些集中出现的新的文化因素显然是新石器时代的典型特征，如果以农业未出现为由，将这些文化成就归入旧石器时代，更加不合逻辑。所以，合理的做法就是将新石器时代因素集中出现、原始农业尚未产生之前的这个时期归结为新石器时代早期，而并不将其视为"旧—新石器时代过渡期"的一部分，更不能将其归入旧石器时代末期。《中国考古学·新石器时代》等权威著作正是如此处理的。《中国考古学·新石器时代》认为华北和华南新石器时代开始的显著标志都是陶

[1]　中国社会科学院考古研究所编著：《中国考古学·新石器时代卷》，中国社会科学出版社，2010年，第 80~112 页。

器的出现，而没有刻意追求将西方考古学通行的原始农业的出现作为标准[1]。这是中国考古界根据中国考古材料建立的一个史前考古学框架体系，尊重历史，尊重学术传统，有自己的思考，没有盲目套用西方考古学理论，以之解释东亚地区史前文化的发展更为适宜。

其次，关于新石器时代文化特征的多样性。新石器时代考古学经过两百年的发展，现在已经有了一套系统的理论，形成了对于新石器时代文化的一般认识，人们也据此去判断和解释新的考古资料。但现在回头反思，实际上世界上并没有千篇一律的新石器时代文化，各地的新石器遗存千差万别，在不同自然环境之下形成多种多样的适应性特征。这些特征的差别，有时候甚至达到惊人的程度，以至于让理论上的"新石器时代文化"判断标准失去了作用。传统上的判断标准，如磨制石器和陶器，逐渐被否定，甚至连"农业产生"这一根本性标准，现在也逐渐动摇。一般性总是建立在特殊性基础之上，一般规律的总结必须要尊重客观材料的具体内容。如果说，按照新石器时代考古学的理论框架，岭南地区新石器时代早期具有"新石器时代文化"的一般特征，那么它的特殊性也是显而易见的。如果不是学术传统的原因，对于岭南新石器时代的划分可能呈现出另外一种面貌。《中国考古学·新石器时代》显然注意到了这一点。该书认为，由于受气候和生态的影响，中国从旧石器时代向新石器时代的转化，在工艺技术上，起码存在着华南和华北两个不同的系统；在采集和渔猎的对象上，华南和华北地区也有所不同；这表现在进入新石器时代的特征上也存在着两种不同的模式[2]。以上论述虽然局限在对中国考古材料的讨论，实际上放之四海而皆准。世界上各地的新石器时代文化表现千差万别，新石器时代的特征不是仅仅存在两种不同模式，而是存在多种不同模式。岭南新石器时代的发展道路是建立在岭南地区的地理、气候、资源和生态环境基础之上的，文化有自己的特征，并不能完全套用世界上其他地区乃至中国北方地区的新石器时代文化模式。对这一点，已经有多位学者注意到并进行了论述[3]。

---

[1]　中国社会科学院考古研究所编著：《中国考古学·新石器时代卷》，中国社会科学出版社，2010年，第110～112页。

[2]　中国社会科学院考古研究所编著：《中国考古学·新石器时代卷》，中国社会科学出版社，2010年，第110页。

[3]　相关文献如：a.卜工：《文明起源的中国模式》，科学出版社，2007年。b.吕烈丹：《稻作与史前文化演变》，科学出版社，2013年。c.陈洪波：《华南与东南亚新石器时代的文化面貌、生业经济与族群迁徙》，广西师范大学出版社，2016年。

　　第三，对"农业"作为新石器时代判定标准的反思。如前文所述，长期以来，人们逐渐把农业的出现作为新石器时代形成的根本特征，而把农业的普及作为"新石器化"的标志。对"农业"的定义，来源于当代农业社会的经济形式。我们认为，农业主要就是今天所种植的这些主要作物品种，包括粮食和蔬菜，进而还包括衍生出来的畜牧业，养殖今天所常见的那些家畜。但这些农作物和家畜，在世界各地因地制宜，差别很大。学术界认为世界上主要有三大农业起源中心。西亚，主要作物是小麦和大麦，家畜是绵羊和山羊；东亚，以中国为主，主要作物是粟和稻，家畜是狗、猪、鸡和水牛；中南美洲，主要作物是玉米，饲养羊驼。非洲北部可能也是农业起源中心之一，主要作物是高粱、珍珠粟，牲畜是黄牛[1]。当前学术界的农业起源研究，事实上主要是追寻以上农业种类的起源，所谓"新石器化"，也是追寻以上作物和家畜在全球的传播过程。但回到全新世初期，在气候环境剧变之下形成的生业适应远远不止这些品种，今天所理解的"农业"方式可能已经无法概括。所以，西方有些学者对这段时间人类生计的转变使用了"食物生产（food production）"一词来描述[2]。这实际上反映出古代人类面对特定环境条件所采取的最为经济适宜的应对措施，有学者称之为"最佳觅食模式（the Optimal Foraging）"[3]。这种应对显然与成熟的农业经济不同，甚至算不上真正意义上的食物生产，所以也有人称其为"低水平食物生产（Low Level Food Production）"[4]。理解这一点非常关键。如果按照传统的"农业"观点，判断岭南"新石器时代"的性质就会遇到困难，而只有把岭南早期的"农业"理解成一种"食物生产"甚至是"低水平食物生产"，才能解开这个理论上的困境。我们可以看到，岭南地区早期的生计方式，虽然不是后来成为主流的农业类型，但毕竟是人类主动进行的"食物生产"，与旧石器时代相比，已经发生了革命性的变化，达到了划分时代的标准。所以，至少对岭南地区而言，将"食物生产"代

　　[1]　Bellwood, Peter S. *First Farmers: The Origins of Agricultural Societies*. Oxford: Wiley-Blackwell, 2004.

　　[2]　Smith P. E. L. *Food Production and its Consequence*. 2nd edition, Menlo Park, California, Cumming Publishing Company, 1976.

　　[3]　Keegan W. F. The Optimal Foraging Analysis of Horticultural Production. *American Anthropologist*, 1986, 88: 92-107. 再如：Parlman S M. An Optimum Diet Model, Coastal Variability, and Hunter-gatherer Behavior. *Advances in Archaeological Method and Theory*, 1980, 3: 257-310.

　　[4]　Smith Bruce. Low-level Food Production. *Journal of Archaeological Research*. 2001, 9(1): 1-43.

替"农业形成"作为新石器时代与旧石器时代分野的标志，可能是对传统认识的进一步深化。

四　小结

旧石器时代向新石器时代的过渡是人类社会第一个关键的转折，世界各地新石器化的过程和特点各不相同。就岭南而言，判断新石器时代出现的标志，不能像世界史前农业主要起源地的标准那样，以现代农业的类型来衡量。同时，将岭南全新世早期社会定义为"中石器时代"也并不是一个完全合适的做法。岭南全新世早期的生计，是一种适合"最佳觅食方式"的"低水平食物生产"，是一种不同于旧石器时代狩猎采集的"广谱经济"，所谓典型的"新石器时代农业"，实际上也属于这种广谱经济的一部分，并最终取得了优势地位。所以，如果以"食物生产"而论，岭南全新世早期已经进入到新石器时代。这种论断，也是与中国新石器时代考古学框架完全相符的。当前，中国考古学界的权威观点是以陶质容器的出现作为中国北方和南方新石器时代开端的显著标志，而陶器的出现，就是"食物生产"这一新的生业经济类型的表征。粗略来说，岭南地区的新石器时代，以距今6000年为界，大致可以分为前后两大阶段，即以渔猎采集经济为主的阶段和稻作农业阶段。前者是更新世晚期以来在本土环境基础上发展起来的一种新石器时代文化传统，后者则是接受了来自长江流域的一种新的文化传统。如何认识这一转变过程，是岭南新石器化研究的关键。

第二节　西江中游文化区的生业经济及其发展阶段

西江中游地区的发现构成了岭南新石器时代考古研究的主体之一，由于涉及农业起源、家畜驯化、陶器产生等一系列重大问题，颇为国内外学术界瞩目。本节从现有资料出发，将西江中游地区作为一个整体性的区域文化单位，即西江中游文化区，对其经济类型的发展阶段性与转变做一尝试性的分析与探索。

一　关于西江中游文化区

　　岭南地区是华南的核心区，自然区划上主要指南岭以南由珠江水系覆盖的丘陵地区和河谷地带[1]。20 世纪后期，在苏秉琦先生的区系类型学说中，以两广为中心的岭南地区并未作为一个整体来表达，而是将整个华南表述为"以鄱阳湖—珠江三角洲一线为中轴的南方"，将印纹陶作为这个区域的基本文化特征[2]。近年来，随着考古资料的迅速积累，学术界又产生了一些新的思索。如卜工认为，岭南这一独立的考古学文化区又可以细分为东、西两块，西部是珠江中游地区（亦即西江中游地区），东部是珠江下游地区，说明岭南地区考古研究也存在区系类型的划分[3]。也有学者认为，华南的新石器时代文化，从来就可以分为福建、广东（含沿海岛屿）与广西（含越南北部）两个大的区域，从很早开始这种区别就比较明显[4]。

　　任何一个考古学文化区的形成，都有特定的地理基础作为最底层的原因。从地形而言，西江上游，即广西的西北部，基本上是高山地带，属于云贵高原的东缘，西江的下游则进入粤西山地以及珠江三角洲地区。西江中游地区地形复杂，盆地、平原、丘陵、山地相间，平地牵连成片，地势相对较低，所谓的"广西盆地"主要指这一片区域[5]。岭南文化区两大块中的西部这一块，主要就是指西江中游地区[6]。目前在西江中游的干流及其支流沿岸，发现了大量的古代文化遗址[7]。这些遗址在一定程度上表现出文化面貌上的一致性和发展上的连续性，表明这个地区在岭南历史文化区内，可能构成了一个内部联系更为密切的考古学文化区。

---

　　[1]　赵志军：《对华南地区原始农业的再认识》，《华南及东南亚地区史前考古》，文物出版社，2006 年，第 145 页。

　　[2]　苏秉琦：《中国文明起源新探》，生活·读书·新知三联书店，1999 年，第 85～92 页。

　　[3]　卜工：《文明起源的中国模式》，科学出版社，2007 年，第 211～212 页。

　　[4]　张弛、洪晓纯：《中国华南及其邻近地区的新石器时代采集渔猎文化》，《考古学研究》（七），科学出版社，2008 年，第 415～434 页。

　　[5]　这些平地自北向南包括漓江平原、柳州平原、来宾平原、迁江宾阳平原、浔江平原、郁江平原、横县平原、武鸣盆地、南宁盆地、坛洛平原、苏圩平原、钦州平原、玉林盆地、博白平原、合浦平原等。

　　[6]　不包括左右江、柳江等河流的干支流深入桂西、桂北山地的部分。

　　[7]　广西目前发现新石器时代遗址大约 400 处，发掘 40 余处（见李珍《广西新石器时代考古七十年述略》，《广西考古文集》（第二辑），科学出版社，2006 年，第 36 页）。这 400 余处遗址，2/3 以上集中在西江中游。发掘过的重要遗址，也以此处为多，并且资料大都已经发表。

这个所谓的考古学文化区——姑且名之为西江中游文化区，还可以做进一步的细分。根据目前的资料，可以分为三个部分——桂北的漓江流域，桂中的柳江流域，桂南的郁江流域（包括上游的左右江、中游的邕江）。这三个部分在文化上有区别又有联系，区别显而易见，但联系也是客观存在的，许多学者从不同的侧面论述过这一问题[1]。

与考古遗存表现出的复杂性相比，这三条支流流域在生业经济形态以及经济发展阶段上的一致性要大得多，这一点比从器物形态入手更容易讨论。根据以往的发掘资料和研究成果，西江中游地区新石器时代大致可以分为三种前后相继的主要经济发展阶段，距今12000～8000年的新石器时代早期是一种广谱渔猎采集经济，距今8000～6000年的新石器时代中期是一种利用贝类为主的渔猎采集经济，距今6000～4000年的新石器时代晚期则逐渐转向稻作农业经济为主。这一划分主要是建立在动植物考古以及工具组合的分析基础上的，年代的确定则根据碳-14测年和类型学研究。同时，环境考古学的成果为寻找这些经济类型的形成和转变原因提供了一定线索。下面针对不同区域的一些典型遗址试做讨论。

二 对典型遗址的讨论

西江中游地区新石器时代遗存大致可以分为早、中、晚三个阶段。早期主要有桂林甑皮岩[2]下层、庙岩[3]、大岩[4]遗址，柳州白莲洞遗址[5]二、三期、大龙

---

[1] 这方面的研究如：a.焦天龙：《更新世末至全新世初岭南地区的史前文化》，《考古学报》1994年第1期。b.李珍：《广西新石器时代考古七十年述略》，《广西考古文集》（第二辑），科学出版社，2006年。c.梁旭达：《广西新石器时代早期文化遗存初探》，《华南及东南亚地区史前考古》，文物出版社，2006年。d.彭长林等：《试论广西新石器时代文化》，《广西考古文集》（第三辑），文物出版社，2007年。e.林强：《广西史前贝丘遗址与生态环境的关系探讨》，《广西考古文集》（第三辑），文物出版社，2007年。

[2] 中国社会科学院考古研究所、广西壮族自治区文物工作队、桂林甑皮岩遗址博物馆、桂林市文物工作队：《桂林甑皮岩》，文物出版社，2003年。

[3] 湛世龙：《桂林庙岩洞穴遗址的发现与研究》，《中石器文化及有关问题研讨会论文集》，广东人民出版社，1999年。

[4] 傅宪国、贺战武、熊昭明、王浩天：《桂林地区史前文化面貌轮廓初现》，《中国文物报》2001年4月4日第1版。

[5] 广西柳州白莲洞洞穴科学博物馆编著，蒋远金主编：《柳州白莲洞》，科学出版社，2009年。

潭鲤鱼嘴[1]下层、蓝家村、鹿谷岭、响水等遗址，邕宁顶蛳山[2]一期等。中期主要有桂林甑皮岩上层，柳州大龙潭鲤鱼嘴上层，象州南沙湾[3]，邕江一带如顶蛳山二、三期、豹子头[4]、西津[5]、秋江[6]、江口等大量的河旁贝丘遗址[7]，以及沿海的亚菩山、马兰嘴[8]等海滨贝丘遗址[9]。晚期主要是隆安大龙潭[10]为代表的大石铲遗址，以桂南为核心，分布范围极为广泛[11]，钦州独料遗址[12]也属于这个时期。这些遗址沿干支流河岸分布在西江中游广大的地域范围内，下面我们从中选择一些最具有代表性的遗址加以分析和讨论。

1. 桂北地区甑皮岩遗址

西江中游新石器时代早期遗址，自北向南均有发现，以北部漓江流域最多，皆为洞穴遗址，其中研究最为充分的是桂林甑皮岩。

甑皮岩遗址的堆积，根据 2001 年的发掘被分为五期，代表了距今大约12000～7000 年间史前文化的发展及演化过程。其中第一～三期大致属于新石器时代早期，第四、五期属于新石器时代中期。

甑皮岩遗址的发掘者认为在生业方式上第一～五期并没有很大的区别，基

————————

[1]　鲤鱼嘴遗址经过了 1980、1987、2003 年三次发掘，分别发表的主要资料有：a. 柳州市博物馆、广西壮族自治区文物工作队：《柳州市大龙潭鲤鱼嘴新石器时代贝丘遗址》，《考古》1983 年第 9 期。b. 李珍等：《华南地区旧石器时代向新石器时代过渡的探讨》，《中石器文化及有关问题研讨会论文集》，广东人民出版社，1999 年。c. 傅宪国等：《柳州鲤鱼嘴遗址再度发掘》，《中国文物报》2004 年 8 月 4 日。

[2]　中国社会科学院考古研究所广西工作队、广西壮族自治区文物工作队：《广西邕宁县顶蛳山遗址的发掘》，《考古》1998 年第 11 期。

[3]　广西壮族自治区文物工作队：《象州南沙湾贝丘遗址 1999～2000 年度发掘简报》，《广西考古文集》，文物出版社，2004 年。

[4]　中国社会科学院考古研究所广西工作队等：《广西南宁市豹子头贝丘遗址的发掘》，《考古》2000 年第 1 期。

[5]　彭书琳、蒋廷瑜：《西津贝丘遗址及其有肩石器》，《广西文物》1992 年第 3～4 期。

[6]　广西壮族自治区文物工作队等：《广西横县秋江贝丘遗址的发掘》，《广西考古文集》（第二辑），科学出版社，2006 年。

[7]　广西壮族自治区文物考古训练班等：《广西南宁地区新石器时代贝丘遗址》，《考古》1975 年第 5 期。

[8]　广东省博物馆：《广东东兴新石器时代贝丘遗址》，《考古》1962 年第 12 期。

[9]　北部湾沿岸实际上属于桂南新石器时代文化的分布范围。

[10]　广西壮族自治区文物工作队：《广西隆安大龙潭新石器时代遗址发掘简报》，《考古》1982 年第 1 期。

[11]　广西壮族自治区文物考古训练班等：《广西南部地区的新石器时代晚期文化遗存》，《文物》1978 年第 9 期。

[12]　广西壮族自治区文物工作队等：《广西钦州独料新石器时代遗址》，《考古》1982 年第 1 期。

本上都是广谱渔猎采集经济。在炭化植物种子中发现有些属于可食用的种类，如山核桃、梅、山黄皮、畏芝、水翁、山葡萄以及朴树等。炭化根块茎也有一定比例。没有发现炭化稻谷或者野生稻的遗存，也没有发现稻属植硅石，说明存在稻作农业的可能性非常小[1]。炭化根块茎的发现说明当时可能存在芋类作物的原始栽培。但总体来说，由于埋藏环境的原因，保存下来的植物遗存资料相当有限，无法对甑皮岩人的植物摄取结构做更全面准确的分析。动物的摄取情况则相对清楚。共出土贝类[2]47种（主要有中国圆田螺、圆顶珠蚌、短褶矛蚌、背瘤丽蚌、蚬，其中中国圆田螺占绝大多数），螃蟹1种，鱼类1种，爬行类1种，鸟类20种，哺乳动物37种（猪、鹿、牛等），共计108种，种类非常丰富。其中哺乳动物中的猪，基本确定为野猪，推翻了过去认为甑皮岩可能存在家猪的观点。这个动物群反映出，当时古人类完全通过狩猎野兽、捕捞鱼类、采集贝类来获取肉食资源。动植物遗存种类的多样性和均衡性表现出甑皮岩人采取的是一种广谱的渔猎采集经济，这可能是符合当时生存环境的最佳觅食方式（the optimal foraging model）[3]。

尽管研究者并未对各期经济类型刻意做进一步的细分，但实际上第一～三期和第四、五期之间是存在一定区别的，特别是对贝类的利用。

首先观察甑皮岩遗址的浮选结果，有一个值得注意的现象。浮选对象包含有炭化植物遗存和蚌螺碎片两类成分，经过称重计量，甑皮岩遗址堆积中的炭化植物含量自一期至五期呈平缓上升趋势，但螺蚌碎片的重量在四至五期时上升的幅度非常显著（图2-1）。

该浮选结果在一定程度上表明了植物和贝类在甑皮岩人食物结构中的地位和变化情况。第一至五期炭化物的缓慢上升趋势表明植物采集利用在食物总构成中变化一直不是很大，但四至五期螺蚌重量突然增加，则说明这两个时期强化了对贝类资源的利用，食物结构有了较大的改变，贝类的地位急剧上升。

这种变化在完整螺蚌个体的数量统计中表现并不充分。在数量统计中，河

---

[1]　中国社会科学院考古研究所等：《桂林甑皮岩》，文物出版社，2003年，第293页。

[2]　广西河旁贝丘遗址堆积以螺壳为主，与海滨贝丘以贝壳为主的堆积有显著不同，但在生物分类学上，二者都属于贝类。

[3]　中国社会科学院考古研究所等：《桂林甑皮岩》，文物出版社，2003年，第344～346页。

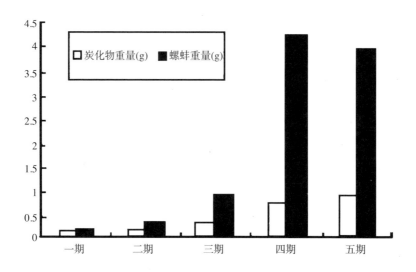

图2-1　甑皮岩遗址一至五期炭化物与螺蚌重量对比图

（引自中国社会科学院考古研究所等：《桂林甑皮岩》，文物出版社，2003年，第289页）

蚬和中华圆田螺的总数在一期和二期很少，三期时突然大幅度增加，四期反而有所减少，到了五期又达到一个峰值[1]。第四期螺蚌个体数量变化与螺蚌碎片重量变化的不一致一度令发掘者很困惑，难以确定这是一种文化现象还是反映了遗址堆积过程中出现的环境变化。

　　以上两个统计数据，二者取信于谁，这是一个必须加以取舍的问题。一般说来，贝丘遗址因为年代久远，下尽管仍然存在大量完整的个体，但大多数贝壳都会因为自然力的风化作用而残碎乃至粉末化。所以贝壳层主要是由螺蚌的碎片组成，总体而言，螺蚌碎片样本的代表性要强于完整螺蚌个体的统计数据。而且，这两套数据，除了第四期之外，反映出的变化趋势基本是一致的，都体现出遗址后期贝类利用的显著强化。所谓"甑皮岩文化"[2]的存在，亦可能与这个过程有密切的关系。

　　另外一个旁证也能够说明甑皮岩遗址后期强化了对贝类的利用，即陶器的出现和发展。在甑皮岩一期发现了一件非常原始的粗陶圜底釜，明显处于陶器发展的初始阶段。甑皮岩和大岩的发掘资料表明，桂林地区陶器的出现与大量螺壳

[1]　中国社会科学院考古研究所等：《桂林甑皮岩》，文物出版社，2003年，第289页。

[2]　中国社会科学院考古研究所等：《桂林甑皮岩》，文物出版社，2003年，第450～451页。

堆积的出现基本同时或略晚，故而发掘者推测陶器的起源可能与人类采食螺蚌类水生动物有关。

这是个令人耳目一新的理论，大意如下：桂林，甚至包括华南大部分地区，陶器起源的动因或契机，是由于最后一次冰期结束，气候变暖，水生动物大量繁殖，依最佳觅食模式（the optimal foraging model），因其容易采集，可以花费最少的时间和力气获得最高的回报，人类开始大量捕捞和食用水生介壳类动物，而介壳类水生动物因其坚硬的外壳，不可能像鱼类和陆生动物那样可以直接在火上烤食，故而促使人类发明了陶器来煮食[1]。总之，由于贝类必须煮熟才可以食用，所以陶器的发明，很可能是因应这个经济活动的需要而产生的；而陶器的出现又进一步推动了贝类采集经济的发展[2]。

因为甑皮岩始终没有发现所谓"农业"经济的现象，如果以上这个理论能够成立的话，那么陶器与贝类利用的关系可能一直是最为密切的。陶器从一期至五期，在数量、器形、纹饰和制作工艺方面都有明显的发展，可能在一定程度上代表了以贝类利用为主的渔捞经济的发展。

除了贝类以外，脊椎动物的利用在遗址前后期也是不同的。但遗憾的是，关于甑皮岩脊椎动物的研究中，找不到较能反映物种在食物结构中地位的重量数据，难以进行利用程度的比较和判断。重量实际上最能反映人们对某一物种的利用程度。尽管不同的物种在遗址中保存下来的机率有所不同，但关于重量的统计仍然可以提供特定物种利用强度和变化趋势的信息。

关于利用种类的研究则比较充分。2001年的发掘者针对动物种类在遗址前后期的变化，做了详细的观察和统计分析。发掘者对各种贝类、鱼类、哺乳动物（特别是鹿和猪[3]）所占比例做了细致的对比研究，发现了一些规律性现象。观察贝类中各期的中国圆田螺和蚬的比例，脊椎动物中各期的哺乳动物和鱼类的比例，鹿科中各期的中型鹿科和小型鹿科B的比例，可以看出一个相同的趋势，即以第一期为最多或最少，然后逐渐减少或递增，其间主要以第三期，也包括第

---

[1]　中国社会科学院考古研究所等：《桂林甑皮岩》，文物出版社，2003年，第452页。

[2]　中国社会科学院考古研究所等：《桂林甑皮岩》，文物出版社，2003年，第457~458页。

[3]　鹿科动物在甑皮岩人动物食谱中占据最重要的地位。在1973年和2001年的动物出土标本中基本上都占半数以上，尤其是可鉴定标本，在各期都占据80％以上。而数量上居第二位的猪的比例则始终很低，最多没有超过7％。其他动物的数量更少。

四期为转折点，又出现逐步增加或减少。发掘者认为，这些方面的相同可能不是一个偶然的巧合，而是与当时自然环境或者人们的行为变化相关[1]。尽管遗址中出现的动物并不一定都是食用的结果，但发掘者所针对的这几种分析对象，毫无疑问应该构成了当时肉食的主要部分，特别是鹿科动物，构成了主要肉食来源。发掘者的观察说明，不仅贝类利用在遗址前后期发生了变化，可能其他种类也发生过类似的变化，并且这些变化之间具有同步关系。

由以上分析带出了另外一个重要问题。尽管发掘者根据遗存资料，反复提到甑皮岩包括桂北地区新石器时代遗址采取的是一种采集螺蚌为主要觅食方法的生业形态[2]，但事实情形是否如此，仍然有商榷的余地，而答案很有可能是否定的。前面已经谈到，不同遗物在遗址中保存下来的几率是完全不同的，植物特别是块茎类保存下来的几率很低，脊椎动物次之，而贝类的成分因为属于碳酸钙，故而保存机率极高。但事实上很多贝丘遗址，食物结构并不是以贝类为主，甚至地位不高。在甑皮岩这种螺壳堆积并不很厚的洞穴遗址中，脊椎动物甚至植物在食物结构中的重要性可能都要比贝类大得多。一个原因在于，类似甑皮岩遗址周围的环境，并不缺少动物性和植物性资源，而这二者所能提供的热量，特别是脊椎动物的大量肉类，要远远高于贝类。

西方的研究曾经提到，因为贝丘遗址中贝壳数量占绝对优势比例（原因之一是软体动物的壳比动物骨头更容易保存），所以过去以此证明在这类遗址中软体动物是人类食物的主要来源，然而近年来对不同物种提供的卡路里数量的研究揭示出，在数量上处于劣势的脊椎动物才是人类的主食，而易于采集的软体动物只是作为补充性资源或者非常时期的食物来源。数据显示，一只赤鹿能提供的卡路里相当于 52267 只牡蛎或者 156800 只蛤。研究发现，如果一个正常人"仅靠贝类生活"，那么他每天必须吃掉 700 只牡蛎或者 1400 只蛤才能获得足够的卡路里[3]。以上数据对于理解甑皮岩人的食物构成，具有相当重要的启发性。

植物的情况也是如此。据吕烈丹的实验，同等重量的野生稻所能提供的热量，大约相当于螺肉的 5 倍；块根茎类植物提供的热量只是略高于螺肉，但单位

---

[1]　中国社会科学院考古研究所等：《桂林甑皮岩》，文物出版社，2003 年，第 335 页。

[2]　中国社会科学院考古研究所等：《桂林甑皮岩》，文物出版社，2003 年，第 452 页。

[3]　〔英〕科林·伦福儒、保罗·巴恩著，中国社会科学院考古研究所译：《考古学理论、方法与实践》，文物出版社，2004 年，第 303 页。

时间内的采集回报率却是螺类的 4 倍（表 2-1）[1]。

表2-1　部分动植物采集回报率的测算

	螺肉	块根茎类植物	野生稻
每小时劳动可获得量（克）	459	1800	33
每百克平均提供热量（千卡）	69	72	350
采集回报率（千卡/小时）	317	1296	116

（吕烈丹独立实验之结果。见赵志军、吕烈丹、傅宪国《广西邕宁县顶蛳山遗址出土植硅石的分析与研究》，《考古》2005 年第 11 期第 83 页）

　　植物的可食部分基本上是完全利用的，几乎没有机会留下残余。即使脊椎动物，可利用的程度也非常高，能够遗留下来的部分十分有限。据白莲洞的研究者观察，白莲洞出土的兽骨，95％以上的骨片长度小于 5 厘米[2]。所以，它们在遗址中发现的几率和数量，有时并不能完全反映它们被利用的程度或者说在食物结构中的地位。尽管植物的种子、果实、块根茎在遗址中较难发现，鹿科等偶蹄目动物骨骼遗存的出土数量也远不能与螺壳堆积相比，但可能在遗址延续的大部分时间中，它们才是食物结构的主要部分。

　　贝类的采集还存在一个季节性的问题[3]。即使在全新世大暖期时，甑皮岩和白莲洞这些纬度稍高的遗址，贝类是否可以全年采集，冬夏季有何差异，也有继续探讨的必要。而且与桂南邕江流域的河旁贝丘遗址恐怕会有所不同。桂南河旁贝丘遗址的螺壳堆积远比桂北、桂中洞穴遗址丰厚，除了自然环境的差异之外，亦可能存在利用季节的不同[4]。

　　当然，在某些情况之下——例如除了贝类之外，并没有其他重要食物来源，贝类也可以在食物结构中占据主要地位。上述遗址晚期贝类利用高度强化，是

　　[1]　赵志军、吕烈丹、傅宪国：《广西邕宁县顶蛳山遗址出土植硅石的分析与研究》，《考古》2005年第 11 期，第 83 页。

　　[2]　广西柳州白莲洞洞穴科学博物馆编著，蒋远金主编：《柳州白莲洞》，科学出版社，2009 年，第132 页。

　　[3]　贝类利用的季节性在国际考古界是一个非常重要的研究内容，目前国内尚未见到开展这方面的研究。参见：史本恒《国外考古学界的贝类研究》，《东方考古》（第 5 集），科学出版社，2008 年，第356～367 页。

　　[4]　如果做更深入的讨论，虽然二者长期同被目为贝丘遗址，实际上经济结构存在重大差异。

否达到了这种程度，从遗址堆积本身尚难以做出准确的判断，但从遗址螺壳堆积的厚度、出土动植物遗存以及环境考古学的研究结果观察，似乎并不存在这种可能。从世界范围来看，如北美大西洋沿岸，那些以贝类为主要食物形成的贝丘遗址，其贝壳层堆积的范围和厚度是极其惊人的[1]。即使一些河旁贝丘遗址，规模也极其巨大，远非甑皮岩这类遗址可以相比[2]。根据某些历史记载也可以知道，如果人类以贝类为主食，可以在很短的时间内迅速形成巨大的堆积，甚至可以作为建筑材料来使用[3]。以此判断，虽然研究者反复提到甑皮岩包括桂北地区新石器时代遗址采取的是一种以采集螺蚌为主要食物的生业形态，但实际上贝类几乎不可能构成甑皮岩人食物结构的主要部分。

本节所要阐明的观点主要在于，随着时间的推移，甑皮岩遗址对于贝类的利用有越来越强化的趋势，特别在进入新石器时代中期，大约距今八九千年的时候，有一个显著的提高。这种提高增强了贝类在甑皮岩人食物结构中的地位，但仍然不能断定已经成为当时的主食。至于这一变化本身，是反映了自然环境中资源的变化，还是反映了人类自身行为的改变，还需要做进一步的分析。

2.桂中地区白莲洞和鲤鱼嘴遗址

柳州白莲洞和鲤鱼嘴是柳江流域早期的重要遗址，这两处遗址的情况与桂林甑皮岩类似，同处石灰岩丘陵地带，都是洞穴遗址，环境相同，而且本身相距不远，经济形态上呈现出较大的相似性，也同样在遗址晚期出现贝类利用显著强化的现象。

（1）白莲洞遗址

从白莲洞的资料来看，贝类的利用从晚更新世末次冰期后就开始了[4]。遗址

---

[1]　北美大西洋沿岸的贝丘遗址范围往往达数千英亩，高度达数十英尺。参见：W. H. Holmes. Aboriginal Shell-Heaps of the Middle Atlantic Tidewater Region. *American Anthropologist,* New Series, Vol. 9, No. 1 (Jan. - Mar., 1907), pp. 113-128.

[2]　如美国缅因州的 Whaleback 河旁贝丘遗址，以牡蛎堆积为主，未被大规模破坏之前，长度超过1650 英尺，宽度为 1320～1650 英尺，贝壳层厚度达 30 英尺。时代是从公元前 200 年到公元 1000 年，延续了大约 1200 年。

[3]　（唐）刘恂《岭表录异》（卷上）记载："卢亭者：卢循昔据广州，既败，余党奔入海岛野居，惟食蠔蛎，垒壳为墙壁。"（唐）刘恂撰，商璧、潘博校补：《岭表录异校补》，广西民族出版社，1988 年，第 60 页。

[4]　这可能是冰后期全世界的共同现象，特别是在所谓的"中石器时代"。

中距今 15000 年以后的地层中螺壳堆积逐步增多，并有越晚越多的趋势[1]。但非常遗憾的是，由于第五期的地层（大约距今 7000 年左右）已经被破坏殆尽，我们无法知道白莲洞遗址是否像甑皮岩那样在全新世中期有一个贝类利用比前期显著强化的过程。

　　白莲洞的贝类和鱼类化石经鉴定有：双棱田螺、乌螺、大蜗牛、道氏珠蚌、鲤鱼、青鱼、陆龟，并且螺类化石均见人工敲击尾部，由此可见它们是人类食物资源的一部分[2]。敲掉螺类的尾部是为了吸食方便，这种食用方法与甑皮岩遗址有很大的不同，甑皮岩的螺壳均很完整，未见敲打现象，被研究者视为煮食的一个佐证。煮食的主要工具是陶容器。白莲洞的陶器在第五期才开始出现，在此之前贝类是如何食用的？是采用其他材质的炊器煮食，还是生食或者烧食？在陶器出现以后贝类的利用出现何种变化？当前均未发现相关考古证据。

　　关于贝类在食物结构中的地位，白莲洞的研究者认为，在后期地层中富集大量螺壳，而且多见人工敲击尾端，由此可以判断它们是人类的一种主要食物，供给日常所需的蛋白质[3]。而且研究者认为，在第四期可能存在原始农业。因为发现了较多的禾本科花粉，而且文化层距现在地面越近，禾本科的数量越多，禾本科相对其他植物的比例也越大。尽管不能依据花粉形态确定它是野生的还是种植的禾本科农作物，但该时期沉积肯定受到人类原始农耕活动的影响和干扰，从而导致森林覆盖面积减少。总之，研究者认为，这时期是一种采集—渔猎—生产型的复合经济[4]。

　　白莲洞的情况与甑皮岩类似，在有良好环境可以获得各种动植物食物的情况下，贝类是否构成了食物结构的主要部分，仍有继续研究的必要性。

　　白莲洞和甑皮岩的研究者都尽力寻找"原始农业"的存在，并且发现了某些重要线索——甑皮岩遗址可能存在芋类植物的有意栽培，而白莲洞遗址可能存

　　[1]　广西柳州白莲洞洞穴科学博物馆编著，蒋远金主编：《柳州白莲洞》，科学出版社，2009 年，第137 页。

　　[2]　蒋远金、李刚：《浅析白莲洞遗址更新世晚期至全新世中期古气候古环境的演变及其对古文化演化的影响》，《环境考古研究》（第四辑），北京大学出版社，2007 年，第 114 页。

　　[3]　广西柳州白莲洞洞穴科学博物馆编著，蒋远金主编：《柳州白莲洞》，科学出版社，2009 年，第132 页。

　　[4]　广西柳州白莲洞洞穴科学博物馆编著，蒋远金主编：《柳州白莲洞》，科学出版社，2009 年，第137 页。

在对十字花科植物的种植。但除此之外，两地都没有发现有关稻作农业的任何迹象。至少这两处重要遗址的材料证明，在新石器时代早中期，漓江流域和柳江流域的洞穴居民并不从事稻作农业的生产，长江中下游地区的早期稻作农业似乎并未对西江中游地区发生任何影响。当然，一般来说，成熟的稻作生产并不与洞穴这种居住方式相联系。稻作农业新石器时代中晚期，桂北开始出现山坡遗址，而这时无论是漓江流域还是柳江流域，洞穴遗址都已经被废弃，当地居民采取的是另外一种居住和谋生方式。

（2）鲤鱼嘴遗址

鲤鱼嘴遗址距离白莲洞很近，两个遗址之间可能存在一定关系。有研究者认为，二者文化演化的轨迹一脉相承，鲤鱼嘴遗址就是白莲洞文化遗址的组成部分，是白莲洞遗址文化的外延[1]。关于鲤鱼嘴遗址的分期和年代一直存在争议，但大多数人认为遗址的主要内涵属于新石器时代早中期[2]。1980年发掘出土的陶片，年代可能在距今10000年前后[3]。

鲤鱼嘴的经济类型，从发掘资料来看，与白莲洞十分相似，从遗址的早期开始就呈现出渔猎采集经济的形态，直到遗址的晚期，没有发生质的改变[4]。

根据1980年的发掘资料观察，贝类在食物结构中占据重要地位，并且可能呈现逐渐强化利用的迹象。1980年的发掘把文化层分为上下两层，并且注意到了两文化层中贝壳尺寸大小的不同。上下文化层都是大量螺壳堆积，但下文化层中螺壳个体较大，表面发黄，上文化层螺壳个体较小。下文化层出现夹砂陶片和一件刃部磨光的石斧，已经进入新石器时代[5]。原报告没有说明上下文化层出土螺壳的种类，看原文的表达，种类应该没有很大的改变。那么上下文化层螺壳由大到小的变化就存在两种可能，一是环境的变化，造成螺类个体小型化。第二

---

[1]　广西柳州白莲洞洞穴科学博物馆编著：《柳州白莲洞》，科学出版社，2009年，第182页。

[2]　广西柳州白莲洞洞穴科学博物馆编著：《柳州白莲洞》，科学出版社，2009年，第180～181页。

[3]　原思训：《华南早期新石器 14C 年代数据引起的困惑与真实年代》，《纪念黄岩洞遗址发现三十周年论文集》，广东旅游出版社，1991年，第86页。

[4]　刘文、张镇洪：《广西大龙潭鲤鱼嘴石器时代贝丘遗址动物群的研究》，《环境考古研究（第四辑）》，北京大学出版社，2007年，第143页。

[5]　柳州市博物馆、广西壮族自治区文物工作队：《柳州市大龙潭鲤鱼嘴新石器时代贝丘遗址》，《考古》1983年第9期，第77页。

种可能更大一些，即存在捕捞压[1]。如果鲤鱼嘴遗址晚期明显存在贝类的捕捞压，那么很可能说明当时存在对贝类的强化利用现象。和甑皮岩的情况相同，这里万年左右陶器的出现，也可能是适应煮食贝类的需要产生的。而陶器的发展，又进一步强化了贝类的利用。

鲤鱼嘴、白莲洞的年代比甑皮岩要早得多，贝类利用的机制可能并不完全相同。古代人类自旧石器时代晚期开始大规模利用贝类，也许只是无奈之举，随着大型陆生动物的灭绝，人们不得不将食谱扩展到更低层次的食物。但进入新石器时代之后，情况有所不同。随着气温的升高，环境改善，水生动物繁盛，依照最佳觅食模式，贝类利用反而成为一种十分经济的资源利用方式，从而得到高度发展。鲤鱼嘴、白莲洞的晚期和甑皮岩遗址应该都属于后一种情况。

鲤鱼嘴和甑皮岩、白莲洞遗址一样，在新石器时代中期被废弃，说明这时古代人类的居住形态发生了变化，也表明当时的社会经济方式有了新的改变。

（3）桂南地区诸遗址

西江中游文化区在桂南的分布，实际上包括了郁江流域以及北部湾沿海一带的广大区域。桂南地区的重要遗址很多，如邕江流域以顶蛳山为代表的新石器时代早中期大量内河贝丘遗址（即所谓的顶蛳山文化[2]），和北部湾沿岸的海滨贝丘遗址。新石器时代末期则是以隆安大龙潭类型为代表的大石铲文化，这时已经是较为发达的稻作农业文化，北部湾地带以钦州独料遗址为代表的山岗遗址也属于本时期。但贝丘遗址和大石铲文化所代表的经济类型是完全不同的。

（4）邕宁顶蛳山遗址

顶蛳山遗址是西江中游文化区极为重要的一个遗址。顶蛳山遗址的发展经历了新石器时代早、中、晚期三个阶段，这三个阶段经济类型各有不同，在整个西江中游具有十分重要的代表性意义。

根据碳－14年代测定和对出土遗物的比较分析，该遗址文化堆积可分为四期：第一期属新石器时代早期，年代在距今1万年左右；第二、三期是遗址的主

---

[1]　由于当时人类长时期捕捞某种特定的贝类，迫使贝类持续地非正常死亡，从而影响到这些贝类的自然生长规律，能够发现的贝类越来越小。这种由于人的行为所形成的致使贝类尺寸变小的原因称为捕捞压。参见中国社会科学院考古研究所《胶东半岛贝丘遗址环境考古》（社会科学文献出版社，2007年）第247页。

[2]　中国社会科学院考古研究所广西工作队、广西壮族自治区文物工作队：《广西邕宁县顶蛳山遗址的发掘》，《考古》1998年第11期，第32页。

体文化堆积，属新石器时代中期，年代大约距今8000～7000年；第四期文化面貌与第二、三期明显不同，年代距今6000年左右[1]。

　　部分原因可能由于第一期的相关资料不多[2]，顶蛳山的发掘者关于生业方式的研究将第一、二、三期放在一起讨论，认为都是典型的渔猎采集经济。除了食用贝类、采集块根茎类之外，还大量利用其他动植物。遗址第一至三期文化堆积中发现了大量的动物遗骸，其中包括有食草类（鹿、野猪等）、啮齿类、鸟类、食肉类、鱼类、龟鳖类等各种动物。植物方面能够确定的有禾本科、棕榈科、葫芦科、番荔枝科等遗存，这些种类中许多能够提供可食用的果实、种籽或根茎[3]。以上这些，可能都是顶蛳山人食谱的构成部分。

　　但如果从贝类遗存观察，实际上顶蛳山第一期和第二、三期是有明显区别的。第一期地层不含或只含少数螺壳，而第二、三期（遗址第4～7层堆积）包含异常丰富的螺壳和贝壳，初步鉴定有丽蚌、田螺、钉螺、环棱螺等6种淡水螺蚌[4]。这十分显著地表明了两个时期对贝类利用的不同。第一期时贝类在食物结构中可能不占重要地位，而到第二、三期时，贝类的利用上升到非常重要的位置，表明从新石器时代早期到中期，该遗址居民的食物结构发生了一个重要改变，即对贝类的强化利用。这种变化在前文对甑皮岩、白莲洞、鲤鱼嘴遗址的考察中都有发现，只是强化发生的时间和程度各个遗址略有差异。相比而言，顶蛳山遗址的变化脉络最为清晰和显著。

　　顶蛳山遗址从第一期开始就发现陶器的存在，二、三期陶器更加发达，但一至三期都没有发现存在农业的任何迹象。按照傅宪国等关于甑皮岩等桂北地区洞穴遗址陶器起源的观点推断，实际上顶蛳山陶器的发生和发展可能也与对贝类的利用有非常密切的关系。

　　顶蛳山遗址在距今大约9000年转向以贝类利用为主的渔猎采集经济，在新

---

　　[1]　a.中国社会科学院考古研究所广西工作队、广西壮族自治区文物工作队：《广西邕宁县顶蛳山遗址的发掘》，《考古》1998年第11期。b.赵志军、吕烈丹、傅宪国：《广西邕宁县顶蛳山遗址出土植硅石的分析与研究》，《考古》2005年第11期。

　　[2]　第一期仅仅发现于T2206和T2207两个探方的第④层。

　　[3]　赵志军、吕烈丹、傅宪国：《广西邕宁县顶蛳山遗址出土植硅石的分析与研究》，《考古》2005年第11期，第74～86页。

　　[4]　中国社会科学院考古研究所广西工作队、广西壮族自治区文物工作队：《广西邕宁县顶蛳山遗址的发掘》，《考古》1998年第11期，第12页。

石器时代中期繁荣一时。到距今 6000 年迈入新石器时代晚期的门槛时，经济方式又发生了一个巨变。第四期地层已经不含螺壳，说明这个时期放弃了对贝类的利用[1]。而在关于植硅石的研究中另有重要发现，在属于顶蛳山遗址第四期的第 3 层中，禾本科植硅石的比例突然高达 99％，研究者认为这在一定程度上反映了稻属植硅石的加入。在前三期文化中没有发现任何稻属植硅石，而第 3 层突然出现了数量可观的稻属植硅石，而且从形态上判断，顶蛳山遗址出土的稻属植硅石基本上都属于栽培稻，说明在顶蛳山第四期采取的是一种与以前完全不同的经济类型，即稻作农业，并且达到了相当大的规模[2]。

第四层的年代大约是在距今 6000 年前后，即将进入新石器时代晚期。顶蛳山的水稻遗存是西江流域发现最早的稻作农业，开创了西江流域后来高度发达的稻作农业时代的先河。

顶蛳山稻属植硅石出现的突然性表明，顶蛳山第四期的水稻不是在当地驯化而成的，而是从其他地区传入的[3]。而且有可能在传入的时候，稻作技术已经比较成熟，所以一经落地即得到了迅速的发展。从目前的考古资料来看，比顶蛳山遗址年代更早而且成熟的稻作农业遗迹只存在于长江流域。西江中游的水稻从长江中游传入的可能性是最大的。顶蛳山遗址的稻作研究有一定的超前性，目前漓江流域和柳江流域还没有发现同时期稻作遗存的任何迹象。但在桂北属于长江流域的资源晓锦遗址，却发现了丰富的稻作遗存[4]。资源晓锦的第一期，没有发现稻属作物的迹象，而在第二期（大约距今 6500～6000 年），突然出现了大量的炭化稻谷，明显存在稻作农业。研究者认为可能是由洞庭湖地区传入的[5]。这个年代比顶蛳山第四期略早，顶蛳山的稻作农业是否与晓锦遗址同源，或者就是由桂北一带的晓锦类型遗址传播而来，目前尚未发现相关证据。

目前，稻作农业最早起源于长江中下游地区的线索已经比较明确，而华南

---

[1] 而且第二、三期高度发达的蚌器到第四期也已基本不见，是一个很奇特的现象。

[2] 赵志军、吕烈丹、傅宪国：《广西邕宁县顶蛳山遗址出土植硅石的分析与研究》，《考古》2005 年第 11 期，第 81 页。

[3] 赵志军、吕烈丹、傅宪国：《广西邕宁县顶蛳山遗址出土植硅石的分析与研究》，《考古》2005 年第 11 期，第 82 页。

[4] 广西壮族自治区文物工作队、资源县文物管理所：《资源县晓锦新石器时代遗址发掘简报》，《广西考古文集》，文物出版社，2004 年，第 101～153 页。

[5] 赵志军：《对华南地区原始农业的再认识》，《华南及东南亚地区史前考古》，文物出版社，2006 年，第 148～149 页。

和西南地区的稻作农业是由长江中下游地区传播而来也已经成为共识，但在岭南和西南地区出现的时间却还存在较大的争议。关于广西稻作农业出现的时间，有学者认为，实际上顶蛳山第四期和晓锦第二期的年代都没有公布的那么早，可能都已经接近新石器时代末期，大约4500年[1]。研究者的推断主要从器物类型学出发，有一定的说服力。但这个估计可能偏晚。因为所谓大石铲文化是公认的较发达的农业文化，虽然并没有发现稻作遗存的直接证据。大石铲遗址的年代最早已经到了距今5000年左右。

（5）隆安大龙潭类型与钦州独料遗址

顶蛳山遗址第四期之后，真正开启了西江流域成熟稻作农业文化的是所谓的大石铲文化。虽然没有植物考古方面的证据，但桂南大石铲文化已经是一种高度发达的农业文化，这一点并没有很大争议。并且有学者认为，大石铲文化是后来高度发达的稻作文化——壮族"那文化"的先河与基底[2]。

桂南以大石铲为特征的文化遗存，以隆安县乔建镇大龙潭遗址[3]为代表，有学者称这类遗存为大龙潭类型[4]。大石铲遗存的核心地带在桂南的隆安、扶绥、崇左、南宁、武鸣一带，尤其是左江和右江汇合而成邕江的三角地带，遗址分布特别密集。大石铲文化影响所及更是极其广泛，广西大部、广东西部、海南和越南北部都有发现，整个如此广大范围之内，可能都是这种农业文化的分布区和波及地带。

大龙潭遗址的年代，根据中国社会科学院考古研究所1983年公布的碳-14数据，为距今5300年，已经进入新石器时代晚期[5]。值得注意的是，这个年代与顶蛳山遗址第四期的年代相距不远。而整个大石铲文化的延续时间很长，下限可

[1] 张弛、洪晓纯：《华南和西南地区农业出现的时间及相关问题》，《南方文物》2009年第3期，第65页。

[2] 覃义生、覃彩銮：《大石铲遗存的发现及其有关问题的探讨》，《广西民族研究》2001年第4期，第76～82页。

[3] 广西壮族自治区文物工作队：《广西隆安大龙潭新石器时代遗址发掘简报》，《考古》1982年第1期，第9～17页。

[4] 陈远璋：《桂南大龙潭类型遗址初论》，《华南及东南亚地区史前考古》，文物出版社，2006年，第409～420页。

[5] 中国社会科学院考古研究所编：《中国考古学中碳十四年代数据集（1965－1991）》，文物出版社，1983年，第212页。

能已经进入到了铜石并用时代 [1]。谢日万等发掘者认为，大石铲文化的晚期甚至可能进入了青铜时代 [2]。

大龙潭类型不仅仅与顶蛳山遗址在年代上相接，更重要的是可能确实有文化上的联系。这种联系在顶蛳山遗址贝丘（一至三期）与非贝丘（第四期）堆积两个阶段都有表现。有学者称，大龙潭类型双肩石铲的始祖，是桂南地区新石器时代早中期贝丘遗址中就已经出现的双肩石器（石斧），说明这两类文化的某些因素有一定的继承关系 [3]。钦州独料遗址也是新石器时代晚期大石铲农业文化的分布区，发现有少量大龙潭类型的石铲，出土双肩石器，陶器、石刀和石锛与顶蛳山第四期有一定相似之处 [4]。所以，相对发达的大石铲农业文化是顶蛳山第四期稻作农业的继承者是有一定可能的。

三　小结

虽然从考古资料来看，西江中游地区的文化面貌十分复杂，但在经济类型和发展阶段上却表现出很大的相似性。这种相似性的底层原因在于地理单元和自然环境的基本相同，这足以促使这片地区在新石器时代漫长的岁月中逐步形成一个文化上有密切联系的区域单位，本文姑且名之为西江中游文化区。

西江中游文化区生业经济的类型、特点和发展阶段大致可以做如下总结。

1. 新石器时代早期的广谱渔猎采集经济

这种经济形式以桂北漓江流域、桂中柳江流域的洞穴遗址，以及邕江流域顶蛳山第一期为代表。狩猎和植物采集（包括根块茎的利用）在食物结构中占据重要地位，贝类的利用自旧石器时代晚期就已经开始，没有发现动物驯养，原始农业的迹象也不明显。所谓的"甑皮岩文化"属于这个时期的晚段，并延续到下

[1]　陈远璋：《桂南大龙潭类型遗址初论》，《华南及东南亚地区史前考古》，文物出版社，2006年，第413页。

[2]　与谢日万先生个人交流。

[3]　陈远璋：《桂南大龙潭类型遗址初论》，《华南及东南亚地区史前考古》，文物出版社，2006年，第419页。

[4]　广西壮族自治区文物工作队、钦州县文化馆：《广西钦州独料新石器时代遗址》，《考古》1982年第1期，第1～8页。

一个时期。

2.新石器时代中期以贝类利用为主的狩猎采集经济

这种经济形式以邕江流域的贝丘遗址即顶蛳山文化为代表，但实际上贝类强化利用的现象在桂北、桂中洞穴遗址的晚期已经开始明显出现。贝类等水生动物的利用在人类食谱中占据重要地位，但并非主食，狩猎和采集也是重要的食物来源。没有发现动物驯养和稻作农业的迹象。

3.新石器时代晚期较发达的稻作农业经济

稻作农业可能是在新石器时代中晚期之交从长江中游地区突然传入的，在资源晓锦和顶蛳山遗址都发现了这个阶段的考古资料。稻作农业在引入西江中游地区之后有了迅猛的发展，形成了大石铲文化，影响到几乎整个广西、广东西部、海南和越南北部地区，西江流域的新石器时代文化达到了前所未有的繁荣阶段。

第三节　走廊之前的走廊：
新石器时代与先秦时期的桂东北

位于南岭民族走廊中段的桂东北地区[1]，是一个重要的文化交汇、传播地带和人群迁徙通道，特别在秦汉以后，发挥出关键历史作用，湘桂走廊、潇贺古道都是其中的组成部分。但这条走廊的形成和存在，并非秦汉时期一蹴而就，而是有一个非常久远的历史发展过程，可以追溯到新石器时代以及商周时期，这在考古学以及早期历史文献中都有一定证据。这里讨论的空间范围是越城岭地区，时间范围从史前到先秦。

一　问题的提出

20世纪80年代，费孝通提出了中国三大民族走廊（河西走廊、藏彝走廊、南

---

[1] 本文所指桂东北，主要包括桂林市和贺州市两个行政区，以越城岭地带为主要讨论对象。

岭走廊）的概念，对于当代民族学和历史学等多方面的研究都发挥了重大作用 [1]。尽管费孝通多次论述"南岭走廊"的内涵和重要性，但他并没有明确划出所谓"南岭走廊"的确切地理范围。依照麻国庆的意见，南岭走廊应包括武夷山区南端、赣南山区、粤北山区、湘南山区、桂东北山区、桂北—黔南喀斯特区、滇东高原山区，东连闽粤沿海，西接横断山脉及东南亚山区 [2]。按照自然地理范围，大致就是南岭山区。广西境内主要包括桂东北以及桂北部分地区。桂东北地区因其枢纽位置，在历史上发生过多次重大事件，是南岭民族走廊非常重要的组成部分。

目前学术界对于南岭走廊的研究，主要集中在历史时期 [3]。具体到桂东北，以韦浩明的研究较有代表性，韦浩明对于"潇贺古道"等问题进行了细致深入的研究，取得了一系列丰富的成果 [4]。这些成果研究的时段集中在秦汉以后，而且研究地理范围主要针对萌渚岭一带。对于先秦时期桂东北越城岭地区的交通状况，由于文献的缺乏，历史学界很难展开讨论。但就目前发现的有关考古材料，我们仍然可以看到秦汉之前这条走廊已经长期存在，这是秦汉之后这条通道发挥重要作用的历史基础。

与之相关的考古资料，在新石器时代和商周时期都有发现，虽然并不系统，但通过相关资料可以对这条"走廊之前的走廊"有部分的了解。

二　新石器时代的桂东北

新石器时代桂东北与长江流域沟通的最重要考古证据首先是资源晓锦遗址

---

[1] 王元林：《费孝通与南岭民族走廊研究》，《广西民族研究》2006 年第 4 期，第 109～116 页。

[2] 麻国庆：《南岭民族走廊的人类学定位及意义》，《广西民族大学学报（哲学社会科学版）》2013 年第 3 期，第 84～90 页。

[3] 相关研究成果如：a. 彭兆荣、李春霞：《岭南走廊：帝国边缘的地理和政治》，云南教育出版社，2008 年。b. 王元林：《秦汉时期南岭交通的开发与南北交流》，《中国历史地理论丛》2008 年第 4 期。c. 陈伟明：《全方位与多功能：历史时期岭南交通地理的演变发展》，暨南大学出版社，2006 年。

[4] 韦浩明的系列论文如：a.《秦汉时期的"潇贺古道"——潇贺古道系列研究之一》，《广西梧州师范高等专科学校学报》2005 年第 1 期。b.《"潇贺古道"与贺江流域的农业开发——"潇贺古道"系列研究之二》，《广西梧州师范高等专科学校学报》2005 年第 2 期。c.《"潇贺古道"与唐朝以前岭南地区的内外贸易——潇贺古道系列研究之三》，《广西梧州师范高等专科学校学报》2005 年第 3 期。d.《"潇贺古道"与唐朝以前岭南文化的变迁——潇贺古道系列研究之四》，《广西梧州师范高等专科学校学报》2005 年第 4 期。e.《"潇贺古道"与唐朝以前岭南地区的民族融合——潇贺古道系列研究之五》，《广西梧州师范高等专科学校学报》2006 年第 1 期。f.《交通变迁对唐宋时期贺州的影响——潇贺古道系列研究之六》，《贺州学院学报》2006 年第 4 期。g.《秦过岭"新道"考证》，《广西社会科学》2010 年第 5 期。h.《潇贺古道及其岔道贺州段考》，《贺州学院学报》2011 年第 1 期。

的发现。

晓锦遗址位于资源县延东乡晓锦村后龙山上，资江的支流晓锦河从遗址旁流过。该遗址于1997年发现，1998年10月至2002年10月，经广西壮族自治区文物工作队和资源县文物管理所4次发掘，揭露面积600多平方米。发现居住遗迹、柱洞、灰坑、土台、堆烧陶窑和墓葬，还发现临时窝棚和依山而建的干栏式住房遗迹。出土大量石器、陶片、炭化稻米和果核。在遗址文化层的灰土中淘洗出炭化稻米30000多粒，经广西农业科学院品种资源研究所鉴定，是较原始的栽培粳稻，其中也有籼稻，还有一种小粒型粳稻。该遗址经碳-14测定，年代距今5000～4500年，属于新石器时代中晚期，是桂北地区新石器时代一种新的文化类型。[1]

资源晓锦遗址是广西新石器时代考古的重大发现，具有十分重要的学术意义，由此人们发现一条新石器时代就存在的南北文化和人群的交流通道。晓锦地处越城岭腹地，集水面虽然属于长江流域，但气候和环境基本属于典型的华南山地，传统上这一带属于华南狩猎采集文化圈的一部分，和长江流域的稻作农业文化有重大区别。资江发源地与珠江水系的漓江源头、寻江源头相距不远，可以想象史前人群有可能从洞庭湖地区沿江上溯，从湘江、沅江、资江上游，主要是通过资江进入柳江上游支流之一的寻江（古宜河），或漓江上游，然后沿江而下至西江进入珠江三角洲，从而形成远古文化的交往通道。晓锦遗址出土的原始栽培稻，是岭南地区目前发现年代最早的稻米遗物。而在洞庭湖地区发现的原始栽培稻遗存比晓锦遗址发现的原始栽培稻遗存年代更早，分布更广，数量更多，如在湖南省澧县彭头山遗址和澧县八十垱遗址，都发现有距今8000多年或更早的原始古栽培稻遗物[2]，而在湖南省澧县城头山古城址则发现距今6000年以前的古稻田，为目前已经揭露的世界最早的水稻田[3]。由于晓锦遗址附近均为山丘坡地，植被茂密，食物来源丰富，缺乏驯化水稻的必要条件，而且晓锦遗址出土的炭化稻米为粳稻类型，珠江流域的野生稻均为籼稻型，野生籼稻不可能培育出粳稻品种。所以，晓锦的水稻只可能是从长江流

[1]　a. 何安益、彭长林、刘资民等：《广西资源县晓锦新石器时代遗址发掘简报》，《考古》2004年第3期。b. 广西壮族自治区文物工作队、资源县文物管理所：《资源县晓锦新石器时代遗址发掘简报》，《广西考古文集》，文物出版社，2004年。

[2]　湖南省文物考古研究所：《彭头山与八十垱》，科学出版社，2006年，第182、508页。

[3]　湖南省文物考古研究所：《澧县城头山古城址1997～1998年度发掘简报》，《文物》1999年第6期，第4-17页。

域传播进来，是受到资江下游平原地区外来稻作农业文化的影响而产生的。从
文化面貌来看，以晓锦遗址第一、二期为代表的晓锦文化陶器特征与洞庭湖地
区皂市下层文化晚期有诸多相似之处，典型陶器器形都是折沿罐、盘口罐、高
领罐、器座之类，纹饰都有绳纹、彩绘、刻划纹等，表明晓锦文化可能受到来
自洞庭湖地区的皂市下层文化的影响。另外，晓锦文化陶器的刻划纹在装饰风
格上与湘江流域堆子岭文化—茶陵独岭坳类型相似，说明二者存在联系。晓锦
遗址第三期与资江下游的石家河文化遗址、沅江上游的湖南靖县斗篷坡遗址陶
器也具有相似性，年代也比较接近，说明它们之间具有文化上的联系。一般说
来，下游遗址的年代早而上游遗址的年代晚得多，说明下游地区的文化有逐步
向上游移动的趋向 [1]。

　　除了晓锦的资料之外，湖南沅水中游的高庙文化通过桂东北这条文化走廊
向珠江流域强烈传播也留下了大量的考古证据。高庙文化分布在整个沅水中上游
地区，以湖南洪江高庙遗址为代表，存在多个地点，年代在新石器时代中晚期。
陶器装饰艺术是高庙文化最突出的特征之一。绳纹是高庙文化陶器器腹上的主要
装饰。在高庙文化的最早阶段，常见由双线或单线刻划纹构成的图案，如网格、
带状大方格填叉、鸟头、鸟翅、以及兽面和八角星等，图像都很简化。从中期开
始，盛行用戳印篦点纹组成各种图案，最具代表性者为形态各异的鸟纹、獠牙兽
面纹、太阳纹和八角星纹，另见有平行带状纹、连线波折纹、连续梯形纹、垂幛
纹和圈点纹等。同时，还出现了使用朱红色或黑色矿物颜料的彩绘、填彩艺术和
彩绘图像。特别是那些装饰鸟纹、獠牙兽面纹、太阳纹和八角星纹等图像的陶
器，质地较好，制作精细，器类与器形都相对固定，风格突出。另外，出土有不
少精美的白陶制品，也是高庙文化的突出特点 [2]。

　　广西目前具有高庙文化因素的古遗址发现三处，分别是甑皮岩遗址（第五
期遗存）、平乐县纱帽山遗址、平南县石脚山遗址。甑皮岩和纱帽山遗址位于漓
江—桂江流域，石脚山遗址属于浔江流域。

　　甑皮岩遗址第五期的总体特征与高庙文化大同小异。根据其中的盘口釜、

　　[1]　何安益、彭长林：《从晓锦遗址看新石器时代洞庭湖区与珠江流域地区原始文化的交往》，《广
西考古文集》，文物出版社，2004 年，第 315~321 页。

　　[2]　贺刚：《高庙文化及其对外传播与影响》，《南方文物》2007 年第 2 期，第 51~60 页。

敛口釜、圜底钵、敞口罐和高领罐等器物的形态，以及以复线划纹（饰于肩、颈部，腹饰绳纹）为主的装饰手法判断，甑皮岩第五期的大部分遗存相当于高庙文化的早期偏晚阶段。两地同期遗存中的葬俗相同，人骨皆呈侧身或仰身屈肢状，极少或根本就没有随葬品 [1]。

　　2003 年在广西平乐县桂江东岸直线距离约 25 千米的阳安乡纱帽山发现了一处重要遗址。出土陶片均为夹砂红陶，是圈足盘、圜底罐和釜的残片，后二者的腹部皆饰绳纹，其肩、颈部和盘的外壁均饰有戳印组合篦点纹，可辨图案有鸟、鸟翅、带状和斜线等，与高庙文化中晚期遗存没有两样。在广西博物馆和平南县博物馆均见有采自平南县大新镇新和村石脚山遗址的部分陶片，其中部分泥质红衣陶片可辨为罐和圈足盘等器物，外壁饰篾片戳印小篦点组合纹和波折划纹等图案，器形和纹饰与沅水流域相当于洞庭湖区大溪文化最早阶段的遗存特征一致，绝对年代约在 6300 年前后，可视为高庙文化风格的延续。纱帽山遗址和石脚山遗址都出土有罕见的白陶，与高庙文化一致 [2]。

　　另外，环珠江口一带的新石器时代中期遗址，以深圳咸头岭遗址为代表，也出土了大量与长江中游高庙文化、大溪文化等类似风格的陶器，特别是彩陶和白陶，学术界普遍认为与长江中游一带的原始文化有密切关系。至于环珠江口地区新石器时代中期文化与湖南洞庭湖或沅水流域诸文化交流的途径或通道，过去或认为溯湘江、越南岭入珠江三角洲；或认为经沅水，过柳州，进浔江、西江，达珠江三角洲。但是，近年来广西平乐纱帽山和平南石脚山遗址的考古发现则表明，由沅水至桂林，经漓江、桂江、西江，至珠江三角洲这条水路，应是目前所知最早、最清晰的沅水流域史前文化到达珠江口地区的主要途径或通道 [3]。这说明桂东北这条沟通长江流域和珠江流域的文化走廊在距今 7000 年之前已经存在。

三　先秦时期

　　广西先秦时期考古是一个薄弱环节，相当于中原地区夏商周时期的三代考

---

　　[1]　中国社会科学院考古研究所等：《桂林甑皮岩》，文物出版社，2003 年，第 462 页。

　　[2]　何安益：《平乐纱帽山新石器时代遗址的发现与收获》，《广西博物馆文集（第七辑）》，广西人民出版社，2010 年，第 40～49 页。

　　[3]　贺刚：《高庙文化及其对外传播与影响》，《南方文物》2007 年第 2 期，第 51～60 页。

古材料稀少。但根据有限的资料，我们可以看到，新石器时代之后，进入青铜时代，桂东北这条文化走廊继续发挥作用，是沟通岭南与中原文化的重要通道。

　　岭南西部大约在距今3000年进入文明社会，青铜文化开始萌芽。广西各地零星出土了一些商和西周的青铜器，总数只有20余件，包括兵器、乐器、食器和酒器4类。桂东北地区属于几何印纹陶的集中分布区，出土铜器相对较多，例如灌阳新街的铜戈、灌阳仁江的铜铙、贺州英民的铜镈、兴安的铜卣、荔浦马蹄塘的铜罍。其他地区如武鸣、横县、宾阳、北流、武宣、柳州、岑溪、田东、东兰、桂平、忻城、陆川也出土了一些商周时期的青铜器[1]。这些青铜器大多数具有典型的中原文化色彩，可以确定是直接由中原传入的，并非岭南本地制作。

　　如兴安铜卣，通高22.8厘米，腹径15.3厘米，重1.6千克。盖已遗失，提梁作绚索形，置于左右脊上，与《美帝国主义劫掠的我国殷周铜器集录》一书所著录的A556、A557、A558各铜卣的提梁相同。颈部饰夔龙纹，器身两面饰浮雕式兽面纹，与《美帝国主义劫掠的我国殷周铜器集录》所著录的A583铜卣和《商周彝器通考》著录的六二四杞妇卣相同。器底内有阴刻"天父乙"三字铭文，与《美帝国主义劫掠的我国殷周铜器集录》著录的A522"天父乙"觯、A202"天父乙"簋和《西清古鉴》著录的13-1"天父乙"簋的铭文近似。此类铜卣在安阳殷墟屡见，都是扁椭圆形，绳索提梁，无兽头，前后面浮雕大饕餮纹，颈部带对夔龙纹，足弦纹。其中属殷墟四期的夔纹提梁卣（HGH10：6）器形与之完全相同，上腹也有一周夔龙纹，也缺盖。扁圆形口，沿面略内倾，鼓腹，圜底，扁圆形圈足，半环形耳，绚索形提梁。其器形、纹饰与山东滕州市井亭商代晚期绳索形提梁卣相同。无论从造型、纹饰和铭文风格，兴安铜卣都与黄河流域的晚商铜卣相同[2]。

　　春秋时期，广西本土的青铜铸造业有了进一步发展，可以制作部分兵器和炊具，如戈、钺等。但大型青铜礼器仍然来自于岭北。能够确定为春秋时期的青铜器以铜甬钟最多，分别发现于恭城秧家、武鸣马头两个古墓群，以及零星发现于灌阳、南宁、宾阳、横县、柳州和武宣等地，而且都是扁圆直甬式，甬上有干，干上有旋，钲侧凸枚6组，每组3枚，枚尖短而无景。

---

[1]　蒋廷瑜、蓝日勇：《近年来广西出土的先秦青铜器》，《考古》1984年第9期，第798～806页。

[2]　梁景津：《广西出土的青铜器》，《文物》1978年第10期，第93～96页。

目前所见商周时期广西青铜礼器，毫无例外都是从五岭以北传入的。有些直接来自于中原地区黄河流域，有些来自于长江流域。例如目前发现最大的青铜器是恭城秧家的铜鼎，是楚式鼎，应是楚地传入的。在整个青铜器数量中，北方传入的青铜器占有很大比例。广西本地的青铜文化，是向中原青铜文化学习的结果。有的在造型、纹饰上也模仿中原青铜器，以至于与中原青铜器大同小异。铸造工艺也师承五岭以北，多以中原青铜器为楷模。广西本地铸造的青铜器都是小件的兵器、生活用具和生产工具。

岭北青铜器和青铜技术的传入，通道仍然主要是桂东北，与新石器时代开辟的路线大致相同。湖南发现商周青铜器的地点远远超过广西，遍及湘北、湘中、湘南，最南的地点已经到了衡阳和常宁。如果从衡阳、常宁溯湘江而上到达桂东北地区，只是几天的水程。中原地区的青铜器，正是经过这条渠道传播到了广西。传入的方式可能有以下几种：一是馈赠，生活在广西的部族首领向商周国王贡献方物，得到回赠，这些青铜器作为回赠的礼器被带回广西；二是掳掠，南方部族和方国同商周或其属国打仗，从对方手中掳获带回广西；三是在中原战乱时，商周贵族中的失败者南逃时带入广西[1]。

古代文献中记载有岭南古国与中原王朝的交往活动。如《逸周书·王会解》中的《商书·伊尹朝献》，记载南方各国向商王朝进贡物品——"正南瓯、邓、桂国、损子、产里、百濮、九菌，请以珠玑、玳瑁、象齿、文犀、翠羽、菌鹤、短狗为献。"这里提到的诸多古国，有一些就分布在今天的广西一带，桂东北当是西瓯古国的北部。《逸周书·王会解》还提到岭南古国献给周王室的贡品，"路人大竹""苍梧翡翠"和"越骆之菌"。"路人""越骆"一般理解为骆越[2]。上述广西境内的古国北上纳贡的路线，最大的可能就是走桂东北的水路。在新石器时代以及青铜时代，主要的交通方式只能是水路，桂东北作为长江流域和珠江流域的连接点，成了岭南文化和岭北文化交流的必经之地或者交通枢纽。

正是因为存在交通上的便利，秦朝最终利用这条通道征服了岭南，这是史书上的大事件。但实际上，在秦始皇之前，楚国已经利用这条交通要道实现了南侵。

---

[1]　蒋廷瑜：《广西考古通论》，广西科学技术出版社，2012 年，第 146~154 页。

[2]　廖国一：《论西瓯、骆越与中原文化的关系》，《民族研究》1996 年第 6 期，第 55~61 页。

《淮南子·兵略训》载:"昔者楚人地,南卷沅湘,北绕颍泗,西包巴蜀,东裹郯邳,颍汝以为洫,江汉以为池,垣之以邓林,绵之以方城。"广西东北部的兴安、全州、灌阳一带属于湘江流域,这里也是楚国的统治范围。《史记·吴起列传》记载,楚悼王任用吴起为相,变法图强,曾一度"南平百粤"。《后汉书·南蛮列传》说"吴起相悼王,南并蛮越,遂有洞庭、苍梧。"张琦《战国策·释地》载:"古苍梧,汉零陵郡也,今永州府至广西全州也。"《太平寰宇记》载,桂州"春秋时越地,七国时服于楚,战国时楚越之交境。"这里的"越"当系指"西瓯"。元代马端临《文献通考·舆地考》也说,静江府"战国时楚国及越之交……荔浦以北为楚,以南为越。"综合文献记载,战国时期楚国已经占领了广西东北部一带[1]。

楚国势力深入广西的说法也为文物考古资料所证实。1957 年,安徽寿县出土的楚怀王六年的青铜"鄂君启节"铭文中,记载有鄂君的舟船通过湘水,南达于"徙昜"(今广西全州县境)的史迹。

鄂君启节是公元前 323 年(楚怀王六年)楚王颁发给大贵族鄂君启的免税通行凭证,共发现 5 件,计车节 3 件,舟节 2 件。各节均为青铜铸造,合在一起呈圆竹筒状。车节、舟节均宽 7.3 厘米,厚 0.7 厘米,长度分别为 29.6 厘米和 31 厘米,节面阴刻错金铭文,各有 9 行,舟节 163 字,车节 154 字[2]。这类文物迄今仅此一见,故尤显珍贵。

鄂君启节的出土曾轰动一时,为研究战国时期的封邑、节符、税收等制度和商贸、交通、军事、地理、民族、文化等提供了珍贵的实物证据。

据节符铭文记载,鄂君启船队数量达 150 艘,总吨位约 1800 吨,车辆达 50 乘。在战国时期这是一个相当惊人的数字。鄂君启的贸易活动范围以鄂州为中心,西至江陵,南到广西全州,北抵河南南阳以北,东达安徽宣城。符节内容部分反映了楚国当时主要的水陆交通路线。鄂君启的船队,其水路贸易范围包括长江及其支流汉水、湘江、资水、沅水、澧水与淮水、邗沟等众多河流,总航程超过一万里,经过税关 20 余处,其中国都、城邑 11 处,囊括鄂、湘、皖、豫、赣、苏、桂七省,通过湘江、沅水等水道,辐射到珠江三角洲及海外

---

[1] 蒋廷瑜:《广西考古通论》,广西科学技术出版社,2012 年,160~161 页。

[2] 于省吾:《"鄂君启节"考释》,《考古》1963 年第 8 期,第 442~447 页。

东南亚诸国[1]。

鄂君启舟节铭文提到，船队沿长江南行进入湘江，经过"徙易"，当是湘江沿岸的城邑关戍所在地。根据地理位置推测，"徙易"很可能就是后来《汉书·地理志》记载的零陵郡下的"洮阳"县。郦道元《水经注》说，湘水"又东北过洮阳县东"，说明洮阳在湘水边。清代顾祖禹《读史方舆纪要》载，"洮阳废县，（全）州北三十五里。汉置县，以洮水经其南而名。"1973 年湖南长沙马王堆三号汉墓出土 3 幅帛书地图，其中一幅是西汉初年长沙国南部地形图，图的右下角在县级单位标志的方框内标有"桃阳"二字，而这个方位正好在今全州县西北，湘江西岸，与《水经注》和《读史方舆纪要》所载汉代洮阳县的位置相合。可见桃、洮二字是通假的。在湖南长沙一座西汉前期墓内出土过"洮阳长印"和"逃阳令印"，另一座汉墓内又出过"洮阳丞印"，看来逃、洮也是通假字。由此推测，鄂君启节上的"徙易"也应与后来的桃阳、逃阳、洮阳相通。既然楚怀王时代鄂君启的舟船可以通过洮阳，说明洮阳已是楚国的城邑关戍所在，附近必定是楚国直接管辖的范围，楚国的版图无疑已向南越过洮阳进入湘江上游，其实际控制的地盘当会更远一些。在灌阳和兴安曾经发现过几处战国墓葬，这些墓葬都是竖穴土坑木椁墓，随葬深腹圜底蹄足鼎、细颈圆腹圜底绳纹罐等陶器，和圆首圆茎上有两道凸箍的青铜长剑，各方面特征和湖南楚墓的同类出土物基本相同，这也是楚国势力深入此地的佐证[2]。

通过鄂君启节等材料的研究可知，广西东北部湘水流域当时已经是楚国的领土，纳入到了楚国日常商业活动体系之中，和楚国核心地区有非常密切的联系。同时，以此为孔道，长江流域与广西中南部乃至东南亚一带发生了广泛的经济文化交流。

四　小结

按照麻国庆的看法，南岭走廊主要是一个民族学和人类学意义上的概念，只有一个大致的地理范围。但实际上，历史上文化交流传播和人群迁徙都是真实

---

[1] 黄盛璋：《再论鄂君启节交通路线复原与地理问题》，《安徽史学》1988 年第 2 期，第 16～31 页。

[2] 蒋廷瑜：《广西考古通论》，广西科学技术出版社，2012 年，第 160～162 页。

发生过的，他们走过的路径也是真实存在的。正如潇贺古道上的青石小径仍然绵延在群山之中一样，桂东北沟通长江流域和珠江流域的通道今天仍然能够找到痕迹。最明确的证据当然是中国古代最伟大的水利工程之一灵渠的存在。灵渠是秦朝的杰作，但这个杰作实际上是建立在秦朝之前数千年的历史基础之上的。通过上文的讨论可知，在灵渠开凿之前，桂东北地区作为沟通岭南和岭北的重要通道已经有五千年的历史，自新石器时代中期开始，这里就已经成为中原文化和长江流域文化源源不断南下的走廊，以后历代不绝。

桂东北地带之所以成为文化和民族的走廊，显然是地理条件所造就。南岭横贯东西，东达闽南，西接云贵高原，成为长江流域和珠江流域两大文化圈的分水岭。自新石器时代中期之后，长江流域稻作农业兴起，相对于岭南的渔猎采集经济，拥有巨大的文化优势。稻作文化伴随着农业民族的流动，强势南迁。在史前时期的技术条件下，沿江河迁徙无疑是最佳甚至是唯一的选择。而桂东北地区，是通过支流源头沟通两大流域的最便捷途径。除了河流相近这一便利条件之外，桂东北地区的南北陆地交通难度也相对较小，存在一系列谷地和隘口可供通行，诸如越城岭和海洋山之间的湘桂走廊。潇贺古道也是利用了萌渚岭一带相对有利的地形地貌开辟而成。

桂东北的文化和族群走廊在新石器时代中晚期和秦朝时期两次发挥了影响中国历史发展全局的重大作用。

虽然当前有基因研究认为长江流域的稻作起源于广西[1]，但目前尚未得到任何考古证据的支持。考古资料表明，在距今 6500 年以前，岭南地区是狩猎采集经济为主，辅之以块茎种植，并不存在稻作农业。稻作农业大约在距今 9000 年起源于长江流域，经过一个漫长的过程，逐渐发展成为成熟的农业系统。岭南和长江流域的经济方式存在根本的不同，主要是由所处气候带和植被带的差异决定的。两地的原始文化面对不同的资源条件，选择了不同的发展路径。稻作农业在长江流域成熟以后，开始强势扩张，岭南的稻作农业就是从长江流域传播而来的。传播的路径，从目前的资料来看，桂东北就是一个重要途径，晓锦文化稻作遗存的重要发现，就是证明，这是首次发现长江流域的稻作农业经由水路传播到

[1]　Huang X, etc. A map of rice genome variation reveals the origin of cultivated rice and domestication-associated genes. *Nature*. 2012, 490: 497-502.

岭南地区。可能正是通过这条通道，至少是在岭南西部，稻作文化伴随大规模的农业族群迁徙而来，彻底改变了当地的经济方式，由此催生了大石铲文化等典型的农业文化，揭开了广西地区文化发展的新篇章。

广西地区的青铜文化也是由岭北传播而来，桂东北仍然是主要通道，由此岭南西部逐渐发展起自己的青铜文明，具有了和北方王朝抗衡的实力。公元前219年秦始皇派遣尉屠睢率领五十万大军，兵分五路，征伐岭南。西路指向今兴安县越城岭，实际上利用的就是楚越交通的古道。主帅尉屠睢亲自带领此路大军，可见对此路的重视程度。秦军经过与西瓯三年的持久战之后，于公元前214年开凿了沟通湘漓、全长34千米的灵渠，由此后勤补给源源而来，彻底扭转了战局，平定了整个岭南。从此之后，岭南地区正式纳入中国版图。桂东北的古道再次成为历史转折的突破口。位于古道之上的灵渠，成为连接珠江流域和长江流域的唯一水上交通要道，在今后数千年的历史进程中，持续发挥出巨大作用。

第三章　岭南地区新石器时代
文化现象的个案研究

本章从个案研究的角度入手，探讨岭南地区新石器时代的文化现象。选取的个案包括三个方面：第一是酿酒、酒器及其与农业起源的关系；第二是以石斧、石锛为代表的磨制石器为对象考察岭南地区的新石器化进程；第三，寻找岭南地区新石器时代的战争迹象。这三方面的个案，特别是酿酒和战争，是新石器时代考古研究的重要议题，也是国际考古界关注的焦点。

第一节　岭南地区史前时期的酿酒、酒器
及其与农业起源的关系

酒是一种神奇的饮品，发源于史前时期，自古至今在世界各地各个民族的社会历史上都发挥着非同寻常的重要作用。关于酒的起源问题，就中国而言，学术界近一个世纪以来进行了较为深入的研究，一些重要学者如凌纯声、李仰松、包启安等发表了多项成果，尤其是近年来以刘莉为代表的科技考古工作者取得了很大突破[1]。但以上这些研究大多关注的是北方黄河流域的情况，对于长江流域也有所涉及，而关于岭南地区的研究极少。目前尚未见到有学者采取科技手段检测岭南地区与酿酒起源相关的考古遗存，本节拟综合考古资料、民族学材料和文献记载，从资源禀赋、陶质酒器和农业起源等几个方面入手，对岭南地区史前时

[1] 关于酿酒起源的重要论著如：a. 凌纯声：《中国酒之起源》，《"中央研究院"历史语言研究所集刊》(第29本)，1958年，第883~907页。b. 李仰松：《对我国酿酒起源的探讨》，《考古》1962年第1期，第41~44页。c. 洪光住：《中国酿酒科技发展史》，中国轻工业出版社，2001年。d. 包启安：《中国酒的起源》，《中国酿造》2005年第2期，第56~59页。e. 刘莉、王佳静等：《仰韶文化的谷芽酒：解密杨官寨遗址的陶器功能》，《农业考古》2017年第6期，第26~32页。f. McGovern P. E, Zhang J, Tang J, Zhang Z, Hall G. R, et al. Fermented beverages of pre-and proto-historic China. *Proceedings of the National Academy of Sciences of the United States of America* 101(51), 2004: 17593–17598.

期酿酒起源的相关问题进行一番探索，以认识岭南地区新石器化进程的特点。

一　岭南地区史前时期酿酒起源的时代背景与资源禀赋

人类酿酒的历史究竟早到何时，现在并不清楚，但肯定非常早。2014 年，美国生物学家马修·卡里根（Matthew Carrigan）研究团队发表了一个基因研究成果，发现距今 1000 万年前人类始祖的"乙醇脱氢酶 4"出现单体遗传突变，这一突变增强了人类的乙醇代谢能力，让他们在食物稀缺时候也能够依靠落到地面上高度熟烂发酵的果实来充饥[1]。这个遗传突变应该是适应的结果，说明含酒精的饮食伴随了人类的前世今生，在人类的食谱上，酒从来不可或缺。至于人类主动酿酒的行为，可能旧石器时代已经存在。人类采集成熟的野果，放在石洼中，自然发酵成酒，类似传说中猿猴酿制的"猿酒"[2]。《中国科学技术史·化学卷》则认为酿酒在旧石器时代已经有一定基础，到了新石器时代肇兴[3]。从自然资源或再生资源中提取糖分，并发酵成酒，这种早期酿酒技术并不复杂，曾经在世界各地多阶段独立起源。根据西方殖民时代的民族志记载，世界上只有极少数民族——如爱斯基摩人和生活在南美洲南部火地岛上的印第安人以及澳洲大陆上的土著人——未曾发明和尝试过酒饮料，其他民族都曾享受过酒饮料带来的精神慰藉和医疗恩惠。全球范围内除南北两极地区因缺乏单糖资源而不具备酿酒条件外，盛产蜂蜜、富糖水果和其他类植物的温带和热带地区都有着丰富的酿酒资源，在漫长的岁月中足以使得古代人类发现或发明这种神奇的饮料[4]。

在第一章第三节，我们已经全面考察了中国古酒研究的学术进展，与本节相关者，主要是科技考古研究。目前在中国的北方地区，已经明确发现了史前时期的古酒遗存，主要证据来自于两支科技考古团队的检测工作。两支团队的领导者都来自美国，分别是宾夕法尼亚大学的麦戈文（Patrick E. McGovern）教授和

---

[1]　Matthew A. Carrigan, et al.Hominids adapted to metabolize ethanol long before human-directed fermentation. *Proceedings of the National Academy of Sciences of the United States of America*. January 13, 2015 112 (2)：458-463.

[2]　阎钢、徐鸿：《酒的起源新探》，《山东大学学报（哲学社会科学版）》2000 年第 3 期，第 78～83 页。

[3]　赵匡华、周嘉华：《中国科学技术史·化学卷》，科学出版社，1998 年，第 520～523 页。

[4]　麦戈文、方辉、栾丰实等：《山东日照市两城镇遗址龙山文化酒遗存的化学分析——兼谈酒在史前时期的文化意义》，《考古》2005 年第 2 期，第 73～85 页。

斯坦福大学的刘莉教授。麦戈文和中国学者合作，先后检测了河南省舞阳市贾湖遗址和山东省日照市两城镇遗址的标本，是中国考古最早采用科技手段进行古酒研究的案例。麦戈文团队对贾湖遗址陶器残留物标本的分析表明，贾湖的一些小口双耳类陶器曾经用来加工、储存和盛放一种由大米、蜂蜜和果实（葡萄或山楂，也可能是龙眼或山茱萸）制作的混合发酵饮料。虽然由于酒精的挥发特质，无法发现酒的直接化学证据，但综合判断，这显然是一种以稻米为主酿造的酒类。贾湖遗址属于裴李岗文化时期，距今约 9000 年，贾湖古酒在全世界也属于最早的古酒遗存之一[1]。麦戈文团队对山东省日照市两城镇遗址龙山文化陶器标本所做的多项化学分析结果显示，当时人们饮用的酒是一种混合型发酵饮料，包含有稻米、蜂蜜和水果，并可能添加了大麦和植物树脂（或药草）等成分。[2] 刘莉团队对黄河中游多个遗址出土的仰韶文化陶器做了残留物分析，发现当时普遍流行一种谷芽酒，主要成分是黍或者黍、稻兼用，其他成分还有薏苡、大麦、小麦族、栝楼根和芡实等，另外还有块根等附加植物原料。[3]

中国北方地区之所以在新石器时代早中期即已经出现酿酒行为，既是基于生活和文化的需要，同时又具有相应的资源条件。而这种生存需要和资源禀赋在岭南地区同样存在，甚至更为优越。

喜欢美酒佳肴是人的天性，酒精对中枢神经造成的麻醉和刺激可以给人带来肉体和精神上的愉悦，这是酒贯穿人类历史的生理基础。酒的麻醉作用后来又具有了社会意义，如用于社交和礼仪，宗教活动更是离不开酒类。在高寒地带，酒还可以驱寒。带糟粕的谷芽酒，也就是所谓的醪糟，还可以充饥。以上这些实用和非实用的功能，在全世界都是通行的，在岭南地区也同样如此。

[1]　McGovern P. E, Zhang J, Tang J, Zhang Z, Hall G. R, et al. Fermented beverages of pre-and proto-historic China. *Proceedings of the National Academy of Sciences of the United States of America* 101(51), 2004: 17593-17598.

[2]　麦戈文、方辉、栾丰实等：《山东日照市两城镇遗址龙山文化酒遗存的化学分析——兼谈酒在史前时期的文化意义》，《考古》2005 年第 2 期，第 73～85 页。

[3]　刘莉团队相关成果如：a. 王佳静、刘莉等：《揭示中国 5000 年前酿造谷芽酒的配方》，《考古与文物》2017 年第 6 期，第 45～53 页。b. 刘莉、王佳静等：《仰韶文化的谷芽酒：解密杨官寨遗址的陶器功能》，《农业考古》2017 年第 6 期，第 26～32 页。c. 刘莉、王佳静等：《仰韶文化大房子与宴饮传统：河南偃师灰嘴遗址 F1 地面和陶器残留物分析》，《中原文物》2018 年第 1 期，第 32～43 页。d. 刘莉、王佳静等：《陕西蓝田新街遗址仰韶文化晚期陶器残留物分析：酿造谷芽酒的新证据》，《农业考古》2018 年第 1 期，第 7～15 页。e. 刘莉等：《黄河中游新石器时代滤酒陶壶分析》，《中原文物》2019 年第 6 期，第 55～61 页。

中国当代的酒文化非常兴盛，岭南地区概莫能外。岭南的酒文化源于古代，可谓源远流长。今天壮、侗、苗、瑶各族都有自己独特的酒文化，酒俗和酒礼各不相同。特别在西南民族地区，还保留着类似"咂酒"这种从远古流传下来的特殊风俗[1]。南方民族地区普遍酿造的米酒，与蒸馏酒完全不同，历史非常久远，基本延续了古代谷芽酒的酿造方法。李富强、白耀天的《壮族社会生活史》根据《岭外代答》《桂海虞衡志》《隋书·地理志》等史籍，梳理了壮族地区从汉代至清代酒类的情况[2]。如南宋范成大《桂海虞衡志·志酒》载，"老酒，以麦曲酿酒，密封藏之，可数年"。这种酿酒方法和北方的曲酒类似。清朝钱元昌《粤西诸蛮图记》记载，广西一带"制酒，以米和草子酿之，味极甘"。这就是南方特有的草曲酒，历史极其悠久，可追溯到史前时期。

北方地区的酿酒史和岭南地区一样，一定可以追溯到史前时期。北方最早的酿酒证据来自于河南舞阳贾湖遗址，距今约9000年。酿酒的最早出现，应该早于这个年代。因为贾湖的酒已经相对成熟，并非酒的最早类型。一般认为，我国的酒类可分为自然发酵的果酒、酿造的粮食酒和蒸馏酒这三个发展阶段[3]。果酒在我国不太发达，但文献中也见有记载，如唐代苏敬《新修本草》在"酒"字项下载有"作酒醴以曲为，而蒲桃、蜜独不用曲"。南宋周密在《癸辛杂识》"梨酒"条记载有山梨久储成酒。贾湖的酒以稻为主，加上了水果和蜂蜜，属于粮食酒，即所谓的"醴"。在贾湖酒出现之前，应该存在一个自然发酵果酒的阶段。也就是说，我国酒出现的历史，当在新石器时代早期，距今一万年左右。酒的出现，可能与全新世之后人类生活方式整体转型有密切关系，是新石器化的一个重要组成部分。酒的起源与发展，与定居程度的提高、食谱的扩展、低水平食物生产、原始宗教、社会复杂化等一系列问题都有密切的关系。

无论是酿造果酒或谷芽酒所需要的自然资源，在史前岭南地区都有着丰富的存在。从史前气候和植被的分布来看，北方多属于暖温带落叶阔叶林区，岭南多属于亚热带常绿阔叶林区和过渡性热带林带[4]。岭南的动植物物种更为丰富，全年每平方千米产生的碳水化合物远超过北方，这也是史前时期岭南长期保持渔

---

[1] 胡云燕：《原始饮酒方式的遗存——咂酒》，《酿酒科技》2005年第4期，第103～105页。

[2] 李富强、白耀天：《壮族社会生活史》，广西人民出版社，2013年，第512～515页。

[3] 孙机：《中国古代物质文化》，中华书局，2014年，第37页。

[4] 赵志军：《对华南地区原始农业的再认识》，《华南及东南亚地区史前考古——纪念甑皮岩遗址发掘30周年国际学术研讨会论文集》，文物出版社，2006年，第145～156页。

猎采集经济形态的重要原因 [1]。

学术界对于岭南一批重要遗址都做了植物考古研究，古人所利用的植物资源中多有可以用于酿酒的种类。湖南道县玉蟾岩遗址，年代为距今 12000～10000 年，在地层中发现有少量古栽培稻 [2]。稻的糖化力甚强，是最常用的酿酒谷物之一。广东英德牛栏洞遗址也发现有少量呈半驯化状态的稻粒，年代大约为距今 12000～8000 年 [3]。同时期的桂林甑皮岩遗址植物考古做的更充分一些，这里没有发现水稻的踪迹，但其他植物甚多。通过浮选识别出的可以食用的植物种类包括山核桃、梅、山黄皮、畏芝、水翁、山葡萄、朴树子以及薯蓣科的块根茎等 [4]，对照前述麦戈文和刘莉团队的研究结果可知，这些植物都可以用来酿酒。再往后的岭南新石器时代中期遗址，研究比较充分的是广西邕宁顶蛳山。植硅石鉴定发现顶蛳山遗址存在禾本科、棕榈科、葫芦科、番荔枝科等植物遗存，这些植物种类包括许多可以食用的果实、种籽或根茎，如棕榈科的刺葵、山槟榔，葫芦科的罗汉果、茅瓜、油渣果，番荔枝科的石密、瓜馥木等 [5]。这些植物资源可以果腹，也可以用于酿制发酵饮料。岭南地区新石器晚期发掘和研究最为充分的是广东曲江石峡遗址，这里发现了数量较多的稻谷遗存，还有山枣等果实遗骸 [6]。新石器时代晚期成熟的稻作已经从长江流域传入岭南，不少遗址出土了较多的水稻遗存，如广西资源晓锦遗址、广东曲江石峡遗址等。这个时期，酿酒活动在长江流域和黄河流域已经比较常见，从大汶口文化、龙山文化、崧泽文化和良渚文化出土的大量酒器可以看到这一点。作为稻作农业文化的组成部分，随着族群的迁徙，酿酒工艺应该也传入了岭南地区。稻作在岭南的兴起，为延续和发展史前早期的酒文化，提供了新的物质基础。如果说在新石器早中期，岭南地区的酿酒主要是利用了自然资源，那么从新石器晚期开始，岭南地区的酿酒开始主要采用了农作物资源。但是，

---

[1]　陈胜前：《史前的现代化——中国农业起源过程的文化生态学考察》，科学出版社，2013 年，第249～271 页。

[2]　张文绪、袁家荣：《湖南道县玉蟾岩古栽培稻的初步研究》，《作物学报》1998 年第 4 期，第416～420 页。

[3]　广东省珠江文化研究会岭南考古研究专业委员会等：《英德牛栏洞遗址——稻作起源与环境综合研究》，科学出版社，2013 年，第 162～196 页。

[4]　中国社会科学院考古研究所等：《桂林甑皮岩》，文物出版社，2003 年，第 286～292 页。

[5]　赵志军、吕烈丹、傅宪国：《广西邕宁顶蛳山遗址出土植硅石的分析与研究》，《考古》2005 年第 11 期，第 76～84 页。

[6]　广东省文物考古研究所等：《石峡遗址——1973～1978 年考古发掘报告》，文物出版社，2014 年。

对于水果和块茎的利用是一脉相承的。

从整个时代背景来看，史前时期的岭南没有理由不和全世界其他地区一样存在对于含酒精发酵饮料的发现和发明。这里既有酿酒的动机，也具备非常充足的资源禀赋条件。考古发现、文献记载和民族学材料的类比，都证明这是一个合理的推断。

二　岭南地区史前时期的陶质酒器

上文对于史前时期岭南地区存在酿酒活动的猜测，在考古材料中可以发现相应的线索或者说证据，其中最主要的是陶器。人类早期酿酒所使用的容器可能包括多种材质，例如竹木、葫芦、南瓜、动物皮革、动物胃袋、陶器和石器等，但有机质的器具很难保存下来，石容器数量很少，今天能够看到的遗物，主要还是陶器。那么，我们可以根据考古学和民族学的现有研究成果，从考古发现中去辨认具有类似功能的器物。

研究史前时期的酿酒，最有意义的是以谷芽酒为代表的发酵粮食酒，在中国传统酒类划分中被称为"黄酒"，是最主要的一类。在此之前应该有果酒，但一直不甚发达。而且从酿造工艺原理来说，二者有相似之处，都是糖化、酒化，故而发酵使用的容器也很接近。从功能角度来看，酒器应该包括三个不同的阶段，即酿酒器、贮酒器和饮酒器，其中最重要的是酿酒器。

最常见的酿酒器是小口鼓腹圜底或尖底的陶容器。小口可以减少蒸发，便于密封，防止酸败；鼓腹可以增加容量；圜底或尖底便于沉淀渣滓。全世界的原始酿酒容器大多是这种形制。在古代埃及的壁画和两河流域苏美尔印章上可以看到使用小口尖底瓶饮酒的场景，泥版文字中则有谷物（大麦和小麦）酿造谷芽酒的记载，这个年代早于距今 6000 年。非洲数千年来都有使用陶器酿造和饮用谷芽酒的传统，所用陶器多是大型鼓腹圜底罐，在距今 5000 年的撒哈拉岩画上还能观察到这种情况 [1]。

刘莉认为中国早期陶器的主要功能就是煮粥或酿酒，其中特别是小口鼓腹

---

[1] McGovern, Patrick E., *Uncorking the Past: The Quest for Wine, Beer, and Other Alcoholic Beverages.* Berkeley and Los Angeles: University of California Press, 2009.

圜底罐或尖底瓶，主要是酿酒器，兼具贮酒和饮酒的功能。她系统梳理了黄河流域和长江流域新石器时代早中期文化主要遗址出土的小口鼓腹陶壶，认为它们可能都是酒器。这些遗址包括大地湾、白家村、磁山、贾湖、后李、彭头山、上山、小黄山、跨湖桥等，年代距今 9000~7000 年 [1]。刘莉的研究未包括岭南地区，事实上岭南地区的史前文化中也大量包含这类陶器，下文我们会进行梳理。

在所有这类陶器中，最具有代表性、研究也最为深入的是仰韶文化的小口尖底瓶。刘莉团队测试了多个遗址的出土标本，证明这是一种用来酿造和饮用谷芽酒的容器，与埃及和两河流域的同类陶器具有同样的功能 [2]。

当然，随着酿酒工艺的发展，陶质酿酒器不限于小口鼓腹圜底罐或小口尖底瓶。酿造学家包启安提出，从仰韶文化到大汶口文化和良渚文化时期，酿酒器逐渐由小口尖底瓶变成大口尖底瓮，不仅说明制酒量在增大，而且说明了酿酒技术的进步，即由谷芽酒向曲酒转化，大汶口时期蒸饭曲酒的出现是酿酒史上的一大进步，同时期的陶鬶和陶盉是温酒器，高柄杯是一种典型的饮酒器 [3]。

张小帆曾经系统梳理过崧泽文化的酒器。他根据酿酒的基本流程和酒器的基本功能，将崧泽文化陶质酒器归为三类。第一类是酿酒器，即酿酒所用器具，包括甗甑类、盆匜类、大口尊类和滤酒器等；第二类是贮酒器，用于贮存过滤后的酒，主要为罐瓮类；第三类是宴享酒器，用于祭祀或宴享活动的酒具，包括鬶类、盉类、壶类、杯类、异形酒器等 [4]。类似器物在岭南新石器晚期遗址中也多有发现。

龙山时期已经有了比较成熟的系列酒器，并存在酒礼，酒礼构成了中国古代礼制的核心内容之一，代表了文明的初现。岭南新石器时代走向文明化的过程

[1] 刘莉：《早期陶器、煮粥、酿酒与社会复杂化的发展》，《中原文物》2017 年第 2 期，第 24~34 页。

[2] 相关论文如：a. 刘莉、王佳静等：《仰韶文化的谷芽酒：解密杨官寨遗址的陶器功能》，《农业考古》2017 年第 6 期，第 26~32 页。b. 刘莉、王佳静等：《仰韶文化大房子与宴饮传统：河南偃师灰嘴遗址 F1 地面和陶器残留物分析》，《中原文物》2018 年第 1 期，第 32~43 页。c. 刘莉、王佳静等：《陕西蓝田新街遗址仰韶文化晚期陶器残留物分析：酿造谷芽酒的新证据》，《农业考古》2018 年第 1 期，第 7~15 页。d. 刘莉等：《黄河中游新石器时代滤酒陶壶分析》，《中原文物》2019 年第 6 期，第 55~61 页。

[3] 包启安的相关论文如：a.《史前文化时期的酿酒之一：酒的起源》，《酿酒科技》2005 年第 1 期，第 78~82 页。b.《史前文化时期的酿酒之二：谷芽酒的酿造及演进》，《酿酒科技》2005 年第 7 期，第 88~93 页。c.《史前文化时期的酿酒之三：曲酒的诞生与酿酒技术进步》，《酿酒科技》2005 年第 10 期，第 94~97 页。

[4] 张小帆：《崧泽文化陶质酒器初探》，《考古》2017 年第 12 期，第 69~81 页。

并不明显，也没有出现类似龙山文化那样的系列酒器和酒礼。

除了考古资料之外，有不少民族学资料也可供借鉴。多位学者对于南方民族地区的酒文化进行过专题调查，从中可以观察到酿酒陶器的一般形态。李仰松对于云南佤族制陶做过细致调查，发现佤族陶器绝大部分为小口鼓腹圜底罐，兼具炊器和酒器的功能；有少部分尖底罐，小口细颈，其形状与仰韶文化的小口尖底瓶有类似之处，一般是酒器，用来泡制水酒[1]。以上陶器的形状，多是由功能决定的，同时与制陶技术也有一定关系。四川岷江河谷的羌族制作"咂酒"，发酵阶段是使用一人高的大肚坛子，酿好之后开坛，再倒入小型的"装水坛子"中饮用[2]。越南西原少数民族流行酿制"咂酒"，所使用的酿酒容器也是小口大肚的坛或瓮之类[3]。其实发酵酿制米酒的陶器，基本形态古今变化不大，今天民间的酿酒容器大多仍然是这种小口鼓腹坛罐之类。

由此，我们可以从岭南地区史前遗址出土陶器中辨认类似的器物。总体来看，岭南地区新石器最早期的陶器，如玉蟾岩陶器和甑皮岩第一期陶器，火候很低，吸水率过高，粗糙易碎，其功能应该是用于炊煮，或者如刘莉所言用于煮粥[4]，或者如甑皮岩的发掘者认为的用于煮食螺蛳[5]，不可能用于酿酒。而且这一时期的陶器基本上都是很大的敞口，和酿酒所需要的小口鼓腹形态完全不同。真正出现适用于酿酒的陶器是在甑皮岩第二期，这个时期出现了敞口、束颈、溜肩、鼓腹、圜底的釜罐类陶器，器形较大，厚薄均匀，陶胎致密。以 DT4㉘：052 为例，开口不大，颈部紧束，溜肩，鼓腹，尖圜底，其造型相当接近埃及、两河流域和仰韶文化中小口尖底瓶的形态，与黄河流域和长江流域新石器时代早中期普遍出现的酿酒用小口鼓腹壶相当一致[6]，和贾湖遗址出土的很多酿

[1]　李仰松：《从瓦族制陶探讨古代陶器制作上的几个问题》，《考古》1959 年第 5 期，第 250～254 页。

[2]　马宁：《羌族咂酒的制作、使用及其功能解析》，《西北民族大学学报（哲学社会科学版）》2003 年第 5 期，第 37～40 页。

[3]　覃肖华：《浅析越南西原少数民族的咂酒文化》，《吉林广播电视大学学报》2014 年第 5 期，第 96～97 页。

[4]　刘莉：《早期陶器、煮粥、酿酒与社会复杂化的发展》，《中原文物》2017 年第 2 期，第 24～34 页。

[5]　中国社会科学院考古研究所等：《桂林甑皮岩》，文物出版社，2003 年，第 452 页。

[6]　中国社会科学院考古研究所等：《桂林甑皮岩》，文物出版社，2003 年，第 455 页。

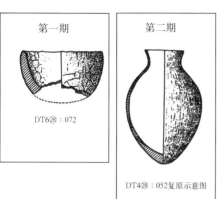
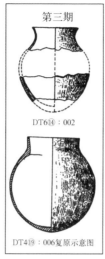
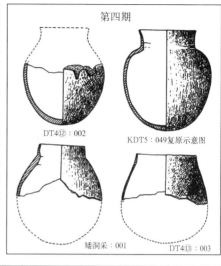
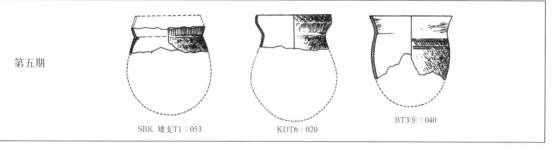

图3-1　桂林甑皮岩遗址的陶质酒器

（采自中国社会科学院考古研究所等《桂林甑皮岩》，文物出版社，2003年，第455页。按：第一期陶釜当非酒器）

酒用罐形陶壶形制也非常相似[1]。甑皮岩第二期这类陶器束颈较紧，不适宜炊煮，如要贮水似乎也无做成如此复杂结构的必要，很有可能也是酿酒器，其年代为距今 10000～9000 年，恰是以贾湖遗址为代表的北方地区进行酿酒活动的那个时期。自甑皮岩第二期到第五期，也就是从距今 10000～7000 年，小口束颈圜底罐的数量越来越多，火候越来越高。这类陶器可能具有炊煮、贮存等多种功能，但酿造发酵类酒精饮料应该是其中比较常用的一项（图 3-1）。前述甑皮岩遗址的植物遗存研究也说明，甑皮岩人曾经利用过可以酿酒的资源，包括大量的果实。

---

　　[1]　河南省文物考古研究院、中国科学技术大学科技史与科技考古系编著：《舞阳贾湖（二）》，科学出版社，2015 年，第 133～194 页。

如果推测甑皮岩人的酿酒类型的话，他们最有可能酿造的是果酒，这也是最原始的酒类类型。

岭南地区新石器时代中期遗址陶器资料较为丰富的还有广西邕宁顶蛳山。该遗址的史前遗存可以分为 4 期，年代为距今 10000～6000 年。这 4 个时期均出土有陶器，以圜底罐和釜为主，另外还有高领罐、圈足器等。与酿酒活动关系最为密切的是距今 6000 年前后第四期的陶器。第四期不但出土了束颈溜肩圜底罐，而且特别重要的是出土了一定数量的束颈双耳鼓腹圈足陶壶。这种陶壶在黄河流域和长江流域新石器时代中晚期遗址中多有发现，在裴李岗文化、仰韶文化、大汶口文化、崧泽文化、龙山文化和良渚文化中都可以见到类似器形，一般认为这是一种盛酒器[1]。壶在中国酒礼中具有核心地位，在青铜时代酒器群中地位也十分尊崇。顶蛳山文化的陶壶，可能兼具酿酒和盛酒之用，同时也可能是一种水器。顶蛳山遗址第四期还出土了两件陶杯，令人瞩目（图 3-2）。陶杯为泥质红陶，敞口，斜直壁，底附小圈足，器表装饰刻划纹，口径 9 厘米，高 7.6 厘米。陶杯可以饮水，也可以饮酒，但一般来说，杯的出现与饮酒当有更密切的关系。因为人的饮水量比较大，钵盂之类比较合适，而实际上钵盂的出现也比杯要早得多。而酒有度数，一次性饮下的量比水要少得多，容量较小的陶杯的出现，很可能与饮用酒精类饮料有关。顶蛳山第四期的小口束颈圜底罐、鼓腹壶和陶杯，实际上构成了一套酒器系统，分别代表了酿酒、盛酒和饮酒三个阶段。更为重要的

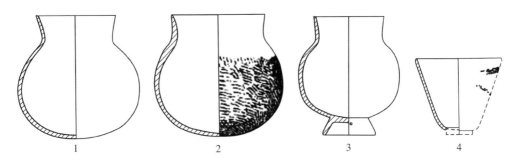

图3-2　顶蛳山遗址出土陶罐、陶壶和陶杯

1.高领罐　2.圜底罐　3.陶壶　4.陶杯　（采自中国社会科学院考古研究所等：《广西邕宁顶蛳山遗址的发掘》，《考古》1998 年第 11 期。图 1～3 为示意图。白丽群绘制）

---

[1]　张小帆：《崧泽文化陶质酒器初探》，《考古》2017 年第 12 期，第 69～81 页。

是，顶蛳山第四期发现了数量可观的稻谷植硅石，而且基本上确定是人工栽培稻[1]。这个阶段酿造的酒类，很可能是类似贾湖那样以稻米为主、辅以其他原料的谷芽酒。顶蛳山第四期成套酒器的出现，与稻作的发展有必然的联系，这是岭南新石器时代真正的开端，如果我们把农业的出现作为新石器时代的标志的话。下文我们还会对此加以讨论。

岭南地区新石器时代晚期的代表性遗址是广东曲江石峡[2]。文化堆积分为四期，第二期被称之为石峡文化[3]。第三期属于商代，第四期已经进入周代。遗址最早期地层中明确存在酒器，第二期石峡文化的陶器已经形成了成熟的酒器群。第一期的年代为距今 6000～5500 年左右，陶器比较残碎，器类较大，与酒有关的最重要陶器是出土了较大数量的白陶杯，另外还有敞口束颈圜底釜、深腹罐、袋足器等。另外还有镂孔圈足盘、豆盘等盛食器。白陶制作的镂孔圈足盘和白陶杯最有特色，应该分别是食器和酒器的代表，制作精细，等级较高，很有礼仪色彩。第二期的年代为距今四五千年，遗存非常丰富，出土了大量的陶壶和壶形罐，是典型的盛酒器，其他相关酒器包括各类圜底罐、瓮、鬶等，也有不少高柄陶杯和陶盉，还有陶觯形器，构成了较为完整的酒器群（图 3-3）。以鼎、簋、豆、盘为代表的炊器和食器发达，琮、璧、钺等玉器较多。这些器物大多出于墓葬，类似龙山文化以饮食器物群和良渚文化一系列玉器所体现出的葬礼意义，酒礼是其中的重要组成部分。这一阶段还出土了较多稻谷遗存，表明这是一支农业文化。这个时期的酒和龙山文化一样，应该是以稻米为主要原料的谷芽酒。

总结以上岭南新石器时代三个阶段的酿酒陶器遗存可以得出以下结论。在万年左右的新石器时代早期，已经存在以束颈鼓腹圜底罐为代表的酿酒陶器，酿制的可能主要是果酒，有些地方也使用野生稻米酿酒；新石器时代中期，随着长江流域稻作农业的传入，谷芽酒酿制技术发达起来，出现了成套的陶质酒器，包括圜底罐、壶和杯；新石器时代晚期，已经产生了多样化的陶质酒器群，酿制和饮用稻米为主的谷芽酒，可能存在酒礼，构成了龙山时代礼制系统的一个重要组成部分。

[1]　赵志军、吕烈丹、傅宪国：《广西邕宁顶蛳山遗址出土植硅石的分析与研究》，《考古》2005 年第 11 期，第 76～84 页。

[2]　广东省文物考古研究所等：《石峡遗址——1973～1978 年考古发掘报告》，文物出版社，2014 年。

[3]　苏秉琦：《石峡文化初论》，《文物》1978 年第 7 期，第 16～22 页。

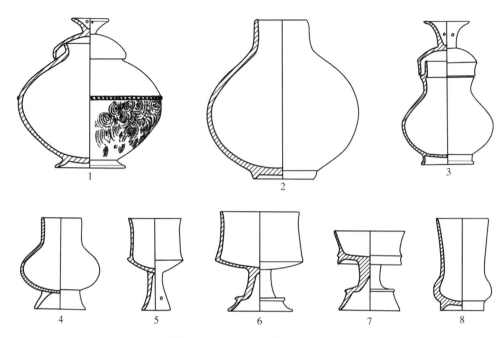

图3-3　石峡文化的陶质酒器

1.罐　2.瓮　3、4.壶　5~7.杯　8.斝　（采自广东省文物考古研究所等：《石峡遗址——1973~1978年考古发掘报告》，文物出版社，2014年）

三　岭南地区史前时期的酿酒与农业起源的关系

　　岭南地区的新石器时代有其特殊之处。按照考古学的传统认识，出现了陶器和磨制石器，就可以算作新石器时代的开端，当前中国考古界对新石器时代的认定，基本上就是按照这个标准。但随着考古研究的新进展，发现岭南地区陶器出现的时间实在太早了，湖南道县玉蟾岩的陶器甚至早到了距今18500~17500年，属于更新世末期[1]。随着东亚以及世界其他地区类似发现的增多，学术界事实上已经改变了新石器时代的认定标准，现在一般把农业的出现作为新石器时代出现的标志，按照西方学术界的说法，所谓"新石器时代"，也就是农业发生并初步发展的时代[2]。如此，对于岭南新石器时代的认定就有了争论。多数学者还

---

　　[1]　吴小红：《中国南方早期陶器的年代以及新石器时代标志的问题》，《考古学研究（九）》，文物出版社，2012年，第49~68页。

　　[2]　余西云、李俊：《欧亚大陆新石器化研究动态》，《考古》2011年第4期，第87~96页。

是坚持原来的观点，认为岭南新石器时代始于距今 12000 年全新世开始之时。有
些学者认为，岭南地区新石器时代在距今 6000 年左右才开始[1]。理由是，在此之
前岭南地区属于渔猎采集经济，农业并未真正出现，岭南地区的稻作农业实际
上是在距今 6000 年前后从长江流域传播来的。广西资源晓锦、石峡文化以及
更晚期的桂南大石铲文化，其稻作都来自长江流域的传播[2]。甚至顶蛳山遗址的
发掘者和植物考古研究者也认为，第四期的水稻植硅石体现出的稻作可能来自
长江流域[3]。

　　也有相当多的学者认为距今 6000 年前岭南地区是存在以稻作为代表的本土
农业经济的。覃乃昌从语言学、民族学和考古学等各个方面考证，壮族地区的
稻作文化已经有 9000 年以上的历史[4]。1993 年和 1995 年两次在湖南道县玉蟾岩
遗址发掘出土的稻粒遗存，经过鉴定认为是古栽培稻，距今在 10000 年之前[5]。
1996 年在广东英德牛栏洞遗址的发掘发现了一批水稻植硅石，非籼非粳，处于
驯化稻的原始状态，年代为距今 12000～8000 年，牛栏洞被认为是岭南稻作文化
的起源地[6]。中国科学院上海生命科学院植物生理生态研究所做了水稻基因组测
序，结果发现广西左右江一带的普通野生稻与现代栽培稻有亲缘关系，这里当是
东亚粳稻的发源地[7]。除了以上关于水稻的研究之外，还有学者认为在新石器时
代早中期，岭南还存在园艺栽培，主要品种是块根茎植物和水果[8]。

　　当然，在距今 6000 年之后，稻作农业在岭南地区兴起之后，酿酒活动随之
发展没有疑问。前面我们在考察石峡文化时候明显看到了这一点，酒器、酒礼

　　[1]　类似观点见：a. 陈胜前：《史前的现代化：中国农业起源过程的文化生态考察》，科学出版社，
2013 年。b. 刘莉、陈星灿：《中国考古学——旧石器时代晚期到早期青铜时代》，生活·读书·新知三联
书店，2017 年。

　　[2]　张弛、洪晓纯：《华南和西南地区农业出现的时间及相关问题》，《南方文物》2009 年第 3 期，
第 64～71 页。

　　[3]　赵志军、吕烈丹、傅宪国：《广西邕宁顶蛳山遗址出土植硅石的分析与研究》，《考古》2005 年
第 11 期，第 76～84 页。

　　[4]　覃乃昌：《壮族稻作农业史》，广西民族出版社，1997 年。

　　[5]　张文绪、袁家荣：《湖南道县玉蟾岩古栽培稻的初步研究》，《作物学报》1998 年第 4 期，第
416～420 页。

　　[6]　广东省珠江文化研究会岭南考古研究专业委员会等：《英德牛栏洞遗址——稻作起源与环境综合
研究》，科学出版社，2013 年。

　　[7]　Huang X，etc. A map of rice genome variation reveals the origin of cultivated rice and domestication-
associated genes. *Nature*. 2012，490：497-502.

　　[8]　童恩正：《中国南方农业的起源及其特征》，《农业考古》1989 年第 2 期，第 57～71 页。

都已经达到成熟的阶段。以我们今天对黄酒酿制的认识，必须以稻、黍为主要原料，酿酒活动与农业有关是天经地义的。传统观点也认为酿酒是农业经济发展的结果，粮食有了剩余，才开始酿酒[1]。古人也是这样的认识，如《淮南子·说林训》记载，"清盎之美，始于耒耜"，认为酿酒的出现，产生于农业生产活动。但实际上这是农业社会的一种成见，酿酒与农业之间并没有必然的联系，酿酒活动并不完全依赖农业，依靠野生自然资源也完全可以酿酒，酿酒行为应该产生于农业之前，农业经济给酿酒带来的只是质和量的提高。

那么如何认识距今 6000 年之前岭南地区存在的"原始农业"，也就是所谓的稻作起源？将玉蟾岩和牛栏洞这类"古栽培稻"作为岭南稻作的源头，可能并不符合历史的事实。实际上，玉蟾岩和牛栏洞的稻谷，很有可能仍然是野生稻，只是代表了古人类对野生资源的采集利用。这种利用有多种可能。据吕烈丹的研究，在长江流域和岭南地区的新石器时代早、中期文化中，人类对稻亚科植物的利用至少包括二个方面：第一是将种子作为食物，长江流域的居民可能有这种行为，但仍然需要更多的资料证实；第二是将稻壳或稻秆作为日常用品的原料，如浙江上山史前居民将稻壳用作陶器的羼和料，当然也不排除还有其他用途；第三是作为燃料，岭南地区距今 12000～10000 年的史前居民以及现代岭南地区的稻作农民均有这种行为[2]。

吕烈丹基本否认新石器时代早中期遗址中发现的水稻遗存是人类种植的结果，也不认为它们是人类的食物。其主要理由是采集野生稻的回报率很低，比起其他食物来源并不合算，而且提供的热量十分有限。她的推断建立在实验的基础上，有一定的合理性，但她关于岭南早期稻作用途的观点还可以进一步补充。

岭南地区新石器早中期的水稻，其茎秆用作燃料是很有可能的，但除此之外，采集稻米用作酿酒也存在很大的可能。虽然采集野生稻米作为饭食并不合算，但如果用作酿造发酵饮料或者说酿酒原料就是合算的了。相对于酒类提供的各种重要收益，比如酒醉愉悦、群饮社交和宗教礼仪等，采集劳动的付出是十分值得的。而且，稻米可能并非唯一的酿酒原料，根据麦戈文团队对贾湖、两城镇和刘莉团队对仰韶文化遗物的研究我们知道，稻米、蜂蜜、果实、块茎等多种植

---

[1] 李仰松：《对我国酿酒起源的探讨》，《考古》1962 年第 1 期，第 41～44 页。
[2] 吕烈丹：《稻作与史前文化演变》，科学出版社，2013 年，第 104～106 页。

物都可以放入其中，从而弥补稻米数量的不足。当代南方少数民族地区酿酒也是如此，放入的原料有时达十几种之多。当然，稻米应该是一种核心原料，因为在各种原料之中，除了水果之外，稻米的糖化、酒化率最高，很难替代。

推断这个时期的稻米用于酿酒，还有其他佐证。我们前面已经考察过岭南新石器时代早中期遗址中可能存在的陶质酒器，甑皮岩第二期的小口鼓腹壶以及之后的各类圜底罐与北方地区的酒器十分相似，虽然玉蟾岩、牛栏洞陶器遗存较少，没有发现同类器，但这些遗址的年代、纬度、环境条件、自然资源都高度一致，很可能具有相同的经济形态和生活方式。顶蛳山文化明显存在酒器，而且已经形成系列，顶蛳山早期如果也存在水稻利用的话，用于酿酒应该是一个很有可能的选择。

从世界范围来看，在新石器时代早中期，酿制发酵饮料已经是一种比较普遍的行为，在中国岭南地区，应该也是如此。酿酒可以使用的原料很多，稻米只是其中的一种，也并不是必不可少的一种。但是，如果稻米一旦用于酿酒，可能人们立刻就会发现其糖化、酒化率较高的优势，给予其关注，从而引发强化利用。这种利用，包括资源管理（source management）、低水平食物生产（low level food production）和栽培活动，从而导致植物驯化。世界上不少植物的驯化，都有酿酒的功劳。一个很有名的例子是玉米的起源，就与酿酒的需求有关。在公元前 2200 年左右的厄瓜多尔海岸拉埃莫伦西那（La Emerenciana）遗址，发现有玉米的植硅石，用途是用来酿造玉米酒，也就是"吉开酒（chicha）"，这时候正是玉米起源的时期，还没有被人类用作主食的价值[1]。岭南早期的"稻作起源"可能部分受到了酿酒活动的推动，从而古人在众多自然资源中挑选了野生稻加以强化利用甚至重点培育，使稻米在众多可食用植物中脱颖而出。但酿酒的推动力可能仍然十分有限，不像长江流域那样，有人口压力或资源压力那样的核心驱动力，能够推动社会形态向农业社会转化。

此处所述酿酒对于资源的选择压力推动了稻作的起源，作用机制与"竞争宴享理论（the competitive feasting theory）"有类似之处。20 世纪 90 年代初，加拿大考古学家海登（Brain D. Hayden）提出该理论，认为农业可能起源于资源丰

[1]　Peter Bellwood. *First farmers: the origins of agricultural societies*. Oxford: Blackwell, 2005, pp.283–285.

富且供应较为可靠的地区，社会结构因为经济富裕而相对比较复杂，于是一些首
领人物开始利用劳力的控制来驯养主要用于宴享的物种，这些物种或是美食或可
酿酒，在这个过程中农业逐渐发生[1]。陈淳根据这个理论分析中国新石器时代早
中期的稻作考古遗存，认为中国早期稻作的起源可能与宴享有关，早期稻米的利
用是出于制作美酒佳肴的需要[2]。马利清等认为贾湖遗址就是如此，贾湖遗址的
稻作农业并不发达，先民主要依靠植物根块、坚果、豆类和大量的鱼来果腹，而
用采集来的水果、蜂蜜、谷粒和种植少量稻米酿酒来满足精神享受[3]。如此解释
岭南地区早期稻作遗存也有合理之处，可能正是在富裕狩猎采集经济条件下宴享
的需要促进了稻作和园艺业的发展。但应该看到的是，粮食并不是酿酒的必备条
件，多种植物资源都可以提供酿酒原料，也并不必然经由农耕去获得，采集和干
预也可获得相应资源，故而酿酒活动对农业的推动力十分有限。宴享可以推动农
业的萌芽，但能否从萌芽走向发展，还存在很多变数。

　　从岭南地区的情况来看，新石器时代早期的所谓"农业起源"都十分微弱，
未能发展起来，而这可能是史前时期大多数"农业起源"现象的归宿。新石器
时代晚期岭南地区的稻作与早中期的农业萌芽并没有什么联系，前者应该是来自
长江流域。长江流域稻作农业文化和人群的入侵也带来了酒器和酒礼，而这个酒
文化与岭南新石器早中期的酒文化也没有太多联系，石峡遗址第一期（前石峡文
化）和第二期（石峡文化）的本质区别就说明了这一点。酿酒本来就是史前时期
普遍存在的现象，并不需要文化传播论来解释。

四　小结

　　出于人类体质的自然进化选择，以及社会文化压力，酒精性发酵饮料几乎
属于人类食谱中的必须品。在民族学材料中我们也可以看到，即使面对可能到来
的饥馑，人们仍然用有限的粮食去酿酒。人类对酒的需要，在现代社会有极端的

---

　　[1]　Brain E. Hayden B. *Models of Domestication*. A. B. Gebauer, et al. Transition to Agriculture in
Prehistory. Monographs in World Archaeology, No.4. Madson: Prehistory Press, 1992: 11-19.

　　[2]　陈淳：《稻作、旱地农业与中华远古文明发展轨迹》，《农业考古》1993 年第 3 期，第
51～53 页。

　　[3]　马利清、杨维娟：《从考古发现看中国古酒的起源及其与农业的关系》，《文博》2012 年第 4 期，
第 18～22 页。

表现，这种现象的根源根植于历史深处。正是因为发酵饮料是饮食活动的组成部分，是一种难以避免的日常行为，对工具、原料、环境的要求不苛刻，工艺也并不复杂，所以它具有普遍性，在全世界各个地区、各个民族，都广泛存在。在人类历史的早期阶段，酒的普及程度可能远远超过我们今天的认知。对此认识不足的主要原因在于酒精的特质，这是一种挥发性物质，很难直接留下物证。而且酿酒饮酒作为食物体系的一部分，往往和其他饮食活动混杂在一起，难以分辨。

中国考古界当前对于史前时期酒文化的研究，在中国北方地区取得了明显的进展，但在南方地区尚未开展类似的工作。通过本节的论述我们可以知道，在史前的岭南地区，同样普遍存在酿酒饮酒活动，发达程度并不亚于北方。新石器时代早中期陶质酒器的存在，证明了这一点。而且这种酿酒活动的发生，早在稻作农业兴起之前，二者的经济基础完全不同，这是与当前北方地区的研究成果不一样的地方。贾湖、两城镇和仰韶文化诸遗址酒遗存的研究，都与稻、黍农业的发展有关，而岭南地区早期的酒遗存，可能更多建立在采集经济基础之上。岭南早期的"稻作起源"现象，应该与酿酒活动有一定关系。酿酒的需要促进了人们对稻的利用，从而萌发出水稻驯化的现象。但这种需要对于稻作起源的推动力是十分有限的，并不足以催生成熟的稻作农业体系。随着文化的演进，岭南早期微弱的"农业起源"迹象，逐渐消失在历史的长河中。

第二节　岭南地区新石器化的进程
——基于石斧、石锛的考察

前文多次讨论过新石器化（Neolithization）的概念，这是西方考古学界常用的一个术语，指的是从旧石器时代生活方式向新石器时代生活方式的转变，核心内容是农业的起源和传播[1]。我们考察岭南地区的新石器化（Neolithization）进程，主要是寻找史前文化变化的过程和动因，这方面有很多角度可以有效地切入。在多种研究对象之中，基本器物的变化其实是一个很切实的途径，但这一点反而长期为人们所忽略。例如，新石器时代最重要的标志之一——磨制石器，对其起源、发展、种类、功能的研究，就远不如像对待陶器那样火热。实际上，观

---

[1]　余西云、李俊：《欧亚大陆新石器化研究动态》，《考古》2011 年第 4 期，第 87～96 页。

察磨制石器的面貌和发展变化，同样可以得到关于文化演变的一些重要结论。本节拟从磨制石器中的核心器类——石斧和石锛入手，来探讨岭南地区新石器文化演变的特点、阶段和动因。

一　史前石斧、石锛的研究史

《中国大百科全书·考古学》中对于石斧和石锛的解释如下：

是磨制石器的一类，属于砍伐工具，主要用于加工木材。石斧斧身一般作长方形，厚薄不等，主要特征是两面刃。还有3种特殊形式，即有孔石斧、有肩石斧和有段石斧，前者是青铜钺的前身，后两者是具有华南地区特征的遗物。石锛与石斧相似，不过刃部为单面刃。另外还有石凿，器身狭长，具有单面刃或双面刃。这些器物都安装木柄使用，今天的金属工具仍然保持其基本形态[1]。

张宏彦在《中国考古学十八讲》一书中也将石斧和石锛归入木材加工工具类，并做了具体说明。石斧的主要功用是劈砍，是砍伐树木和加工木材的工具。石斧多用长条形砾石或大石片打磨而成，形体作窄而厚的纵长方形或梯形，具双面刃。早期石斧多仅磨刃部，中、晚期多通体磨光。黄河中游仰韶文化石器多流行横断面呈椭圆形的石斧，龙山时期斧体变得稍小而薄，有的斧身中部穿有一孔。华南的广东西樵山、广西隆安大龙潭、福建昙石山和台湾岛圆山等遗址则发现有一定数量的有肩石斧。根据河南临汝阎村陶缸上的"鹳鱼石斧图"和江苏溧阳发现的带有木柄的石斧、石锛资料，可知石斧的安柄法有捆扎法和榫接法。石锛是木材加工工具，主要用于枋木和板材的粗加工。石锛多用砾石或石片加工而成，形体为窄长方形或梯形，单面刃。新石器时代黄河流域主要流行梯形石锛，多通体磨光；长江流域及华南则流行有段石锛。不同形态的石锛可能装柄方法有所不同，山东莒县陵阳河大汶口文化陶器上发现的似曲尺形柄锛形器刻划符号，标明了装柄方法，据此推测，有段石锛可能是利用曲尺形树枝为柄，将石锛捆扎上去的[2]。

以上叙述，说明了石锛和石斧之间的区别和联系。两者的主要区别在于磨

---

[1]　中国大百科全书编委会：《中国大百科全书·考古学》，中国大百科全书出版社，1986年，第475页。

[2]　张宏彦：《中国考古学十八讲》，陕西人民出版社，2008年，第364～365页。

刃方式的不同——石锛是单面磨刃，石斧是双面磨刃。还有一个重要区别是装柄方式的不同——石斧装柄，刃部和木柄是平行的，而石锛装柄，刃部和木柄是垂直的。装柄的这个区别在后世很清楚，但史前时期是否也存在这个区别，有一定疑问。在良渚文化发现的 30 件带柄石斧和石锛中，不仅发现柄与刃缘垂直的带柄石锛，还发现有些石锛像斧、凿和刨那样装柄，刃缘与柄平行[1]。

石锛和石斧有着密不可分的关系。首先，二者都是木工工具，被归入砍伐类器具，只不过石斧主要的功能是劈砍，石锛除了劈砍，还有"平木"即修整平面的功能，当然，这个功能石斧也可以部分承担，特别是对木板的水平度要求没有那么严格的情况下。新石器时代早期的石斧和石锛，装柄方式到底有没有区别，已经很难完全复原，但刃部的形态是很清楚的。我们观察考古出土早期阶段的石锛和石斧，大多数情况下，双面磨刃和单面磨刃并没有非常严格的区分。很多所谓"石锛"，虽然主要磨一面，但另外一面也有打磨的痕迹。而很多"石斧"，虽然两面都磨刃，但两面的磨制程度往往有很大的区别，一侧磨制程度较高，而另一侧较低。时段越早，这两类器物的区别越不明显，单面磨刃的现象越突出。这说明一个问题——石斧和石锛，最早出现的应该是石锛，石斧是在石锛的基础上逐渐发展起来的。之所以磨制石器最早的时候单面磨刃比较发达，可能出于两个原因。其一，因为磨制技术落后，单面磨刃比双面均衡磨刃更容易做到。第二，单面磨刃的石器，砍伐树木的功效可能比双面磨刃石器更高，而且具有更好的"平木"功能。

国内外学术界对于石斧和石锛开展了一定的研究。黄建秋介绍了 20 世纪前期前苏联和日本学者主要基于民族学调查对于石斧和石锛的研究成果，对考古阐释很有参考价值。民族学调查表明，作为利器的石斧、石锛功用是多元化的，不仅是生产工具和社会用具，而且还被当作炫耀、祭祀和彩礼用具。新几内亚东北部的 KuKuKuKu 族人使用石斧和石锛清理杂树，开垦土地，加工建筑用的木材，劈柴，制作弓箭、棍棒、斧柄以及盘子等木制品和竹刀等。北美西北海岸土著印第安人不仅用石锛砍树，还用石斧屠宰动物。新几内亚高地的土著人使用石斧和石锛劈斫关节以肢解生猪。新几内亚东部高原的 Hagan 山附近的土著不仅拥有用于生产的石斧，还拥有只在祭祀、仪式、战斗、访问邻部落和求爱等场合使用

---

[1]　赵晔：《良渚文化石器装柄技术研究》，《南方文物》2008 年第 3 期，第 28～34 页。

的"祭祀石斧"。这种石斧被用来炫耀、赠送或者占有,有助于提高主人的声望和威信,所以新几内亚东部高原的 Wiru 人喜欢制作大型石斧,如果觉得石斧不够大,会用大型木斧作为替代品,后者更容易制作。K.J.富兰克林在新几内亚南部高原的 Kewa 族中调查时发现,准新郎在求婚时,要给准新娘的亲属代表送彩礼,其中石斧占了几乎一半。石斧数量最多达到 60 把,一般也有 20~30 把,其中只有三四把是实用石斧,其余都是"祭祀石斧",所有彩礼被分给准新娘所在氏族的兄弟。Hagan 地区的 Wiru 人用石斧支付丧葬费和请巫师的费用,有的家庭把石斧作为和母方亲属交换的礼物。还有功能方面的研究。如微痕研究结果显示,石斧、石锛不仅用于伐木,而且被用于屠宰、揉皮;形态分析结果显示,部分石斧、石锛破损后被改制成小型石斧、石锛或石锄等继续使用;实验考古揭示石斧的功效是铁斧的四分之一;石斧、石锛的使用寿命差别很大,短的只有一年半,长的达到十七年 [1]。

　　国内有些学者对于石斧、石锛进行了研究。贺存定认为,早期的石斧、石锛形制和功能相近,界限不清,溯其源头,应为同宗演化而来,即新石器时代初期的石斧锛。这个时期,石斧和石锛尚未明确分野,刃部形态界限不明,也并未发展成为复合工具,为无柄手握工具,个体浑厚,普遍使用琢打相兼制作,进而琢磨,且多局部磨光,其功能尚未明确区分,主要为砍伐。此类石斧锛数量较多,延续时间长,分布较广,源头可溯至旧石器时代晚期。贺存定主要研究了石斧,他通过对石斧的形制、加工技术、器物组合和功能的分析,结合时空背景,试图建立其演化发展序列,结果显示大体经历了薄刃斧—斧锛形器—石斧锛—石斧的逐步分化过程,其演化关系并非单线对应,往往呈树状演化,在时代上存在交叉重叠,空间上存在交流传播 [2]。石斧的形态相对简单,石锛则独特性和复杂性较强,故而更易于成为考古类型学研究的对象。

　　中国考古界关于石锛的研究成果较多,很有学术传统。肖宇曾作《中国史前石锛研究述评》,全面回顾了对于中国史前石锛的认知历程,结合学术背景分析石锛研究的阶段性,从形态研究、概念运用和功能分析三方面对已有的认知结

[1] 黄建秋:《国外磨制石斧石锛研究述评》,《东南文化》2010 年第 2 期,第 113~117 页。

[2] 贺存定:《石斧溯源探析》,《农业考古》2014 年第 6 期,第 143~147 页。

果进行反思，并在此基础上对史前石锛研究提出了新思路[1]。

肖宇更有价值的文章是《史前石锛及其建筑意义考察》，该文全面考察了黄河流域、长江流域和岭南地区的史前石锛，得出了一些很重要的结论。石锛的装柄方式并不是只有刃缘和木柄垂直这一种，而是至少存在 4 种。第一种为横刃 L 形，石锛装置于柄端，且刃部与柄垂直，如溧阳洋渚遗址出土带柄石锛、萧山跨湖桥遗址出土锛柄。第二种为纵刃 L 形，石锛亦装置于柄端，但刃部与柄平行，即与石斧安柄形态一致，余姚南湖遗址多有发现。第三种为一字形，石锛装置于柄身顶部，锛形石器与柄呈一字形结合，余姚南湖遗址有所发现。第四种为 T 字形，石锛装置于柄身中央，石锛与柄呈 T 字形结合，余姚南湖遗址亦有发现。以上石锛装柄方式见图 3-4。

图3-4　史前石锛的四种装柄方式

1.洋渚遗址石锛　2.跨湖桥遗址石锛　3~6.南湖遗址石锛　（采自肖宇：《史前石锛及其建筑意义考察》，《中国国家博物馆馆刊》2020年第1期，第47页。肖宇供图）

以上四种不同的装柄方式实际上反映出这四类石锛具有不同的功能。横刃 L 形安柄的石锛，其使用方式大抵与木工用锛相仿，刃部在弧线运动中斫削木料，实现木料取平等精细加工。纵刃 L 形安柄的石锛，其使用方式应与单面斧类似。木工用斧可分为双面斧、单面斧，使用功能各有所长：双面斧刃部受力均匀，适合劈砍，而无法有效斫削；单面斧一侧刃部平直，工作角相对较小，适合斫削。纵刃 L 形安柄的石锛，其运动原理与单面斧类似。一字形安柄的石锛，形似大凿子，用于铲削平木，亦可凿孔，尤适合开挖、铲削卯眼。使用时一手握柄，一手扶按刃部，控制削切角度。T 字形安柄的石锛，形态类似于木工刨子。原始阶

_____

[1]　肖宇：《中国史前石锛研究述评》，《南方文物》2015 年第 2 期，第 113~120 页。

段的木工刨子只在刨刀两侧安置把手，双手持柄推削，成熟阶段则添加刨床，促使真正意义上的"平推刨"诞生。所以，在形态上被笼统称为"石锛"的石器，在功能上并非一种工具。具体而言，石锛的使用方式，依其形态特征的不同而异，分别类似锛、单面斧、刨子、凿或扁铲，主要用于诸如斫削、刨木、平木、刳木、开卯等精细木作行为。

该文还认为，史前石锛的建筑意义包括木作工具、木作技术和建筑形态三个方面。石锛并非一种单一工具，而是一套使用与功能各异的木作工具，主要用于精细木加工行为。石锛通过本体形态、安柄形态的变化，实现使用方式和使用功能的变化。木作技术的发展与石锛的形态演变互为表里，表现为木作技术的精细化与专门化，其主要动因在于人工建筑的建材加工诉求，这一点在南方地区特别普遍。史前石锛在地域分布上呈现出显著差异，自西北地区至东南地区，石锛的存在愈加普遍，形态愈加复杂，数量愈加多于石斧，这些差异源于东西、南北建筑形态及木作技术、木资源利用强度的区别[1]。

以上国内外研究成果，为我们认识岭南地区考古出土石斧、石锛的发展演化、技术特征、使用功能和社会意义提供了很好的启示。

二　岭南地区新石器时代石斧、石锛的考古发现

就岭南地区而言，史前石斧和石锛的资料，新石器时代早期和中期主要发现集中在岭南西部的广西，而新石器时代晚期的发现集中在岭南东部，如广西的顶蛳山遗址第四期、珠江三角洲的咸头岭文化等，新石器时代末期的主要考古资料则是粤北的石峡文化、珠江三角洲涌浪贝丘遗址等[2]。因为有些遗址延续较长，包括了多个时期，本文主要根据区域并大致依照年代的早晚来介绍岭南地区石斧、石锛的考古发现。目前所见资料主要分布在广西，故而介绍以广西为主。

（一）柳江流域

柳江流域和漓江流域一样，存在中国最早的新石器时代遗址，最著名的是

---

[1]　肖宇：《史前石锛及其建筑意义考察》，《中国国家博物馆馆刊》2020 年第 1 期，第 45～55 页。

[2]　中国社会科学院考古研究所编著的：《中国考古学·新石器时代卷》，中国社会科学出版社，2010 年，第 497 页。

柳州白莲洞，属于从旧石器时代向新石器时代过渡期遗址。白莲洞的堆积分为 5 个时期，第一期到第三期为旧石器时代遗存，绝对年代从距今 3.6 万～1.2 万年。这个时期的石器主要是砍砸器等砾石石器，没有出现石斧、石锛。第四期进入新石器时代，石器绝大多数仍然是砾石打制工具，但这个时候已经出现通体磨光的石制品，包括石斧和石锛。石斧只有 1 件，变质岩，实为一石斧毛坯，系利用一扁平的长条形砾石在其四边打制加工，使之成斧状，长 9.7、宽 5.2、厚 2.1 厘米，重 148 克。另外还有 1 件很小的石锛，《柳州白莲洞》报告称之为切割器，为辉绿岩，器身呈扁平的长方形，两侧长边有磨削的痕迹，由两边有磨槽来看，是对向磨削的，两端均有磨削的斜刃，通体磨光，长 5.8、宽 2.6、厚 0.6 厘米，重 14 克[1]（图 3-5）。这两件石斧和石锛都很小，但形态已经相对比较成熟，尤其是那件小型石锛。

和白莲洞基本同时的另外一个重要遗址是鲤鱼嘴岩厦，在一个小型湖泊大龙潭的旁边，距离白莲洞大约 7 千米。柳州当地考古工作者认为这两个遗址之间有密切关系，鲤鱼嘴人可能是从白莲洞那边迁徙过去的。鲤鱼嘴遗址文化堆积分为两层。下层以打制石器为主，仅有 1 件刃部磨光的石斧，年代为新石器时代早期。这件石斧是从砾石一侧单向打击磨光而成，单面刃，较窄且残，平刃，器身长，系由砍砸器改造而成，且更多具有锛的特征（图 3-6）。上层磨制石器增多，有斧和锛，斧 2 件，锛 3 件，都是砾石打制而成，刃部磨光，相当于新石器时代中期（图 3-7）。石器多是河滩砾石制作而成，有粗砂岩、细砂岩、火成岩、板岩，经济以狩猎采集为主[2]。

观察白莲洞和鲤鱼嘴新石器时代早期磨制石斧、石锛的发展，是由磨制刃部（从单面磨到双面磨），发展到通体磨光，即先在扁平砾石较薄一侧局部磨刃，发展到在粗制的石器上单面乃至双面磨制，最后发展为通体磨光。

柳江流域除了这两处著名遗址之外，在其他很多遗址中也发现有石斧和石锛。象州县南沙湾贝丘遗址，位于柳江台地，年代在距今 6500～5500 年之间，已经进入新石器时代晚期，石器以磨制为主，大部分通体磨光，器类包括斧、

[1]　广西柳州白莲洞洞穴科学博物馆编著，蒋远金主编：《柳州白莲洞》，科学出版社，2009 年，第 98～102 页。

[2]　柳州市博物馆、广西壮族自治区文物工作队：《柳州市大龙潭鲤鱼嘴新石器时代贝丘遗址》，《考古》1983 年第 9 期，第 769～774 页。

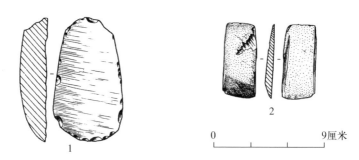

图3-5　柳州白莲洞第四期文化层出土新石器时代早期石斧、石锛

1.石斧　2.小石锛　（采自蒋远金主编：《柳州白莲洞》，科学出版社，2009年，第102页）

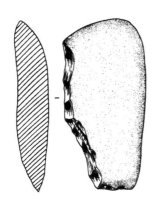

图3-6　柳州鲤鱼嘴遗址下文化层
出土新石器时代早期石斧

（采自柳州市博物馆、广西壮族自治区文物工作队：《柳
州市大龙潭鲤鱼嘴新石器时代贝丘遗址》，《考古》1983
年第9期，第771页）

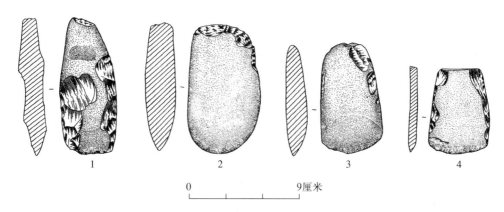

图3-7　柳州鲤鱼嘴遗址上文化层出土新石器时代中期石斧、石锛

1、2.石斧　3、4.石锛　（采自柳州市博物馆、广西壮族自治区文物工作队：《柳州市大龙潭鲤鱼嘴新石
器时代贝丘遗址》，《考古》1983年第9期，第771页）

锛、双肩石斧，以通体磨光的扁薄形小型斧、锛为主[1]。象州县娘娘村贝丘遗址，出土磨制石斧、石锛和夹砂陶片[2]。象州山猪笼遗址，出土磨刃石器6件，其中石斧3件，石锛3件。看形态，山猪笼遗址的石锛和石斧已经相对成熟，形体较小，应该属于新石器时代中晚期。柳江流域的台地遗址也发现不少石斧、石锛。柳州兰家村遗址，打制石器多，磨制石器少，主要是石斧、石锛，有双肩石器。柳州响水遗址，地表采集到一件双肩石斧，通体磨光，平肩平刃，还有长条形石斧2件，梯形石斧1件，石锛3件。柳州鹿谷岭遗址，出土磨制石斧23件，包括长条形、梯形、有肩石斧；出土石锛46件，有长条形、梯形、三角形[3]。这些台地遗址，大多数年代比贝丘遗址要晚得多，石斧和石锛比较复杂多样，磨制精细，基本上属于新石器时代晚期或末期。

（二）漓江流域

桂林甑皮岩洞穴遗址是漓江流域最重要的新石器时代遗址，经过多次发掘，每次都发现了磨制的石斧和石锛。2001年4～8月期间的发掘比较细致，堆积共划分为5个时期，发现的磨制石斧、石锛不是很多。在此之前甑皮岩的多次发掘，发现了不少石斧、石锛，但没有作时段划分，我们可以根据2001年的发掘和研究结果将它们归入相应时期。

从《桂林甑皮岩》考古报告[4]来看，2001年的出土品，第一期、第二期主要是石锤、砍砸器、切割器等，骨器有骨锥、骨铲等。第三期才开始出现锛形石器，板岩材质，系利用从砾石上打下的石片加工而成，近长方形，正面弧拱，背面保留天然砾石面，形状近似石锛之毛坯。刃缘有使用形成的崩疤。长9.5、宽5.4厘米，重120克（图3-8）。这个基本上靠打制而成的石锛，充分表明了其原始性，和甑皮岩第一期的陶釜一样，都属于新石器时代初现的标志性器物。直到第五期，才出现了磨制石锛1件，即标本BT3⑫：001，系青灰色粉砂岩，器体略呈梯形，横剖面近扁圆形，圆弧顶并留有部分未磨平的打击崩疤，正面及

[1]　广西壮族自治区文物工作队：《象州南沙湾贝丘遗址1999～2000年度发掘简报》，《广西考古文集》，文物出版社，2004年，第176～191页。

[2]　蒋廷瑜：《广西考古通论》，广西科学技术出版社，2012年，第98页。

[3]　中国社会科学院考古研究所广西工作队等：《1996年广西石器时代考古调查简报》，《考古》1997年第10期，第15～35页。

[4]　中国社会科学院考古研究所等：《桂林甑皮岩》，文物出版社，2003年，第194～237页。

图3-8　甑皮岩第三期出土锛形器DT4∶018

（采自中国社会科学院考古研究所等：《桂林甑皮岩》，文物出版社，2003年，图版二三，6）

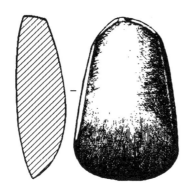

图3-9　甑皮岩第五期出土磨制石锛BT3⑫∶001

（采自中国社会科学院考古研究所等：《桂林甑皮岩》，文物出版社，2003年，图九九，1；图版三三，4）

背面均呈弧背形，凸弧刃，锋利，没有使用痕迹。长10.1、宽6.5、厚3.1厘米，重280克（图3-9）。甑皮岩第五期的年代已经到了距今8000～7000年，属于新石器时代中晚期，石锛的形态相当成熟。

《桂林甑皮岩》考古报告也详细整理了2001年之前的几十年间积累下来的资料，内涵更为丰富，其中有不少石斧和石锛。磨制石器共计21件。其中石斧5件，板岩为主，器身大部分磨制精细，刃部有明显的使用痕迹。报告中详细介绍了4件。这4件有大有小。标本K∶495，正锋双面刃，刃部及绝大部分器身磨制，器长12.7厘米，重390克。标本K∶498，系磨制石斧，使用后刃部残断，又改造成为砍砸器，器长9.9厘米，重190克。标本K∶497，正锋，刃部及绝大部分器身磨制，相对较大，器身长16厘米，重660克。标本KBT1∶001，正锋，比较大，器长19.9厘米，重720克。以上见图3-10。石锛有11件，细砂岩和粉砂岩为主，方形或长方形。器身大部分磨制，刃部有明显的使用痕迹。器体较小，和白莲洞的小石锛类似。报告中详细介绍了其中的4件，基本都有使用痕迹，长多在10厘米以下，重量在100克左右。个别石锛长在10厘米以上，重量达到290

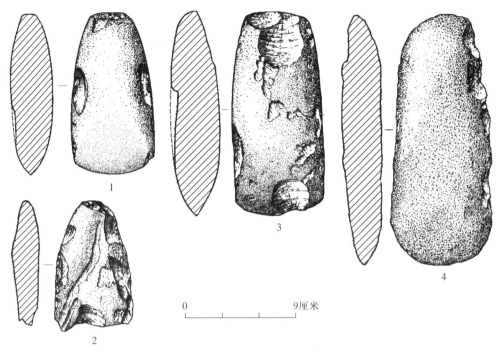

图3-10 甑皮岩库存磨制石斧

1.K：495 2.K：498 3.K：497 4.KBT1：001 （采自中国社会科学院考古研究所等：《桂林甑皮岩》，文物出版社，2003年，第233页，图一三五）

克。这些磨制石器，从形态来看，磨制精细，功能有分化，且有较明显的使用痕迹，可能属于甑皮岩遗址的较晚阶段。

漓江流域因为属于天然的石灰岩洞穴环境，保留下来大量的史前遗址，其中多有石斧和石锛。如临桂大岩遗址，年代很早，属于旧、新石器时代过渡时期，堆积可以分为6期，第4期见到少量的磨制石斧和石锛。临桂太平岩遗址分为早期和晚期，晚期为新石器时代中晚期，出现了磨制石斧。在灵川县新岩遗址采集到磨制石斧和穿孔石器，属于新石器时代晚期。兴安县华江大浪台地遗址，发现石锛2件、穿孔石斧1件，使用青灰色灰岩磨制而成。兴安县灵山庙遗址，采集到完整石斧3件，使用黄色砾石磨制而成，其中1件石斧器身两侧有捆绑木柄的凹槽。平乐县四冲遗址，新石器晚期到商代，2007年做抢救性发掘，采集到石斧、石锛、石镞、石戈等[1]。

---

[1] 蒋廷瑜：《广西考古通论》，广西科学技术出版社，2012年，第103～106页。

有学者认为漓江流域新石器时代洞穴文化可分为六期：甑皮岩第一期文化遗存、甑皮岩第二期文化遗存、甑皮岩第三期文化遗存、甑皮岩第四期文化遗存、甑皮岩第五期文化遗存、大岩第六期文化遗存。第一期距今 12000～11000 年，有穿孔石器，无武器。第二期到第四期亦如此，皆为砾石打制石器。第五期出现较多的磨制石斧、石锛，这个时候已经到了距今 7000 年。大岩第六期，出土磨制精细的石斧、石锛、石镞，已经到了新石器时代末期。总之，到距今 7000 年左右，石斧、石锛之类磨制石器大量出现，而且越来越多[1]。

（三）桂北山区

这个区域从严格意义上讲不属于岭南，而是长江流域。资江发源于岭南第一高峰猫儿山东北麓，流入洞庭湖。湘江、灌江也是长江的支流。这个地区在考古学上的重要性在于，这里是长江流域和珠江流域的衔接地带，是文化传播和人群迁徙的孔道，故而对于研究文化交流具有重要意义。该地区最重要的新石器时代遗址是资源县晓锦遗址[2]，属于资江流域。湘江、灌江流域也有很多新石器时代晚期遗址。

资源晓锦遗址出土了大量磨制石器，种类繁多，有石斧、石锛、石钺、石矛、石镞等。石斧、石锛多长条形，横截面有的呈矩形，有的呈椭圆形，大都通体磨光。分大小两种，大的粗壮厚实，是重型生产工具，小的小巧轻便，是竹木细活加工工具。钺也是长条形，上端有圆形穿孔。晓锦遗址的年代为距今 5000～4500 年，属于新石器时代中晚期。堆积分为三期。第一期石器数量少，主要有磨制的石斧、石锛等（图 3-11），斧、锛大而厚重。器形包括石斧 8 件，分三型：长方形、梯形、亚腰形；石锛 15 件，分三型：长方形、梯形、亚腰形。第二期文化遗存的石器以磨制的小型斧、锛为主（图 3-12），有少量的镞和钺。石斧 15 件，平面呈长方形和梯形；石锛 32 件，平面呈长方形、梯形、三角形。大量炭化稻米出现在这个时期。第三期文化遗存中石器减少，器物小型化，出土磨制较为精致的石斧 6 件，石锛 16 件（图 3-13）。这里还发现多处完整的圆形

---

　　[1] 蒋廷瑜：《广西考古通论》，广西科学技术出版社，2012 年，第 106～107 页。
　　[2] 广西壮族自治区文物工作队：《广西资源县晓锦新石器时代遗址发掘简报》，《考古》2004 年第 3 期。

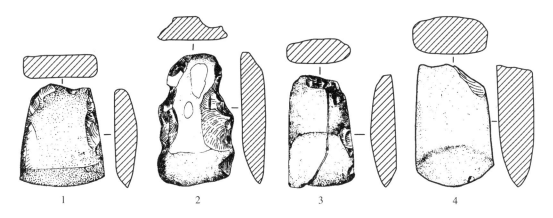

图3-11 资源晓锦遗址第一期文化磨制石斧、石锛

1.B型锛 2.A型锛 3、4.B型斧 （采自广西壮族自治区文物工作队：《广西资源县晓锦新石器时代遗址发掘简报》，《考古》2004年第3期，第13页）

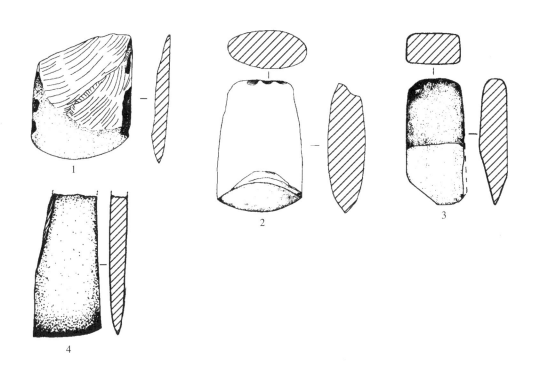

图3-12 资源晓锦遗址第二期文化磨制石斧、石锛

1.石钺 2.B型斧 3.A型锛 4.A型斧 （采自广西壮族自治区文物工作队：《广西资源县晓锦新石器时代遗址发掘简报》，《考古》2004年第3期，第20页）

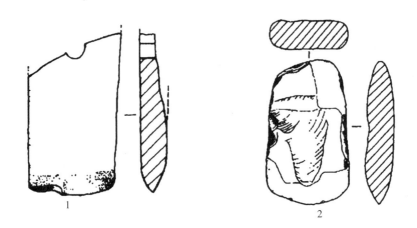

图3-13　资源晓锦遗址第三期文化磨制石斧、石锛

1.A型锛　2.石斧　（采自广西壮族自治区文物工作队：《广西资源县晓锦新石器时代遗址发掘简报》，《考古》2004年第3期，第26页）

居住遗迹[1]。晓锦遗址出土石斧、石锛、石钺等磨制石器非常成熟，是典型的农业文化的产物，充分表现出农业社会以石斧、石锛为代表的磨制石器在生产力中的核心作用。

湘江上游地区发现了大量遗址，包括洞穴和台地两种类型。遗址一般前临江，后靠山，附近有广阔的田野和低矮的丘陵作为依托，环境既适合农耕，又可以狩猎和采集。石器以磨制为主，以横截面呈长方形的石斧、石锛为典型。磨制和打制均有，以磨制为主。石料有砂岩、泥岩、页岩等。这些磨制石器厚重，但打磨得棱角分明，穿孔技术发达。兴安县磨盘山洞穴遗址的石器通体磨光，有石斧、石锛、石镞、石矛等。全州县显子塘台地遗址，石器主要有石斧、石锛、石镞等。其中的梯形石锛，通体精磨，棱角线十分整齐，左上角有对穿孔。该遗址为新石器时代晚期。全州县龙王庙遗址，在建江边上，发现有石斧、石锛。全州县马路口遗址，石器绝大部分通体磨制，器形规整，制作精致，器形有石斧、石锛、穿孔石器等，以梯形和长条形的石斧、石锛为主。全州县卢家桥遗址，新石器时代晚期，是广西最早发现的新石器时代遗址，出土石斧、石锛、石镞等，制作精良，石斧、石刀光滑圆润。灌江流域的灌阳县金家岭遗址，发现磨制的石

---

[1]　广西壮族自治区文物工作队：《广西资源县晓锦新石器时代遗址发掘简报》，《考古》2004年第3期，第7～30页。

斧、石锛。灌阳县狮子岩遗址，属于岩厦，发现磨制的石斧、石锛。灌阳县五马
山遗址，属于新石器时代晚期，发现磨制石器，大部分通体磨光，也有只磨刃
部，器形有长条形石斧、石锛、穿孔石斧等[1]。桂北山地这些遗址大多数年代都
很晚，农业迹象明显，当是长江流域稻作文化南迁的产物。桂北是长江流域稻作
文化南迁的第一站，在岭南新石器农业遗存中表现也最为早熟。

（四）红水河流域

桂西红水河流域新石器时代遗址类型主要是河畔台地的山坡遗址，洞穴遗
址少见，未见贝丘遗址，红水河贝类资源较少当是重要原因。这个地方出现新
石器文化因素比较晚，应该主要是受到来自桂北、桂中地区的影响，但磨制石器
的技术似乎比较滞后，可能反映了区域特征。发现石斧、石锛的主要遗址情况
如下。

1. 洞穴贝丘遗址

大化布屯遗址，出土的磨制石器以磨制石斧为主。发现双肩石锛 1 件、双
肩石斧 1 件，常型石斧 11 件（常型石斧可分三式：平面长方形、平面梯形、
器身长椭圆形）。基本上通体磨光，留有自然岩面，大多选用较硬的石料，有
些甚至接近玉质。加工精致，反复磨制刃部。遗址中发现有不对称石斧，器身
较长，斜顶，斜弧刃，身薄，上窄，下至刃部渐宽[2]。都安雷山遗址，属于新石
器时代中晚期，有石斧 3 件，小石锛 2 件。石斧呈长条形，器形不大，刃口光
滑锋利[3]。

2. 台地遗址

都安北大岭遗址，延续时间很长，包括新石器时代、战国、汉代、宋直至
明清时期。新石器时代遗存分为早晚两期。早期为新石器时代中期，石器以磨制

[1]　广西壮族自治区文物工作队：《广西湘江流域史前文化遗址的调查与研究》，《广西考古文集
（第二辑）》，文物出版社，2006 年，第 238～284 页。

[2]　广西壮族自治区博物馆：《大化瑶族自治县布屯新石器时代洞穴遗址调查报告》，《广西文物考
古报告集（1991～2010）》，科学出版社，2012 年，第 80～84 页。

[3]　丘龙：《都安县雷山新石器时代遗址》，《中国考古学年鉴·1990》，文物出版社，1991 年，第
292 页。

斧、锛为主。晚期石器以双肩石器为主，有铲、斧、锛等，通体磨光。该双肩石铲可能是桂南大石铲的源头 [1]。北大岭遗址发现大型石器制造场，规模很大。出土大量磨制石器，发掘者认为主要是木工工具 [2]。这么大型的石器制造场，产品并不一定仅供本地使用，可能还用于交换，这时候已经是新石器文化比较成熟的时期。巴马坡六岭遗址，距今约 6000 年，发现石斧、石锛，还有石拍。大化音墟遗址，属于新石器时代晚期，石斧、石锛小型而精致，出土方格纹石拍 2 件。大化弄石坡遗址，堆积分为 3 层，第一层为商周，有少量青铜器和磨光石器，第二层为新石器时代晚期，有大量磨光石斧、石锛，第三层为新石器时代中期，出土磨光石器。大化大地坡遗址，早期文化层相当于北大岭时期，磨制石器有石斧、石锛等。马山索塘岭遗址，采集到石锛、石斧等。马山六卓岭、尚朗岭遗址，属于新石器晚期，石器以打制为主，磨制石器包括石斧、穿孔石锛等，磨切器比较奇特。马山古楼坡遗址，相当于北大岭早期，距今约 7000 年，打制石器为主，磨制石器为石斧、石锛 [3]。

作为调查和发掘者，林强、谢广维认为，红水河流域台地遗址可分为三期：第一期为北大岭早期，磨制石器主要是对刃端加工精磨，小部分通体磨光，有斧、锛；第二期以坡六岭为代表，出现磨制较为精致的小型斧、锛；第三期，北大岭晚期，通体磨光的石斧、石锛、石铲较多，双肩石器流行，年代在距今 6000 年以后 [4]。

（五）右江流域

以百色盆地为中心的右江流域，有大量的史前遗址。这里的旧石器时代遗存最为著名，但新石器时代遗址数量也很多，而且年代较早，和旧石器时代晚期衔接，体现出过渡期特征，是研究旧石器时代向新石器时代过渡问题的重要

---

[1]　林强、谢广维：《广西都安北大岭遗址考古发掘取得重要成果》，《中国文物报》2005 年 12 月 2 日。

[2]　林强、谢广维：《广西红水河流域新石器时代遗址的发现和研究》，《广西考古文集（第三辑）》，科学出版社，2007 年，第 458～468 页。

[3]　广西文物考古研究所：《广西红水河流域新石器时代遗址考古调查报告》，《广西考古文集（第三辑）》，科学出版社，2007 年，第 26～55 页。

[4]　林强、谢广维：《广西红水河流域新石器时代遗址的发现和研究》，《广西考古文集（第三辑）》，科学出版社，2007 年，第 458～468 页。

区域。

右江流域洞穴遗址可能年代较早，发现有陶片，但石斧、石锛发现很少，其中百色百维、德保岜考岩遗址发现有石斧。百维遗址采集到磨制石斧1件，利用小而扁薄的三角形砾石在底边磨出双面刃制成，其他部分仍然保持砾石面。岜考岩采集到磨制较为精细的残石斧1件。隆林岩洞坡遗址，采集到石锛1件，扁平长方形，利用锐棱砸击石片一面磨光而成，另一面保留砾石石面，弧刃[1]。

右江流域山坡遗址年代较晚，多为新石器时代中晚期。可能这时候古人类已经走出洞穴，到平地居住。百色新石器时代中晚期最重要的遗址是革新桥，发现了大型石器制造场，曾经获得"2002年度全国十大考古新发现"。

根据《百色革新桥》考古报告[2]，遗址地层分为四个文化层，每层都出土磨制石器，主要是石斧、石锛。其中，第一到第三层属于新石器时代。第一层最早，距今约6000年，已经是新石器时代中期偏晚。距今6000年前后也是岭南地区新石器时代文化发生突变的一个关键时期，磨制石器突然增多就是一个重要表征。第二、三层的年代为距今约5500年。

第一层文化遗存包括磨制石器807件，类型有斧、锛等，斧、锛最多，石斧78件，成品24件，原料有细砂岩、硅质岩、辉绿岩、长石岩，细砂岩最多，尺寸较小，大小差别较大，最大者超过14厘米，最小者长约7厘米。器身平面形状有梯形、长方形、三角形、扁长形和椭圆形等，长方形最多。磨制分为通体磨和局部磨，通体磨制的占多数。有使用痕迹的占37.5%，一多半没使用过。刃缘有直刃、弧刃、斜刃三种，弧刃最多。刃缘锋利。部分石斧见图3-14。总体来看，这一时期的石斧制作比较粗糙，尺寸较小，身长多在10厘米左右，重量最大200克。第一文化层的石锛，共计53件，成品12件，原料有砂岩、硅质岩、长石岩，其中砂岩最多，平面形状有梯形、长方形，梯形占91.67%。器体大小差别较大，最大者身长超过12厘米，最小的长不到6厘米。重量最大只有165克。器身均经过磨制，通体打磨，有2件通体磨光。刃部磨制较精细，刃缘有弧刃、直刃和斜刃，其中弧刃最多。部分石锛见图3-15。

---

[1]　广西壮族自治区文物工作队：《广西百色地区新石器时代文化遗存》，《广西文物考古报告集（1950~1990）》，广西人民出版社，1993年，第157~164页。

[2]　广西文物考古研究所：《百色革新桥》，文物出版社，2012年，第14~17页。

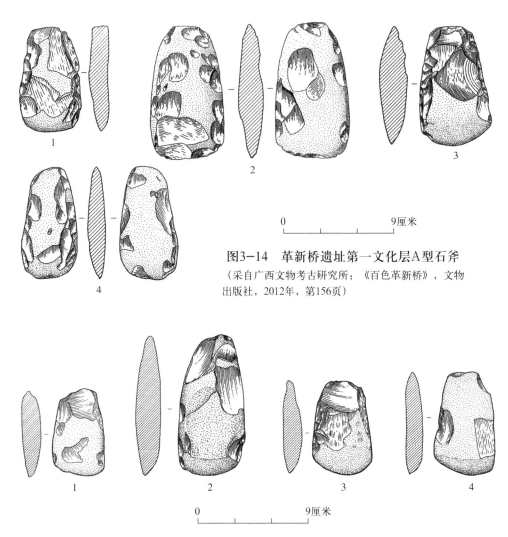

0   9厘米

图3-14   革新桥遗址第一文化层A型石斧

（采自广西文物考古研究所：《百色革新桥》，文物
出版社，2012年，第156页）

0   9厘米

图3-15   革新桥遗址第一文化层A型石锛

（采自广西文物考古研究所：《百色革新桥》，文物出版社，2012年，第180页）

　　第二文化层出土 40 件磨制石器，斧、锛最多，磨制石斧成品只有 1 件，刃
缘锋利，长 8.9、宽 4.4、厚 1.7 厘米，重量 105 克（图 3-16）。第二文化层有石
锛 11 件，其中成品 4 件，刃口锋利，长度皆在 10 厘米以下，重量在 100 克以下
（图 3-17）。

　　革新桥第三文化层出土磨制石器 52 件，斧、锛最多，其中石斧 5 件，成品
1 件，系灰色石英砂岩，刃部磨制精致，已经形成一个明显的刃面，另一面仅磨

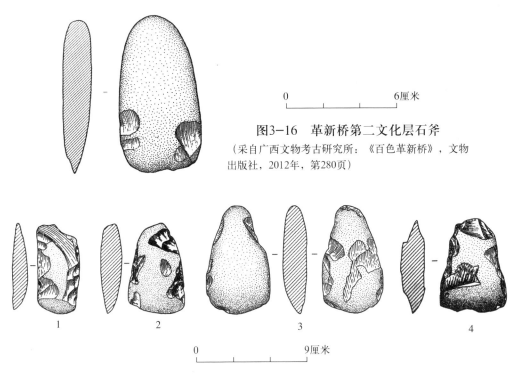

0 ————————————— 6厘米

图3-16　革新桥第二文化层石斧
（采自广西文物考古研究所：《百色革新桥》，文物
出版社，2012年，第280页）

1　　　　　2　　　　　3　　　　　4

0 ————————————— 9厘米

图3-17　革新桥第二文化层石锛
（采自广西文物考古研究所：《百色革新桥》，文物出版社，2012年，第281页）

刃部（图3-18）。石锛6件，成品1件，系灰褐色细砂岩。刃部一面经过打磨，形成光滑刃面；另一面则经精心磨制，刃面更为光滑；刃缘齐整，刃口锋利，略呈弧凸状。长9.1、宽3.8、厚1.9厘米，重90克，刃角50°（图3-19）。

右江流域还有不少台地遗址出土成熟的磨制石器。其中百色八六坡遗址有石斧、石锛，类型有双肩和长条形、梯形，年代为距今6000～5000年。百色坎屯遗址也是距今5000年左右，出土不少石斧、石锛等。这些遗址都位于小河边上。田阳坡落遗址也出土石锛。在百色一带河边台地遗址采集到不少磨制石器，以通体磨光的双肩石斧居多。有肩石斧13件，均通体磨光，双肩，弧刃或斜刃，有平肩和斜肩两种，平肩比较多。石斧7件，石锛4件[1]。

在右江下游，发现了更晚的新石器时代遗址，已经到了新石器时代晚期或

[1]　广西壮族自治区文物工作队：《广西百色地区新石器时代文化遗存》，《广西文物考古报告集（1950～1990）》，广西人民出版社，1993年，第157～164页。

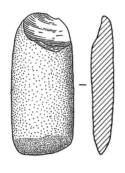

0　　　　　　　　　9厘米

图3-18　革新桥第三文化层石斧

（采自广西文物考古研究所：《百色革新桥》，文物出版社，2012年，第309页）

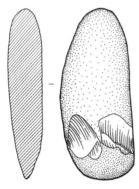

0　　　　　　　6厘米

图3-19　革新桥第三文化层石锛

（采自广西文物考古研究所：《百色革新桥》，文物出版社，2012年，第310页）

末期。隆安大龙潭遗址是最著名的大石铲文化遗址，与石铲伴出的还有少量的石斧、石镞等[1]。隆安虎楼岭遗址和北庙遗址，都采集到石斧。靖西那耀遗址，出土精致的有肩石斧、石锛，和一件束腰型大石铲共存[2]。那坡感驮岩遗址，第一期属于新石器时代末期，遗存丰富，陶器种类众多。石器的石料就地取材，石质以各种砂岩为主，有数量较多的变质岩，硬度很高，颜色素雅，接近玉质。磨制石器大部分通体磨光，制作精致，主要类型有石锛、有肩有段石斧、石镞等。第二期是青铜时代早期，石器磨制精细，刃部锋利，器形包括各种兵器，如石斧、石锛、石镞、石戈、石钺等[3]。这两期文化并不衔接，只是正好都处在一个适宜人类居住的山洞里而已。

　　右江是西江上游的主要支流之一，自然资源丰富，适合人类居住，留下了

---

[1]　广西壮族自治区文物工作队：《广西隆安大龙潭新石器时代遗址发掘简报》，《考古》1982年第1期，第9～17页。

[2]　蒋廷瑜：《广西考古通论》，广西科学技术出版社，2012年，第72页。

[3]　广西壮族自治区文物工作队：《广西那坡县感驮岩遗址发掘简报》，《考古》2003年第10期，第899～920页。

大量的史前遗址。这里虽然有很早的旧石器时代遗存，如百色旧石器遗址，但新石器时代遗存却普遍较晚，多为中晚期，甚至末期。本地新石器时代文化具有自己的特征，既有技术原始的一面，又表现出文化繁荣的一面，这在石斧、石锛等磨制石器的特征上有明显体现。磨制石器打制程度高，磨制程度低，但数量众多，种类丰富，特别是大型石器制造场的存在，表明当时文化发展和物品交换的发达。

（六）西江中游

西江中游，指的主要是邕江—郁江—浔江沿线。这里的新石器文化主要是中晚期，以顶蛳山文化为代表的贝丘遗址最有特色。这些遗址中也发现了不少石斧、石锛等磨制石器。

邕江流域新石器时代遗址大多为贝丘，未见洞穴，总体年代比桂北洞穴贝丘要晚。邕宁顶蛳山遗址是本区域最著名的遗址，磨制石器的发展很有规律。第一期距今约9000年，未见斧、锛等器。第二期距今约8000年，石器较少，发现石斧4件，石锛3件，均为通体磨制，但大部分仅刃部磨制较为精致，器体略微磨制（图3-20）。第三期距今约7000年，30多座肢解葬墓就出于这个时期。这时石器增加，器类有斧、锛等，斧、锛均通体磨制，大部分刃部磨制较精，器体略微磨制。包括石斧31件，分四式，器身有长方形、梯形、三角形、亚腰形。锛19件，分三式，器身长方形、梯形、三角形（图3-21）。第四期文化层中石器较少，有石斧3件，石锛4件，通体磨制，大部分仅刃部磨制较精细（图3-22）。第二、三期被发掘者称之为顶蛳山文化[1]。

顶蛳山遗址第二、三期，也就是顶蛳山文化时期，石斧、石锛等磨制石器发达，使用痕迹明显，表明这个时期斧、锛类工具用途广泛而重要。顶蛳山遗址第四期文化已经衰落，石器也很简陋，看不出农业时代到来的迹象。

邕江流域除了顶蛳山遗址之外，还有其他大量同时期贝丘遗址广泛分布，成为新石器时代中期一个区域性文化现象。南宁柳沙豹子头遗址，分早晚两期。早期石器总体不多，打制石器和磨制石器共存，磨制石器相对较多，石斧、石锛为主，通体磨制，刃部磨制精细，有石斧1件，弧刃，锋利，石锛5件，分二

---

[1]　中国社会科学院考古研究所广西工作队等：《广西邕宁县顶蛳山遗址的发掘》，《考古》1998年第1期，第11～33页。

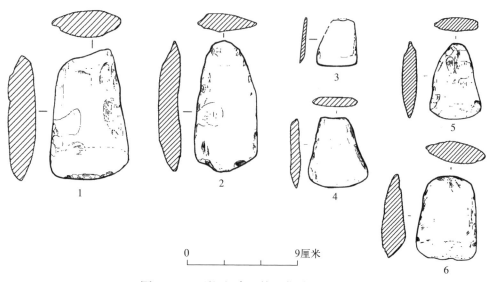

图3-20　顶蛳山遗址第二期磨制石器

1.I式斧　2.Ⅲ式锛　3.Ⅱ式锛　4.Ⅱ式斧　5.Ⅲ式斧　6.I式锛　（采自中国社会科学院考古研究所广西工作队等：《广西邕宁县顶蛳山遗址的发掘》，《考古》1998年第1期，第17页）

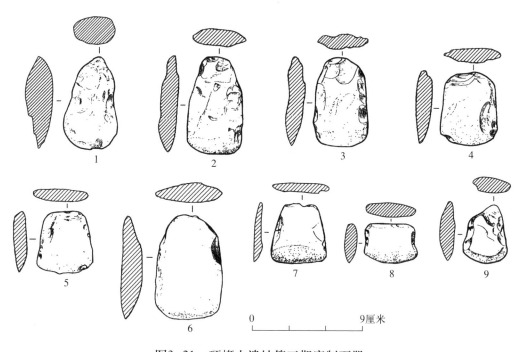

图3-21　顶蛳山遗址第三期磨制石器

1.Ⅲ式斧　2.Ⅱ式斧　3.I式锛　4、7.I式锛　5、6.Ⅱ式锛　9.Ⅳ式斧　10.Ⅲ式斧　（采自中国社会科学院考古研究所广西工作队等：《广西邕宁县顶蛳山遗址的发掘》，《考古》1998年第1期，第25页）

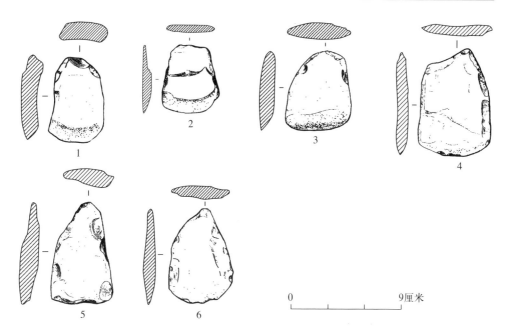

图3-22　顶蛳山遗址第四期磨制石器

1. I式锛　2. II式锛　3. III式锛　4. I式斧　5、6. II式斧　（采自中国社会科学院考古研究所广西工作队等：《广西邕宁县顶蛳山遗址的发掘》，《考古》1998年第1期，第29页）

式。晚期石器均为磨制，数量多，以斧、锛为主。斧、锛大部分仅刃部磨制较精，器体稍微打磨。器形多不规整，有长方形、梯形、三角形等。部分石器刃部有使用痕迹。出土斧110件，分五式。锛50件，分四式。斧、锛有斜刃和双肩者[1]。横县秋江遗址也发现精致的磨制石器，包括石斧、石锛等，刃部锋利[2]。横县西津遗址出土有肩石器105件，石料多为黑色灰岩，也有小量粉砂岩和板岩，加工粗糙，成品普遍存在打击疤痕，一般只磨刃部，很少通体精磨，反映出一定的原始性。这批石器数量多，类型复杂，代表了岭南地区有肩石器的早期类型[3]。南宁市青秀区灰窑田遗址，石器多磨制，石斧、石锛均有[4]。横县江口遗址，

[1]　中国社会科学院考古研究所广西工作队等：《广西南宁市豹子头贝丘遗址的发掘》，《考古》2003年第10期，第886～898页。

[2]　广西壮族自治区文物工作队等：《广西横县秋江贝丘遗址的发掘》，《广西考古文集（第二辑）》，科学出版社，2006年，第144～187页。

[3]　彭书琳、蒋廷瑜：《广西西津贝丘遗址及其有肩石器》，《东南文化》1991年Z1期，第164～172页。

[4]　李珍、黄云忠：《南宁市灰窑田新石器时代遗址》，《中国考古学年鉴·2007》，文物出版社，2008年，第381页。

出土磨制石器较多，多数刃部磨光，大部分器身保留天然岩面或琢打疤痕，很少见到通体磨光的石器。出土石斧26件，分三式；石锛6件。琢打石器中，斧42件，分七式 [1]。其他顶蛳山文化遗址如石船头、凌屋、那北嘴、牛栏石、长塘等，都出磨制石器，多为石斧、石锛之类 [2]。

邕江之下是郁江和浔江流域，这里贝丘遗址极少，但其他类型的新石器时代遗址数量较多，而且年代较早，甚至超过邕江流域。贝丘遗址目前只发现桂平牛骨坑一处，发现石斧2件，长条形弧刃，锛1件，三角形。台地遗址数量较多，年代包括新石器时代早期和中期。早期遗址打制石器多，器形简单，多为斧、锛，遗址如贵港长训岭。中期磨制石器明显增多，反映出定居程度提高。桂平大塘城遗址年代稍晚，出土不少磨制的斧、锛，包括石斧1件，石锛6件，利用细长砾石磨光刃部制成，磨制特别精细者1件。桂平上塔遗址出土磨制石锛22件，石斧3件，都是小型磨制石器。这里不少遗址中石锛的数量多于石斧，是一个重要现象，但这种现象并不罕见，许多新石器时代遗址都是如此，特别是滨水遗址，当是竹木加工需要所致。上塔不远处的油榨遗址也是如此，磨制石锛较多，石斧较少。磨制石斧、石锛系挑选天然河砾石单向或者双向磨出锋刃，其他部分保留砾石自然面。桂平长冲根遗址，可分为早晚两段，早段打制石器多，斧、锛多，磨制石器中斧、锛通体磨光，数量也很多。庙前冲遗址，出土打制斧2件，距今7000年。桂平石咀遗址，出土磨制石锛1件。桂平龙门滩遗址，出土磨制斧、锛，距今5000年 [3]。桂平罗丛岩，传说是北宋理学家周敦颐、程颢、程颐讲学的地方，这里也是一处新石器时代遗址，发现磨制双肩石器。附近的牛尾岩，发现双肩石斧1件，斜肩、弧刃、通体磨光，年代很晚。浔江流域新石器遗址出土磨制石器种类少，数量少，仅仅磨制刃部，且只有斧、锛。平南县相思洲遗址，磨制石锛很多，早晚两期皆如此。这里岩溶地形有限，洞穴少，平南县石脚山洞穴是少见的洞穴遗址之一，而且情况比较特别，这是一处新石器时

[1]　广西壮族自治区文物工作队：《广西横县江口新石器时代遗址的发掘》，《考古》2000年第1期，第12~21页。

[2]　中国社会科学院考古研究所：《1996年广西石器时代考古调查简报》，《考古》1997年第10期，第15~35页。

[3]　何乃汉、陈小波：《广西桂平县石器时代文化遗存》，《广西文物考古报告集（1950~1990）》，广西人民出版社，1993年，第165~174页。

代晚期遗址，发现彩陶，白衣黑彩，有磨制石器，包括石斧、石锛、石矛、石镞均有，可能与长江流域向珠江三角洲的文化传播相关[1]。

最后补充说明一下左江流域的资料。传统上，左右江流域经常放在一起讨论，其实左江和右江的考古学文化差别较大，特别是在史前时期。左江流域在新石器时代中期流行贝丘遗址，和邕江流域比较接近。新石器时代末期，左右江交汇地带形成了面貌较为一致的大石铲文化。左江流域的贝丘遗址如崇左冲塘和何村，都出土石锛，何村的石锛还比较精细。江边村遗址也出有精细磨制的石锛。以上遗址的年代都在距今约5000年。扶绥江西岸遗址，距今约7000年，出土117件双肩石锛。扶绥敢造遗址，发现人骨架14具，大部分人骨架残缺不全，摆放凌乱，当非正常死亡现象，该遗址出土石斧。龙州企鸟洞遗址，属于贝丘遗址，出土磨制石斧、石锛。宁明珠山洞遗址，出土磨制有肩石斧、辉绿岩磨制石斧各一把。大石铲文化时期，这里的遗址除了出土大石铲之外，也出土石斧。如崇左吞云岭遗址，就采集到较为完好的石铲和有肩石斧等石器，可能也是一处石铲加工场[2]。

（七）桂南沿海地区

桂南沿海地区主要指北部湾沿岸的北海、钦州、防城港三市，这里发现了大量海滨贝丘，距离海岸较远的地带有少量洞穴遗址和山坡遗址。

这一带经过发掘的海滨贝丘遗址数量不是很多，从几处发掘遗址的出土资料来看，年代可能较早，研究者认为属于新石器时代早期，但有些遗址出土双肩石器，明显年代较晚[3]。防城港江山亚婆山遗址出土少量磨制石器，包括石斧、石锛等。防城港杯较山贝丘遗址，磨制石器较多，包括石斧、石锛等，属于新石器时代早期。钦州市芭蕉墩遗址，采集到石灰岩打制石斧、石锛10多件，磨制双肩石斧1件，磨制石锛1件[4]。内陆地区的洞穴遗址也发现不少磨制石器，可能年代较晚。灵山元屋岭洞穴遗址，发现磨制石器共计105件，大部分是燧石，也有细砂岩和板岩，磨制粗陋，通体磨制者不到10件。磨制石器中石斧48件，

[1] 蒋廷瑜：《广西考古通论》，广西科学技术出版社，2012年，第84～88页。

[2] 蒋廷瑜：《广西考古通论》，广西科学技术出版社，2012年，第59～66页。

[3] 蒋廷瑜：《广西考古通论》，广西科学技术出版社，2012年，第113页。

[4] 广东省博物馆：《广东东兴新石器时代贝丘遗址》，《考古》1961年第12期，第644～649页。

石锛 20 件。灵山翠壁峰遗址，面积 2000 平方米，包括半山腰的穿镜岩、洞柱岩以及山顶和一个小山坳，都有遗存分布。采集到磨制石斧 1 件、磨制石锛 10 件。灵山三海岩遗址，面积 5000 平方米，采集到石锛 3 件，通体磨光，个别精磨。灵山马鞍山遗址，采集到石锛 11 件。灵山龙武山遗址，采集到石锛 6 件。以上遗址发现的磨制石器主要是石锛，石锛的形制以平面呈短梯形、背平直、正面呈覆瓦状为主。石器大都小型化，器身扁薄，较少厚重工具，极少有肩石器。有的石器制作精良，器形规整，棱角分明，打磨精致。石料以石英岩为主，次为硅质岩。斜刃石锛较多[1]。山坡遗址中，经过发掘的是钦州独料遗址，出土大量磨制石器，包括石斧、石锛，其中部分石斧、石铲为有肩石器，属于新石器时代晚期。石斧出土 317 件，98% 是坚硬的砂岩，分为 8 式，精磨和打制者均有。石锛 10 件。石镞 6 件，石矛 2 件。有肩石斧较多[2]。

（八）粤北地区

广东地区的新石器遗址数量也很多，早期、中期和晚期都有，石斧、石锛也是普遍存在的器物，而且越来越精致和专门化。

粤北地区经过精细发掘和研究的遗址主要是英德牛栏洞和曲江石峡，分别属于新石器时代早期和中晚期。英德牛栏洞的年代从旧石器时代延续到新石器时代，碳 -14 测年为距今 13000～8000 年，是一个典型的旧、新石器时代过渡期遗址。石器遗存中既有较早的打制斧形器，也有较晚的磨制石斧、石锛[3]。

打制石器中的斧形器有 1 件，标本 T2 ①：10，片麻岩，器形较规整，经打击加工修理成长身，顶略弧，两侧略斜，器体呈梯形，下端加工成略弧的刃部，两面打击，刃缘有崩疤，为使用痕迹，是一件加工修理较好的器物，通体打制成较规整的石斧。重量 440 克，器身长 12.3、宽 7.9、厚 3.6 厘米（图 3-23）。

牛栏洞遗址也出土磨制石器，共有两件。标本 T8 ②：14，凝灰岩，器身扁宽，上端残断，正面略凹，背面稍弧。大部保留砾面，再加磨，主要磨制刃部，

[1]　玉永琏：《广西灵山县新石器时代遗址调查简报》，《考古》1993 年第 12 期，第 1076～1084 页。

[2]　广西壮族自治区文物工作队：《广西钦州独料新石器时代遗址》，《考古》1982 年第 1 期，第 1～8 页。

[3]　广东省珠江文化研究会岭南考古研究专业委员会等：《英德牛栏洞遗址——稻作起源与环境综合研究》，科学出版社，2013 年。

刃缘呈圆弧状，正锋，有缺损崩疤，似为使用痕迹。此器当系使用过程中残断。残高 6.6 厘米，刃宽 5 厘米，最厚 2 厘米。标本 T5 ③：1，石英岩，较规整，背面为砾面，略作加磨。上端残断，两侧垂直，身宽，下为圆弧刃，正锋。正面加磨甚好，主要磨制刃部。残高 7.8 厘米，刃宽 7.5 厘米，最厚 2.9 厘米。这是最接近全身磨制的一件石器（图 3-24）。

牛栏洞的石斧形态比较原始，处于从打制石器过渡为磨制石器的关键时期，与遗址的测年比较一致。早期全为打制，晚期主要磨制刃部，并逐渐趋向通体磨光。器形相对不大，尺寸和新石器时代成熟的石斧近似，比较适宜作为日常工具，特别是木工工具。刃部崩坏和器体残断，说明其在日常生活中使用之频繁。至于主要作何种用途，因为未做进一步分析，故而无法确定，但加工竹木材料应该是最常见和合理的行为。牛栏洞遗址是粤北山地原生的土著文化，以狩猎采集作为经济方式，虽然可能有利用野生稻的迹象，但与岭南地区后来真正的新石器稻作农业并没有关系。那些原始形态的石器，是服务于狩猎采集之用的。

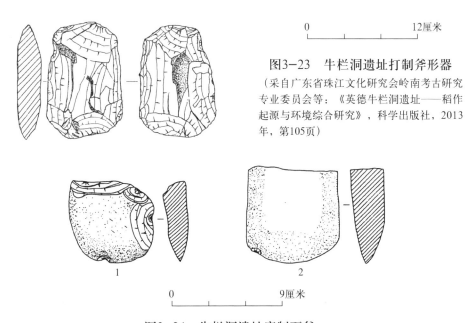

0 ————————————— 12厘米

图3-23　牛栏洞遗址打制斧形器

（采自广东省珠江文化研究会岭南考古研究专业委员会等：《英德牛栏洞遗址——稻作起源与环境综合研究》，科学出版社，2013年，第105页）

0 ————————————— 9厘米

图3-24　牛栏洞遗址磨制石斧

1.T8②：14　2.T5③：1　（采自广东省珠江文化研究会岭南考古研究专业委员会等：《英德牛栏洞遗址——稻作起源与环境综合研究》，科学出版社，2013年，第105页）

　　粤北地区更著名的新石器时代遗址是曲江石峡，在牛栏洞遗址北方约
60 千米，两地自然环境相似，都属于珠江的支流北江流域。根据石峡遗址
1973～1978 年考古发掘报告 [1]，遗址堆积可以分为三个时期。第一期堆积较薄，
可能是粤北的土著文化，未见石器。第二期即石峡文化，出土了大量的石锛，包
括有段石锛和有肩石锛，另外还有很多石镢，类似十字镐，是专门挖土的工具。
石峡文化年代在距今 4800～4400 年之间，延续了 400 年时间，是新石器时代晚
期的农业文化，当是外来族群形成，可能来自长江下游的良渚文化。

　　石峡文化墓葬共出土石器 962 件，占随葬品总数的 38.88％，出自 61 座墓，
其中二次葬墓 45 座，一次葬墓 12 座，一次葬已迁墓 4 座。石峡文化石器的制作
已经有一套完整的程序，部分长身锛、铲、钺的器表经过抛光，平滑光亮。选料
以沉积岩类的泥质板岩、砂质板岩为主。出土长身石锛 46 件，为长身扁圆体或
长身扁方体，正面和背面平直或稍隆起，平顶或弧顶，器体双侧磨锐或磨平，横
截面为梭形、椭圆形、馒头形、圆角长方形，单面下斜刃或单面内凹卷刃，刃
端弧形，长短大小不一。分为 4 型。A 型，长度一般 12～21 厘米，也有很小的。
大型长身石锛，不少器表经过抛光，刃部锋利，但无使用痕迹。梯形石锛 63 件，
数量较多，体型小，多在 10 厘米以下，也是木工工具。有段石锛 28 件。有肩石
锛 14 件（图 3-25）[2]。玉钺、石钺共计 54 件，出自 28 座墓，其中二次葬墓 26 座
出土 49 件。一次葬墓 4 座，各随葬 1 件，一次葬已迁墓出土 1 件。其形制呈扁
平、薄体、圆角、长梯形，斜首，少数平首，双侧亚腰，部分有锐利刃面，上端
有一孔或双孔，常见双面管钻，少数双面实心钻，下端双面下斜刃，刃端弧形似
扇面展开或斜弧形，器身横截面呈两端尖头锥形。器体大小、长短、宽窄不一，
最大型长 39.7、刃宽 18.5 厘米，小型长 11.5、刃宽 7.2 厘米。玉钺多数用透闪石
制作，因受沁变色为灰白色、牙白色，极易断裂，出土时常与墓里填土粘连在一
起。另有部分石钺，用灰色、青灰色泥质板岩制作，器表均经过抛光。这些玉钺
和石钺，特点是有孔，比较薄，显然是礼器，刃部一侧磨刃重，一侧轻，类似锛
（图 3-26）[3]。

---

　　[1]　广东省文物考古研究所等：《石峡遗址——1973～1978 年考古发掘报告》，文物出版社，2014 年。
　　[2]　广东省文物考古研究所等：《石峡遗址——1973～1978 年考古发掘报告》，文物出版社，2014
年，第 226～251 页。
　　[3]　广东省文物考古研究所等：《石峡遗址——1973～1978 年考古发掘报告》，文物出版社，2014
年，第 269～274 页。

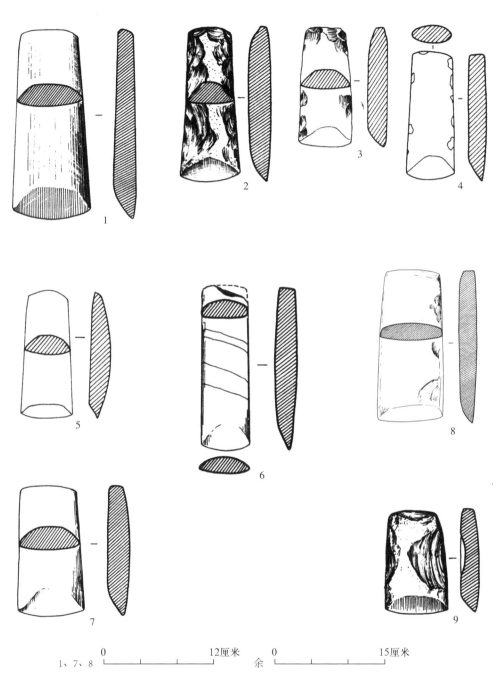

图3-25 石峡文化长身石锛

1~3.A型Ⅰ式长身锛　4~6.B型Ⅰ式长身锛　7.B型Ⅱ式长身锛　8、9.C型Ⅰ式长身锛　（采自广东省文物考古研究所等：《石峡遗址——1973~1978年考古发掘报告》，文物出版社，2014年，第232页）

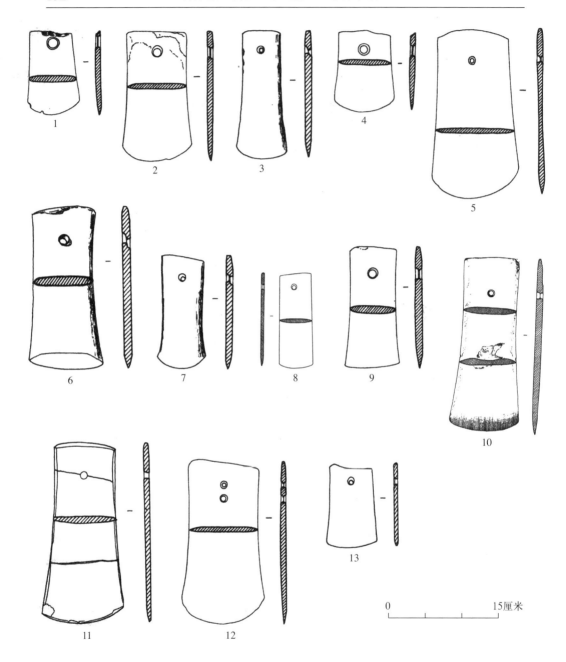

图3-26　石峡文化随葬玉钺、石钺

1、4、13.B型Ⅰ式玉钺　2.B型Ⅱ式玉钺　3、7、10.C型Ⅲ式石钺　5、12.B型Ⅲ式玉钺　6、9、11.C型Ⅱ式石钺　8.C型Ⅰ式玉钺　（采自广东省文物考古研究所等：《石峡遗址——1973～1978年考古发掘报告》，文物出版社，2014年，第272页）

石峡文化的石斧、石锛已经是成熟的农具和木工工具，多样化和专门化的
程度较高，磨制精细，是农业文化进一步发展的结果。而且，石斧、锛已经高度
礼仪化，演化出了专供随葬使用的玉钺和玉锛。石峡文化的这种表现，在岭南地
区实际上是不多见的，是社会发展水平较高的良渚文化迁徙到岭南的结果。

（九）珠江三角洲地区

珠江三角洲地区没有发现新石器时代早期的遗址，但新石器中、晚期遗址
较多。咸头岭遗址位于深圳大鹏，前后经过5次发掘。李伯谦认为以咸头岭为代
表的珠江三角洲这类新石器时代中、晚期遗存可以命名为咸头岭文化。[1]咸头岭
遗址发表的资料不多，从已经发表的资料来看，磨制石器的数量有限。咸头岭文
化的石器包括打制和磨制，磨制石器包括长身斧、梯形石锛、双肩石器、石镞等
（图3-27）。1985年咸头岭的发掘出土了不少磨制石器，斧有32件，大多数较
小，少数较大，有长21厘米者，还有长17厘米者。锛20件，基本上较小[2]。

珠江三角洲在咸头岭文化之后是涌浪类文化遗存，石器种类较多，有长身
锛、斧、有肩石器、钺、铲、凿、镞等，涌浪类文化的石钺与粤北的石峡文化石

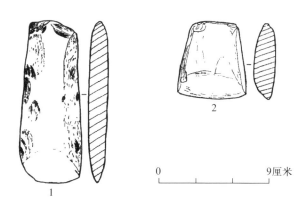

0　　　　　　　　9厘米

图3-27　咸头岭遗址磨制石器

1.石斧　2.石锛　（采自深圳博物馆等：《深圳市大鹏咸头岭沙丘遗址发掘简报》，《文物》1990年第11
期，第9页）

[1] 李伯谦：《广东咸头岭一类遗存浅识》，《东南文化》1992年Z1期，第45～49页。

[2] 深圳博物馆等：《深圳市大鹏咸头岭沙丘遗址发掘简报》，《文物》1990年第11期，第
1～11页。

钺形制相同，年代也应该大体相当或略晚。经济形态仍然以渔猎采集为主，农业痕迹不明显[1]。

（十）东南沿海和台湾岛

东南沿海和台湾岛并不属于岭南，但和岭南毗邻。考察这里的海洋性史前文化，对于认识岭南地区的新石器进程化很有启发。

新石器时代晚期，福建东南沿海主要是壳丘头文化，年代大体在距今6000～5500年之间。壳丘头文化的石器包括打制和磨制两种，以磨制石器为主，打制石器次之。以凝灰质粉砂岩最多，此外还有含晶屑凝灰岩、流纹岩、闪长岩、辉长岩等。打制石器中有石锛7件。5件为长方形，其中1件长9、宽3.8、厚1.7厘米；2件平面呈三角形，背部凸起，其中1件长13、刃宽6.8、背厚3.4厘米。磨制石器主要以小型梯形锛为主，占磨制石器总数的三分之二，还有少量磨制精细的石凿、穿孔石斧等。石锛共102件，可分长方形（14件）、梯形（66件）、三角形（14件）三型。长多在5厘米以上，宽5厘米以下，厚2厘米以下。

斧2件，通体磨光，顶窄刃宽，平面呈长梯形，横剖面略呈椭圆形，双面刃。其中一件较为完整，双面钻圆孔，刃部稍残，长13.4、宽7.6、厚2.2厘米[2]。

台湾岛的大坌坑文化，年代大致在距今6000～5500年之间，与壳丘头文化相当或略晚。出土石器种类不多，包括打制石器和磨制石器两种。打制石器有石斧，磨制石器有石锛、石镞和树皮布石拍等[3]。

以上对于岭南及邻近地区的史前石斧、石锛资料，共分十个区域进行了初步的梳理，构成了深入了解岭南地区新石器化进程的基础。但这些资料本身也存在一定的不足之处，研究者对此应该有清醒的认识。

第一，这些资料具有区域不平衡性。史前石斧、石锛的发现，在岭南西部较

[1] 中国社会科学院考古研究所：《中国考古学·新石器时代卷》，中国社会科学出版社，2010年，第711页。

[2] 福建省博物馆：《福建平潭壳丘头遗址发掘简报》，《考古》1991年第7期，第587～599页。

[3] 中国社会科学院考古研究所：《中国考古学·新石器时代卷》，中国社会科学出版社，2010年，第504～505页。

多，在岭南东部相对较少。部分原因是岭南西部发表的资料相对较多，岭南东部相对较少。但是到了新石器时代中晚期，岭南东部沿海地区的石锛资料明显增多。

第二，这些资料的年代框架比较粗疏。大量的调查资料只给了遗址一个大致的阶段划分，无法给出较为准确的年代。早期即使经过发掘的遗址，发掘资料也没有测年数据。所以，对于很多遗址出土资料的年代，只能归入一个大致的年代范围，有时候甚至连这一点也无法做到。

第三，出土石器的名称界定尚不十分准确。在磨制石器的发轫时期，众多石器的功能并没有十分明确的区别，甚至新石器时代中期仍然如此。例如，很多磨刃石器的外在形态比较原始，有时候很难按照现代对于石斧、石锛、石凿、石铲的概念加以归类，而只能选择最贴近的名称加以命名。在公开发表的资料中，经常可以看到似是而非的情况。前面所梳理的资料，以原报告者的命名为准。有些类似石斧、石锛而命名为其他名称如石凿、石铲者，并未纳入。

三　岭南地区史前石斧、石锛形态和功能的演化及其与经济和社会的关系

下文主要根据过程考古学的研究思路，对于岭南地区出土石斧、石锛的发展过程及其与经济和社会的关系进行一个动态的思考。首先讨论两个方面的问题：第一，石斧、石锛的形态演化过程；第二，石斧、石锛的功能演进过程。这两个方面实际上是相互联系的，因为形态与功能密不可分。形态的变化反映了功能的变化，功能的改变也促发了形态的改变。其次，进而深入探究形态和功能演化与经济和社会的关系。事实上，正是生业经济方式和社会性质决定了石斧和石锛等工具的类型，当然，生产工具的进步也会推动社会的发展。

（一）旧—新石器时代过渡期

岭南地区处于从旧石器时代到新石器时代过渡时期的遗址不少，最重要的遗址包括柳州白莲洞、英德牛栏洞等，都是从旧石器时代到新石器时代连续发展，并且出土了斧、锛类石器的典型遗址。这两个遗址所在纬度基本一致，气候环境、地理面貌、动植物资源等方面也十分类似。

　　旧石器时代普遍流行的石器类别之一是砍砸器，这是适应流动狩猎采集生活的一种万能工具。在旧石器时代晚期，随着觅食对象的小型化和觅食行为的精细化，砍砸器中衍生出一种砍斫和挖掘功能更强的端刃砍砸器。随着工具的进一步专门化，端刃砍砸器开始演化出锛形器和斧形器。根据演化路径推测，锛形器的出现应在斧形器之前，因为锛形器的形制和端刃砍砸器更为接近，基本上都是单面打制。斧形器当是在锛形器的基础上进一步演化出来的，即从单面打刃发展到双面打刃。这种演化，是出于多种砍斫功能的需要。如果说锛形器更多适于砍伐竹木，那么斧形器不仅仅可以砍伐竹木，还可以进一步用于加工竹木。

　　之所以演化出这些新的功能，说明人类的生活方式在旧石器时代晚期已经有了新的变化。首先是流动性降低，定居程度提高。随着定居程度提高，那么基于修建房屋、制备家具的需要，对于木工工具的要求也提高了。其次是生业方式的变化，更新世末期，随着环境改变，古人类的食谱大大扩展，很多以前并不纳入食物范围的种类也进入了人类采集的视野，例如各种植物的种子（如朴树籽、榛子等）、植物块茎、小型啮齿类动物、螺蚌等，这些新的食物种类的采集，需要发展出新的工具类型才能提高收获效率[1]。对应居住方式、经济方式的新变化，新的工具套逐渐发展出来。新的工具套当然不限于石器，而是包括了石器、骨器、角器、竹木器等类别[2]。石器在各种工具中占据特别的地位，它既是可以直接使用的工具，又是制造工具的工具。在新的石器群中，石锛和石斧因为其多种功能，特别是作为木工工具的功能，逐渐成为石器中最重要的种类。这一现象在旧石器时代晚期开始萌芽，到新石器时代早期，随着磨制技术的发展，石锛和石斧越来越成为主流石器，成为最常见、最重要的石器类型。到新石器时代中晚期，这一趋势更加明显。

　　在旧—新石器时代过渡时期，石器磨制技术的出现，成为两大时代分野的最重要标志之一。这个分野标志，最关键的表现出现在石锛和石斧的磨刃上。对打制石锛和石斧的刃部加以磨制，使得刃部更加锋利，大大提高了石锛和石斧砍斫的效能，这是技术上的重大进步。磨刃石锛和石斧之所以出现，仍然是生活需要

---

[1]　郭静云、郭立新：《"蓝色革命"：新石器生活方式的发生机制及指标问题（上）》，《中国农史》2019年第4期，第3～18页。

[2]　竹木器实际上一直是史前时期人类工具的主要种类，但由于不易保存的原因，能够发现的考古遗存十分有限。

和生活方式的改变所催生。磨刃技术的发明，主要反映了对加工竹木器具的需求上升。磨刃石锛、石斧是砍伐和进一步加工竹木器具的最有效的工具，可以有效提高砍斫效率，并能够使得竹木加工精致化。虽然民族学研究表明，石锛、石斧有多种用途，但作为木工工具仍然是其最基本的用途。无论新石器时代早期还是中晚期，石锛、石斧的尺寸和重量变化并不是很大，形体都比较小，器长多集中在 5～10 厘米之间，重量在 400 克左右。这个尺寸和重量，作为武器并不适宜，但作为砍斫和精细加工竹木的工具正合适。

石斧、石锛磨刃技术的出现与古人类群体流动性降低、定居程度提高有密不可分的关系。石器的磨制需要较长的时间投入，以及固定的配套设施（砺石等）和环境（要有水和磨剂）。流动生活不适宜携带较重的工具，而更多倾向于使用后即弃的便携式工具，较早时期砍砸器的流行就是这个原因。磨制石器重量较大，并不便携，但凝结了大量的劳动，并不是一次性工具，只能解释为定居生活的产物。总之，可以说，打制石器是与流动生活方式相适应的，而磨制石器是与定居生活方式相适应的。从旧石器时代晚期到新石器时代，越来越多磨制石器的出现，说明了人类定居程度的逐步提高[1]。

岭南地区旧—新石器时代过渡期遗址石锛、石斧的发展，即反映了以上所述发展轨迹，体现出磨制石锛、石斧的起源过程。

以广东英德牛栏洞遗址为例，可以清楚地说明这个过程。牛栏洞是一个典型的从旧石器时代到新石器时代的过渡期遗址，年代距今 20000～8000 年。在早期的打制石器中出现了斧形器，相当规整，刃缘两面打制，但非正锋，接近石锛，器体长 12.3 厘米，相对较大。除了这件石斧之外，还有 9 件石铲，其中部分器形接近石锛[2]。到了新石器时代早期阶段，出现了两件磨制石斧，主要磨制刃部，但其中有一件已经接近通体磨制。这两件石斧比前述打制石斧要小，体现出小型化的趋势。以上 3 件石斧都有明显的使用痕迹，尤其是磨制石斧，残损严重，说明这是一件经常使用的工具。牛栏洞的研究者认真分析了这 3 件石器与文化之间的关系。T2 出现的这件斧形器，是经过打击加工修整比较规范的器物，

---

[1]　陈胜前：《史前的现代化——中国农业起源过程的文化生态考察》，科学出版社，2013 年，第 53～54 页。

[2]　广东省珠江文化研究会岭南考古研究专业委员会等：《英德牛栏洞遗址——稻作起源与环境综合研究》，科学出版社，2013 年，第 102～105 页。

是遗址中最为进步的一件打制石器，也是最接近磨制石器的打制石器。至于磨制石斧，其实属于半磨制石器，或者说局部磨制石器。标本 T5 ③：1 磨制石斧，是一件较为规整的磨制石斧，正面加磨很好，主要是加磨刃部，背面刃部磨制简单。这件石斧外形其实接近石锛。研究者推测，这些石器的功能除了切割动物以去皮食肉之外，也用于采集植物如水稻[1]。但实际上，这些器物的出现，主要与牛栏洞洞穴遗址的性质有关，牛栏洞属于一个较为长期稳定居住的洞穴遗址，磨制石斧是在这种定居生活方式中逐渐产生出来的。

再以柳州白莲洞为例说明这个过程。白莲洞的堆积分为 5 个时期，大约距今 3.6 万～1 万年，也是一处旧、新石器时代过渡期遗址。第一期到第三期属于旧石器时代，没有出现石斧和石锛。但检视《柳州白莲洞》报告，第三期有一件砾石砍砸器 BLWS ①：61，已经接近锛形器。第三期开始出现磨制石器，有一件切割器 BLES ④：2，已经是磨制石锛的形态[2]。第四期进入新石器时代早期，这个时候出现了通体磨光的石器，包括形制很规范的石斧和石锛。白莲洞石斧、石锛的演化过程和牛栏洞类似，也是定居生活的结果，只不过白莲洞的发展过程更长，也更完整，文化内容更为丰富。

但无论白莲洞还是牛栏洞，新石器时代之初的斧、锛形器都比较原始，保留砾面，大多只磨制刃部，粗具斧、锛的形态，这与新石器时代文化发展之初古人类社群流动性较高、经济生活简单有密切的关系。

（二）新石器时代早期

按照中国社会科学院考古研究所编著《中国考古学·新石器时代卷》的分期方法，中国新石器时代从距今 12000 年延续到距今 4000 年，共计 8000 年的时间。根据年代早晚和发展脉络，可以大致分为 4 个时期，即新石器时代早期、中期、晚期和末期[3]。但中国各个主要区域之间文化发展的进程并不完全同步，所以很难给各个时期定出一个绝对一致的时间界限。就岭南而言，新石器时代文化

---

[1]　广东省珠江文化研究会岭南考古研究专业委员会等：《英德牛栏洞遗址——稻作起源与环境综合研究》，科学出版社，2013 年，第 128～129 页。

[2]　广西柳州白莲洞洞穴科学博物馆编著、蒋远金主编：《柳州白莲洞》，科学出版社，2009 年，彩版二四、二八。

[3]　中国社会科学院考古研究所：《中国考古学·新石器时代卷》，中国社会科学出版社，2010 年，第 1～47 页。

起步较早，而发展速度相对缓慢。就这四个阶段，我们选一些有代表性的考古学文化遗存加以讨论，首先讨论新石器时代早期（12000—8000BP）。

新石器时代早期，岭南地区最有代表性的遗址之一是桂林甑皮岩。这是一处典型的新石器遗址，新石器时代文化的多种要素如陶器、磨制石器俱全，唯一缺少的是农业，这也证明至少在岭南地区农业并非新石器时代文化的唯一标志。据2001年的发掘，甑皮岩文化遗存共分为5个时期，第一期、第二期主要是各类打制石器，如石锤、砍砸器、切割器等，没有石锛和石斧，但第二期出现了不少单边（少数双边）直刃砍砸器，具有砍斫的功能，说明已经有了类似斧、锛那样加工竹木工具的需要。第三期，出现了较为规整的打制石锛。第五期，则出现了磨制石锛。2001年的发掘出土石器不是很多，并没有完整体现出甑皮岩石器群的全貌和发展变化。在2001年之前，甑皮岩也做过多次发掘，发现了磨制石斧5件，磨制石锛11件。从器形判断，很可能这些磨制斧、锛都属于第五期或第四期[1]。桂林临桂大岩遗址的发掘也是如此，直到第四期，才见到少量的磨制斧、锛。这说明桂北地区磨制斧、锛的演化进程基本是一致的[2]。距今12000～9000年这一段时间，桂林地区新石器时代文化还是相当原始的，定居程度也比较有限。距今9000～7000年，新石器时代文化才开始繁荣和发展。就甑皮岩而言，另外一个重要指标陶器，表现也是如此。第一、二、三期的陶器相对简单，而第四、五期的陶器，比前三期有了很大的进步，器类和数量明显增多，堪称是焕然一新。墓葬的情况也是如此。2001年的发掘仅发现墓葬4座。第一、二、三期没有墓葬，第四期有两座墓葬，第五期有两座墓葬[3]。这变相说明甑皮岩洞穴可能在第四、五期才成为一处相对稳定的居所。新石器时代早期岭南是典型的狩猎采集经济，流动性较大，没有明显的农业迹象，缺乏对于磨制石器这类农业工具和木工工具的大量需求。

总之，从石锛、石斧的发展来看，新石器时代早期的流动性仍然较强，没有形成稳定的定居生活，但新的生活方式正在开始，到了新石器时代早期之末，以磨制石斧和石锛为代表的新的石器群逐渐形成。

---

[1] 中国社会科学院考古研究所等：《桂林甑皮岩》，文物出版社，2003年，第14～40页。

[2] 傅宪国等：《桂林地区史前文化面貌轮廓初现》，《中国文物报》2001年4月4日第1版。

[3] 中国社会科学院考古研究所等：《桂林甑皮岩》，文物出版社，2003年，第447～451页。

（三）新石器时代中期

岭南的新石器时代中期是距今8000～6000年这个阶段。经过新石器时代早期4000年的发展，新的生活方式已经确立，属于比较繁荣的渔猎采集文化。陶器和磨制石器成为生活中的重要器物，定居生活已是常态。虽然农业仍然没有出现，但遗址资源域的研究表明，在资源较为富集的区域，狩猎采集经济仍然可以支持一定程度的定居生活[1]。不少研究表明，岭南某些区域丰富的自然资源，足以支撑新石器文化的高度发展。西江中游的顶蛳山文化、珠江三角洲的咸头岭文化，东南沿海的壳丘头文化和台湾岛的大坌坑文化，都是建立在渔猎采集基础上的繁荣的新石器时代文化[2]。在这些文化的石器群中，磨制石斧和石锛已经居于重要地位。相比于居住在洞穴中的时期，在平地修建房屋的定居生活对于木工工具的大量需要是不言而喻的。

西江流域新石器时代中期代表性的考古学文化是顶蛳山文化，属于有岭南特色的渔猎采集文化高度发展的产物。顶蛳山遗址发现有房屋遗存（可能是干栏），成片的墓葬，以及大量的食余螺蚌堆积，证明这是一支较为稳定地居住在江河旁边的新石器人群。定居、建房、造船、渔猎采集的需要促进了磨制石器的高度发展。虽然顶蛳山文化目前没有发现船只遗存，但因为滨河而居的生活方式，他们拥有水上交通工具是必然的。建造船只和修建房屋对石锛和石斧等木工工具的需求量很大，这是顶蛳山文化石锛和石斧大量出现的主要背景[3]。实际上，正是在这个时期，整个珠江流域的石锛制造业兴起，反映的就是这个时代背景。

顶蛳山遗址共分为四个时期。第一期距今10000年左右，地层中不含或少含螺壳，未见斧、锛等石器。第二、三期，距今9000～7000年，以螺壳堆积为特征，被发掘者命名为"顶蛳山文化"，代表了西江中游贝丘遗址的普遍特征。这个时期的发现非常丰富，就磨制斧、锛而言，阶段性发展的轨迹很明显。第二期开始出现磨制石斧、石锛，均为通体磨制，但主要是磨制刃部。第三期，磨制石器大量增加，发现石斧31件，石锛19件[4]。顶蛳山文化磨制斧、锛发达，在

---

[1]　秦岭、傅稻镰、张海：《早期农业聚落的野生食物资源域研究——以长江下游和中原地区为例》，《第四纪研究》2010年第2期，第245～261页。

[2]　张弛、洪晓纯：《中国华南及其邻近地区的新石器时代采集渔猎文化》，《考古学研究（七）》，科学出版社，2008年，第415～434页。

[3]　钱耀鹏：《略论磨制石器的起源及其基本类型》，《考古》2004年第12期，第66～75页。

[4]　中国社会科学院考古研究所广西工作队等：《广西邕宁县顶蛳山遗址的发掘》，《考古》1998年第1期，第11～33页。

西江流域多个贝丘遗址中都有体现。南宁豹子头、灰窑田，横县西津、江口等遗址，都出土了不少磨制斧、锛[1]。顶蛳山遗址磨制斧、锛的发达，说明了它们在定居性渔猎采集文化中的重要用途。这些用途是多样性的，主要是针对河滨环境的适应，例如造船、建造干栏建筑、加工肉食等。还有一个可能的用途是作为武器，顶蛳山第三期的肢解葬说明了当时部落冲突的存在，在这种背景下，石斧和石锛的武器性质不言而喻[2]。

十分值得注意的是，顶蛳山文化多个遗址出土的磨制斧、锛普遍具有某些共同特征。例如，虽然通体磨制，但大部分都是刃部磨制较精，器体只是略微磨制。实际上，这正是这些石器作为日常工具的重要体现，说明其追求的是经济实用性而非其他用途。如果石器通体磨制非常精细，器形复杂，那说明可能已经脱离了实用工具的范畴，而具有了礼仪性含义。社会性需求进一步发展，才会出现这种现象，后来的大石铲文化就是例证，而新石器时代中期顶蛳山文化的社会发展水平显然还没到这个程度。

岭南及其邻近地区新石器时代中期的渔猎采集文化，除了西江中游利用淡水资源的顶蛳山文化之外，比较典型的还有利用海洋资源的沿海贝丘遗址和沙丘遗址，包括北部湾沿岸、珠江三角洲、福建东南沿海和台湾岛。

北部湾沿海有不少贝丘遗址，石器为常见之物，最典型的是蚝蛎啄，也不乏石斧和石锛。如防城港江山亚婆山遗址，发现少量磨制石器，包括石斧、石锛；防城港杯较山贝丘遗址，磨制石器较多，包括石斧、石锛；钦州市芭蕉墩遗址，采集到石灰岩打制石斧、石锛10多件，磨制双肩石斧1件，磨制石锛1件[3]。过去认为，北部湾沿海的贝丘遗址属于新石器时代早期，但整体来看，这些遗址的年代应该没有那么早，大多数可能属于新石器时代中期，和甑皮岩第五期、邕江流域顶蛳山文化大致相同，都是岭南新石器文化繁荣期的产物。也有一些应该属于新石器时代晚期，例如芭蕉墩出土等双肩石器的那些遗址。

珠江三角洲一带的咸头岭文化属于新石器时代中期，大约距今7000~6000年，是一支利用海洋资源为生的文化[4]。也有人认为咸头岭文化的生计并非以海

[1] 蒋廷瑜：《广西考古通论》，广西科学技术出版社，2012年，第75~81页。

[2] 覃芳：《邕宁顶蛳山遗址葬俗试释》，《广西民族研究》2002年第2期，第107~110页。

[3] 蒋廷瑜：《广西考古通论》，广西科学技术出版社，2012年，第112~117页。

[4] 广东深圳市文物考古鉴定所：《深圳咸头岭遗址的发掘及其意义》，《南方文物》2011年第2期，第122~131页。

洋资源为主，而是以植物采集为主，以渔猎为辅[1]。可能整个东南沿海地区同时期考古学遗存的生计方式与咸头岭文化都有相似之处。植物采集和渔猎在距今7000～6500年较为兴盛；距今6500年后，利用海洋资源的生计方式发展起来，同时仍然有部分人群以植物采集为生。咸头岭文化在历年发掘中，出土石器以斧、锛类最多。如1985年咸头岭的发掘，出土石斧有32件，大多数较小，少数较大，有长21厘米者，还有长17厘米者。石锛20件，基本上较小[2]。斧、锛类器物较多，透露了其生活方式中木工的重要性，其中最重要的用途应该还是与建筑房屋和造船相关。

（四）新石器时代晚期

岭南的新石器时代晚期大约距今6000～5000年。这个时期，黄河流域和长江流域已经开始了文明化的进程，文明因素大量出现，例如铜器、城址、礼器等，但岭南地区的社会历史进程显然滞后。可能出于历史发展的惯性，新石器时代中期形成的繁荣的渔猎采集文化在晚期继续延续。岭南地区新石器时代晚期的遗址比中期密集得多，大多数都是这种渔猎采集文化人群。遗址密度如此之高，说明渔猎采集生业方式对于岭南的环境适应是成功的。这种适应在没有战争和资源紧张的外力作用之下，理所当然会持续下去。建立在渔猎采集经济基础上的区域文化发展程度越来越高，社会出现了很多复杂化的迹象。

表现在石器技术上，以石斧、石锛为核心的磨制石器群，在社会需求刺激之下，其类型有了多样化发展，最突出的是出现了具有岭南特色的有肩石器和有段石器，以及二者相结合的有肩有段石器。这些石器最早出现在新石器时代中期，在晚期得到高度发展。

新石器时代晚期，岭南和其他区域一样，形成了物质和技术的远程交流网络。石斧、石锛等石器，作为石器群的核心器物，是理所当然的交易对象。石器制作出现了专业化的迹象，出产优质石料的不少地方形成了石器制造场，其产品交流到相当广大的区域，以至于这些区域呈现出某种文化统一性。广东南海西樵

[1]　陈伟驹：《咸头岭文化生计方式的探讨》，《考古》2017年第8期，第70～79页。

[2]　深圳博物馆等：《深圳市大鹏咸头岭沙丘遗址发掘简报》，《文物》1990年第11期，第1～11页。

山、广西百色革新桥和都安北大岭，都是重要的石器制造和交流中心，覆盖各自所在的地理单元。

但从距今大约 6000 年开始，岭南长期以来统一的狩猎采集文化局面开始为外力所打破。这个时候，长江流域的稻作农业已经有了大约 4000 年的发展史，相对成熟，经济和社会的发展蓄积了向外扩散的动力。稻作农业人群开始试图逾越南岭山地进入岭南地区。最可行的通道当然是发源于南岭的长江各条支流。他们通过这些支流的末梢，越过南岭到达珠江水系，顺流而下继续向南方迁徙。资江源头的资源晓锦、桂北湘江诸遗址，就是长江流域南迁农业人群留下的最早遗存及其后续[1]。

所以，岭南新石器时代晚期的遗址可以分为两类。一类是占绝大多数的渔猎采集文化遗址，保持着自更新世晚期以来的传统，但已经比较成熟发达。例如百色革新桥遗址，已经不是简单的"渔猎采集"，而是呈现出高级"渔猎采集"辅之以初级食物生产的一种混合型经济形态。具体说来，就是以植物采集为主，以狩猎、渔猎和家畜饲养（家猪）为辅，与前一个阶段（广西河旁台地贝丘遗存）相比，生计方式发生了很大的变化，主要表现为水生贝类利用比例明显下降甚至消失，植物利用比重加大，植物加工的精细程度也有所提高，以至于有剩余的食物来饲养家猪[2]。另一类是来自长江流域的入侵——稻作农业人群，他们带来了全新的经济方式，但在新石器时代中期，他们的数量还十分稀少。到新石器时代晚期，稻作才逐渐占据优势地位。到了青铜时代，稻作文化则成为岭南文化的核心内容。

首先来看第一类遗址，这些遗址大多集中在珠江中下游及其支流沿线。

右江流域的百色革新桥遗址是一处典型的新石器时代晚期遗址，遗址地层分为四个文化层，其中第一到三层属于新石器时代，碳 -14 测年距今约 6000～5500 年。每层都有磨制石器，主要是石斧、石锛。在新石器时代晚期，石斧、石锛已经在磨制石器群中占据核心位置。这里实际上是个石器制造场，生产磨制石器，出土的成品和半成品都很多。第一文化层出土磨制石器 807 件，其

[1]　赵志军：《对华南地区原始农业的再认识》，《华南及东南亚地区史前考古——纪念甑皮岩遗址发掘 30 周年国际学术研讨会论文集》，文物出版社，2006 年，第 146～156 页。

[2]　陈伟驹：《革新桥文化的生计方式与广西史前农业起源》，《中央民族大学学报（哲学社会科学版）》2020 年第 1 期，第 110～117 页。

中石斧78件（含成品24件），石锛53件（含成品12件）；第二文化层磨制石器40件，其中石斧成品1件，石锛11件（含成品4件）；第三文化层磨制石器52件，其中石斧5件（含成品1件），石锛6件（含成品1件）[1]。整体来看，半成品和石料最多，成品有限，这正符合遗址的石器制造场性质。

观察革新桥石器成品，通体磨制者占多数，刃缘锋利。多数没有使用痕迹，可能是已经制作完成、但尚未进入流通环节的产品。器体的尺寸比较大，比新石器早中期常见石斧大不少，最大者超过14厘米，但多在10厘米以下。石斧尺寸增大，说明其功能比纯粹的木工工具有了更多的扩展，可能用于大规模砍伐林木，或者用作史前战争的武器。石斧通体精磨的现象普遍，可能反映出在流通中具有一般等价物的作用，也可能具有了礼仪性功能。石斧和石锛的尺寸增大，种类增多，反映出这些石器的生产是为了满足广大地域范围内各类群体的多种需要，而不仅仅是制作者自己使用。总之，观察这些石器，并结合较大范围内同类石器的普遍存在，可以得出以下结论。第一，当地存在石器的专业化生产；第二，当时应该存在一个史前物品的流通网络，活跃在较大地域范围内；第三，史前社会整体发展水平比新石器时代中期有了较大提高。

右江流域之北是桂西山地，位于云贵高原的东缘，属于红水河流域。红水河流域在新石器时代晚期也流行渔猎采集文化，这里发现了大型的石器制造场——都安北大岭遗址。北大岭遗址早期，石器以磨制斧、锛为主；晚期，石器以双肩石器为主，有铲、斧、锛等，通体磨光。晚期的双肩石铲可能是桂南大石铲文化的源头[2]。这处石器制造场，可能也是石器生产和流通的区域中心。

新石器时代晚期，珠江流域最重要的石器生产与流通中心是广东南海西樵山遗址。西樵山出产优质石材霏细岩，是制作高品质石器的好材料。西樵山是一处大型的石器制作场，使用年代很长，石制品供给范围很广，最主要的产品是霏细岩制作的细石器和双肩石器。西樵山细石器遗存的年代较早，过去认为属于中石器时代，但可能并没有这么早，更有可能是新石器时代早期甚至更晚，细石器的使用与渔猎采集文化也是适应的。西樵山的霏细岩双肩石器主要器形是石斧、

---

[1] 广西文物考古研究所编著：《百色革新桥》，文物出版社，2012年，第20~21页。

[2] 林强、谢广维：《广西都安北大岭遗址考古发掘取得重要成果》，《中国文物报》2005年12月2日。

石锛、石铲等，目前发现数千件。西樵山双肩石器起源和发展于新石器时代中晚期，距今5000年时达到极盛阶段，产品遍及珠江三角洲及其周边地区[1]。而双肩石器的技术流传更广，沿着珠江水系流传到整个流域，并进一步向外传播，东南亚多有发现。关于其起源与传播路线和地区，傅宪国曾做过全面的考察[2]。传统的常型斧、锛发展为双肩斧、锛，是装柄技术的重要进步，可以使器柄更加牢固，承受更大的冲击力，大大提高使用效能。双肩石器技术大范围流行，与这种技术的优势有密切的关系，与新石器时代晚期对于造船、建房、伐木、战争、礼仪等生产、生活活动强度的大幅度增加相适应。

其次，新石器时代晚期的外来农业遗址。这类遗址数量甚少，说明长江流域的农业人群逾岭南迁是较晚的小规模事件。

证据最为确凿的遗址是资源晓锦。晓锦遗址的年代为距今6000～3000年，属于新石器时代晚期。资源晓锦遗址出土了大量磨制石器，种类繁多，有石斧、石锛、石钺、石矛、石镞等。堆积分为三期。第一期石器数量少，主要有磨制的石斧8件、石锛15件等。第二期文化遗存的石器以磨制的小型斧、锛为主，石斧15件，石锛32件，还有少量的镞和钺。大量炭化稻米出现在这个时期。第三期文化遗存中石器减少，器物小型化，出土磨制较为精致的石斧6件，石锛16件[3]。晓锦遗址的遗存与岭南固有的渔猎采集文化完全不同，这是一支成熟的稻作农业文化。虽然石斧、石锛是大多数新石器文化常见工具，但晓锦的石斧、石锛等磨制石器非常成熟而系统，是典型的农业文化的产物。更值得注意的是，晓锦遗址出土了石钺，这是石斧从生产工具演变为武器的典型代表，同时还出土了大量石镞，说明了这支外来农业文化的侵略性和战斗力。

晓锦农业人群是沿着长江的支流资江逆流而上到达越城岭地区的。长江在越城岭一带的支流还有湘江和灌江，都成为稻作人群南迁的通道。在桂北，除了晓锦之外，还发现了不少同样性质的遗址。湘江上游的遗址众多，兴安磨盘山洞穴遗址的石器通体磨光，有石斧、石锛、石镞、石矛等。全州显子塘台地遗址，石器主要有石斧、石锛、石镞等，其中的梯形石锛，通体精磨，棱角线十分

[1] 杨式挺：《试论西樵山文化》，《考古学报》1985年第1期，第9～32页。

[2] 傅宪国：《论有段石锛和有肩石器》，《考古学报》1988年第1期，第1～35页。

[3] 广西壮族自治区文物工作队等：《广西资源县晓锦新石器时代遗址发掘简报》，《考古》2004年第3期，第7～30页。

整齐，左上角有对穿孔。该遗址为新石器时代晚期。全州龙王庙遗址，在建江边上，发现有石斧、石锛。全州马路口遗址，石器绝大部分通体磨制，器形规整，制作精致，器形有石斧、石锛、穿孔石器等，以梯形和长条形的石斧、石锛为主。全州卢家桥遗址，出土石斧、石锛、石镞等，制作精良，石斧、石刀光滑圆润。灌江流域的灌阳金家岭遗址，发现磨制石斧、石锛。灌阳狮子岩遗址，属于岩厦，发现磨制石斧、石锛。灌阳五马山遗址，属于新石器时代晚期，发现磨制石器，大部分通体磨光，也有的只磨刃部，器形有长条形石斧、石锛、穿孔石斧等[1]。这些遗址的文化面貌和资源晓锦类似，包含石锛、石斧、石钺、石镞等器物的磨制石器群表现出农业文化的特征。桂北山地是长江流域稻作文化南迁的第一站，在岭南农业遗址中年代最早。

邕江流域的顶蛳山第四期遗存，距今约 6000 年，研究者认为存在数量可观的栽培稻植硅石，可能已经出现了稻作农业，而且是外来的[2]。这个发现目前还是孤例，有的学者认为岭南稻作农业的传播可能是距今 4500 年之后才发生的。顶蛳山第四期的年代到不了距今 6000 年，而应该属于新石器时代末期[3]。这个看法也属于一家之言。多数学者认为长江流域稻作文化向南方的传播或者说迁徙没有那么晚，东西方路线不同，时间也不同，但总体来看，可能最早开始于距今 6000 年左右。

（五）新石器时代末期

岭南的新石器时代末期，是指距今 5000～4000 年这一发展阶段。这是渔猎采集文化传统格局被打破，稻作农业文化逐渐占据上风的时期。农业文化典型遗存包括石峡文化、钦州独料遗址、桂南大石铲文化等。磨制石器在遗存中占据中心地位，并凸显出多方面的功能。

在距今 5000～4000 年，水稻已经在粤北山地种植和消费[4]，石峡文化就是一

---

[1] 广西壮族自治区文物工作队：《广西湘江流域史前文化遗址的调查与研究》，《广西考古文集（第二辑）》，文物出版社，2006 年，第 238～284 页。

[2] 赵志军、傅宪国、吕烈丹：《广西邕宁县顶蛳山遗址出土植硅石的分析与研究》，《考古》2005 年第 11 期，第 76～84 页。

[3] 张弛、洪晓纯：《华南和西南地区农业出现的时间及相关问题》，《南方文物》2009 年第 3 期，第 64～71 页。

[4] 杨晓燕等：《稻作南传：岭南稻作农业肇始的年代及人类社会的生计模式背景》，《文博学刊》2018 年第 1 期，第 33～47 页。

支很有代表性的稻作农业文化。石峡文化延续时间并不很长，碳-14 测年为距今 4800~4400 年。石峡文化墓葬中随葬了大量石器，足以说明石器在石峡人群生活中的重要性。石峡文化时期，在斧、锛的基础上，衍生出很多重要石器类别，在生活中发挥重要作用。首先是大量的石镬，形似石锛，当是在石锛基础上发展出来的，形体比作为木工工具的石锛要大很多，主要应该是起到掘土功能，是典型的农业生产工具。出土了大量石锛，包括有肩石锛和有段石锛，当是重型木工工具，可见当时存在很多类似修建房屋建筑这样的需要繁重木工的劳动。石器中有一件来自西樵山的霏细岩双肩石斧，说明西樵山石器制造和交流中心在新石器时代末期仍然运转。最值得注意的是石峡文化出土了不少石钺和玉钺，说明石斧已经从实用工具演化为武器和礼仪用具，这是农业社会发展到了较高程度的证明[1]。当然，最能证明石峡文化发展水平的是随葬了不少良渚文化类型的玉器，包括玉琮、玉璧等高级别玉礼器。当代的研究者大多认为石峡文化是良渚文化南迁的结果[2]，石峡文化社会发展可能不如良渚文化那样已经达到了早期国家的程度，但也表现出相当高的水平。

在新石器时代末期，农业不但稳固占领了粤北的山地，而且已经挺进到了南方的北部湾地区。广西钦州独料遗址是一处山坡遗址，和不远处之前的海滨贝丘遗址明显不是一个系统。该遗址在 1978、1979 年做过两次大规模发掘，发现不少遗迹和遗物。碳-14 测年的结果表明该遗址的年代在距今 4500 年左右，结合出土遗物来看，这个年代应该是比较准确的。钦州独料遗址出土大量磨制石器，包括石斧、石锛，其中部分石斧、石铲为有肩石器，另外还有大石铲、石锄等。常型石斧出土 317 件，98% 是坚硬的砂岩，石锛 10 件。发现少量有肩石斧。另外还有石镞 6 件，石矛 2 件。就石器组合而言，该遗址中农具、木工工具、武器等均有，表现出这是一个比较成熟的农业社会[3]。

在距今 4500 年以后，稻作农业文化逐渐成为岭南史前社会的主流，狩猎采集文化逐步退出历史舞台。桂南大石铲文化是新石器时代最末期的农业文化，代

[1]　广东省文物考古研究所等：《石峡遗址——1973~1978 年考古发掘报告》（下册），文物出版社，2014 年，第 226 页。

[2]　中国社会科学院考古研究所：《中国考古学·新石器时代卷》，中国社会科学出版社，2010 年，第 711 页。

[3]　广西壮族自治区文物工作队等：《广西钦州独料新石器时代遗址》，《考古》1982 年第 1 期，第 1~8 页。

表了新石器时代农业发展的顶峰，其年代当在距今 4000 年上下。大石铲文化遗址发现很多，但基本上都是祭祀遗址，或者石器制造场，没有发现聚落和墓葬。20 世纪 70 年代以来，考古工作者先后对扶绥县的那淋、中东，隆安县大龙潭，崇左县吞云岭等大石铲遗址进行了发掘。这些遗址除了出土大量形制不同的大石铲之外，还有石斧、石凿、石锛等器物。这些石器绝大多数通体磨光，工艺精湛 [1]。有学者认为，大石铲实际上起源于前期的双肩石斧，是在农业高度发展的需求下催生出的一种生产工具。随着社会的发展和祀祭仪式的需要，有一部分巨型石铲演变成专用于祭祀以求农业与生育丰产的礼器 [2]。

大石铲的形成路径与黄河、长江流域的石钺或玉钺异曲同工，都是石斧（石锛）不断发展的结果。曾经的农业劳动工具，在社会经济高度发展的情况下，成为崇拜对象，升华为权力、地位和财富的象征。只不过在中原地区，钺在史前战争中又进而演变为王权的象征。而在岭南西部，斧的演化终止于大石铲，历史进程被打断，最终来自中原的文化传统部分替代了本土的文化传统。

四　岭南地区新石器时代的整体图景

通过考察石斧、石锛的各个演化阶段，可以串起岭南地区新石器文化发展的完整脉络，初步复原岭南新石器时代的整体图景。

更新世末期，全球环境发生巨变，世界多地的史前文化开始了适应性变化。这是一场前所未有的变革，人类社会即将进入新的时代。中国岭南地区拥有比北方相对更好的环境，气候更加温暖湿润，自然资源更为丰富，河湖纵横，水网密布。与北方相比，岭南史前人类有更多机会生活在砾石遍布的河滨，这是南方盛行砾石石器的重要原因之一。史前人类利用唾手可得的砾石制作多种石器，包括砍砸器、刮削器等，以获取多种食物资源，加工生活用具。特别是随着环境改变，在洞穴中稳定居住，获得周边自然资源常态化，对竹木用具的开发利用成为当时一个高频率的活动。对竹木加工的需要，促进了打制石器的进步，从端刃砍砸器中逐渐发展出规整的打制锛形器和斧形器。定居程度的提高，催发

---

[1]　蒋廷瑜：《广西考古通论》，广西科学技术出版社，2012 年，第 65～66 页。

[2]　覃义生、覃彩銮：《大石铲遗存的发现及其有关问题的探讨》，《广西民族研究》2001 年第 4 期，第 76～82 页。

了磨制石器的产生。斧、锛形打制石器，加上磨制技术，产生了新石器时代最早的石斧和石锛。岭南从旧石器时代向新石器时代过渡的这个时期，大约在距今18000～12000年。

新石器时代早期，人类居住在洞穴中，使用刃部打磨锋利的石锛和石斧作为基本工具，砍伐竹木，制作用具，狩猎并加工肉食，采集植物性食物。岭南新石器时代早期，人类主要居住在距离小河流不远处的石灰岩洞穴中，典型遗址如柳州白莲洞、桂林大岩、英德牛栏洞等。这时期古人类主要分布在岭南北部和中部的山地，沿海、大河和平原尚无人居住。这个时期的人口数量应该相当有限，流动性较高，遗址不多。这个阶段也有人称之为和平文化时期[1]。岭南的新石器时代早期大约距今12000～8000年。

进入新石器时代中期，经过数千年的适应，岭南地区的渔猎采集文化已经十分成熟。古人类走出洞穴，走向平原、大河和海滨，充分开发亚热带地区丰富的自然资源。人群的流动性大大降低，稳定的居住方式成为主流。这个时期利用水生资源成为一个突出的特点，形成了大量海滨贝丘和河畔贝丘。平地居住带来的修建房屋的需要，以及水边生活带来的修造船只的需要，刺激了石斧、石锛等木工工具石器技术的增长。在各地遗址中都发现了不少磨制石器，石锛和石斧则是磨制石器群中的核心器种。这个时期，岭南的聚落数量有了很大增长，主要是西江中游的贝丘遗址、北部湾一带的贝丘遗址，以及珠江三角洲一带的沙丘遗址。与新石器时代早期相比，遗址的主要分布区明显向低纬度地区转移，以往的石灰岩地带洞穴遗址数量大大减少。岭南的新石器时代中期大约距今8000～6000年。

新石器时代晚期，渔猎采集文化遗址数量剧增，岭南的新石器文化进入一个高度繁荣阶段。就考古发现来看，岭南各地都存在新石器时代晚期的遗址，很多遗址都包含成熟完整的石器群。石器群的核心仍然是磨制石锛和石斧，但出现了不少新的变化。其一，专业化程度提高，说明存在石器制作和流通的中心，桂西的革新桥、北大岭，特别是广东南海的西樵山，都是这类中心。西樵山的影响尤其广泛和持久，遍及珠江流域。其二，磨制石器种类增多，复杂性提高，新石器中期出现的双肩石器、有段石器，以及有肩有段石器，形成突出特点。整个西

[1]　周玉端、李英华：《东南亚和平文化研究的新进展》，《考古》2017年第1期，第68～77页。

江水系，成为双肩石器产品和技术传播交流的通道，并传播到东南亚一带。这类重型石器之所以高度发展，仍然是渔猎采集文化高度繁荣的结果。但也正是在这个时期，渔猎采集文化的统一局面开始被打破。长江流域的稻作文化，通过南岭发源的支流，向南迁徙。在南岭附近，特别是桂北地区，出现了一批稻作文化遗址，虽然数量有限，但开启了农业时代的先声。大约距今 6000 年左右，是岭南史前史开始发生重大变革的时期。从此，岭南地区的主流文化由渔猎采集文化逐步转变为稻作农业文化。岭南的新石器时代晚期大约从距今 6000 年延续到距今 5000 年。

新石器时代末期，文化发展进程加速，稻作农业快速取得优势地位。在新石器时代末期早段，如石峡文化时期，渔猎采集文化仍然占有重要地位，但到新石器时代末期晚段，即桂南大石铲文化阶段，稻作文化在很大的区域范围内已经取得了统治地位。虽然很多地方，如海滨，古人类仍然过着渔猎采集生活[1]，但岭南的整体文化格局已经改变。这个时期的遗址出土的石器已经十分复杂多样，包括了生产工具、生活用具、兵器、礼器等多个类别，不仅有实用工具，也有礼器和一般等价物的功能。特别值得注意的是，在日益发达的稻作文化中，双肩石斧演化出了大石铲这种高级别的礼器，成为和北方地区由斧而钺这样一条演化路线有别的另一种文化传统。但随着青铜时代的到来，中原文化强势入侵，大石铲文化灰飞烟灭，这条传统遂告中断。新石器时代末期的岭南，各个小区域的文化发展程度已经呈现出很大的差别，既有保持渔猎采集生活的小型部落，也有拥有雄厚经济和军事实力的农业政体。这些政体，后来大多数演变成为岭南的早期古国、古族，成为"百越"的组成部分。

第三节　岭南地区新石器时代战争迹象探微

战争是今天这个世界的常态，在史前时期也是如此，只不过频度和烈度较小。战争和冲突造成巨大的破坏，但也促进了人类社会的发展。有学者认为，国

---

[1] 杨晓燕等：《稻作南传：岭南稻作农业肇始的年代及人类社会的生计模式背景》，《文博学刊》2018 年第 1 期，第 33~47 页。

家或文明的诞生，就是战争的结果[1]。这个说法影响很大，成为追寻文明起源的一个重要路径。在中国，文明的发源地素称是黄河流域和长江流域，而鲜有人提到珠江流域。与此相关的是，在新石器时代，黄河流域和长江流域战争和冲突的证据十分突出，而珠江流域的相关证据却不很明显，这可能也是中国南北方文化发展道路的一个重要差异。但这并不是说，在新石器时代八千年的时间里，岭南就是一片安静祥和之地，毫无流血冲突。史前的岭南同样也存在部落冲突和战争，而且愈演愈烈。下文将根据考古资料对此现象进行一番探索，寻求其与新石器化发展过程之间的关系。

一 新石器时代战争的相关研究

史前时期有无战争？很多学者讨论过这个问题。马克思、恩格斯认为史前时期是有战争的，而且很残酷。英国学者麦都谷认为"好斗"是人的最主要本能之一，而且是发生战争的主要原因。英国学者金斯也认为，"战争的根本原因与它的直接原因不同，是在于人的本性中有天生的侵略性"。奥地利心理学家弗洛伊德（Sigmund Freud）曾表示，战争的原因是出于人的侵略性、破坏性、冲动等，这些是构成人类生存的最古老、最深刻和最持久的心理倾向。他还认为人类进行战争冒险最重要的媒介是情感结构，这一结构是天生的，它体现了人性中最古老、永恒的方面。英国历史学家汤因比（Arnold Joseph Toynbee）也表示，"战争是人类暴力和残酷性的一种特殊表现形式。我相信这些坏的冲动，是人的本性生来就有的，是生命本身的一种本质表现。所有生物内部都潜藏着暴力和残酷性"。马克思、恩格斯用生产力和生产关系的矛盾来解释，认为人类的战争不在于生物性，而在于社会性，它服从于社会经济法则。史前战争的主要原因，包括猎头、血亲复仇、争夺土地等资源、掠夺财物和人口等[2]。

总之，关于史前时期存在战争冲突这一点，学术界是没有太多争议的，这似乎是人类历史永恒的主题。对于考古学家来说，主要是如何在考古材料中加以识别冲突和战争的迹象，例如是否存在武器、防御工事之类。

---

[1] Carneiro, R. L. A Theory of the Origin of the State. *Science*, 1970 (169): 733～738.

[2] 以上论述转引自：曾庆洋《关于马克思、恩格斯对史前社会战争的论述》，《马克思主义研究》1987年第2期，第60～70页。

日本考古学家冈村秀典认为，从世界人类历史来看，多数情况是狩猎野兽使用的工具渐次发展为武器，明确区分两者比较困难。中国商代使用戈、矛、钺、镞等青铜武器，而此前的新石器时代，石和骨制的镞，以及玉、石制的钺被认为是主要的武器。镞是最常见的武器。钺则是作为近战武器使用，出现比镞更早。再一个标志是防御设施的出现。仰韶文化时期出现不少环绕聚落的壕沟，流行的看法认为这是战争防御设施，但冈村秀典看法不同，认为可能主要做抵御野兽之用，或者作为区别聚落内外的界限标志。龙山时代的城墙才是战争设施，意味着存在战争和居民的自卫行为 [1]。

冈村秀典认为钺的出现早于镞，这个观点是不正确的。弓箭的出现非常早，可能早到旧石器时代晚期，这时候还没有出现磨制的石斧和石锛，更遑论钺。

钱耀鹏对于史前武器的发展做了很多探索。他提出，最初武器与工具功能分化不大，两者在形态和性能方面没有明显的区别，所以很难区分。由于战争一般是集团形式的暴力冲突，所以用于战争的武器自然不是一般意义上的凶器，其专门化程度、种类及使用方法等均可在一定程度上反映出战争的特殊要求。只要把握住最为普遍并在战争中起主要作用的武器种类及性能，实际上也就把握住了战争的基本情况与线索。无论如何，在史前战争发生发展的初期阶段，经常作为武器使用的无疑应该是那些攻击性和杀伤力较强的复合工具，如考古工作中常见的石斧、弓矢、石球（流星索或弹丸）、矛等。考古发现表明，使用最多，最为普遍，并演化成主要武器种类的当是石斧和弓矢。矛虽然是后世的主要武器，但史前时期发现却不多，可能主要还是作为投枪使用。从性能和使用方法来看，史前武器基本分为两大类，即手持武器和远射武器。手持武器或曰冲击武器，主要是石斧，包括石钺。远射武器主要是弓矢和流星索。总之，斧钺（锛）和弓矢（镞）是史前最主要的武器。骨镞一般带铤，宽扁而略显轻薄，穿透杀伤力相对较差。新石器时代晚期前段，镞有增加的趋势，骨镞仍占绝大多数，出现少量磨制石镞。晚期后段，石镞数量增加，超过骨镞。龙山时代，石镞数量进一步增加，磨制精细，结构合理，一般分锋、身、铤三个部分，镞身呈三棱形或菱形；骨镞形态多样化，有三棱形、圆锥形、窄厚叶形等，穿透杀伤力都较强。从各种镞的形态变化及石镞数量和比例的增加可以看出，弓矢的攻击性能不断提高。改

---

[1]　冈村秀典：《中国新石器时代的战争》，《华夏考古》1997 年第 3 期，第 100～112 页。

进不可能是狩猎的需要促进的，因为此时畜牧业兴起，狩猎的需求反而降低，主要还是战争的需要推动了弓矢的发展[1]。

钱耀鹏认为，在史前战争中斧、钺具有特别重要的作用。据民族学资料分析，史前战争形式可能有远隔战、伏击战、奇袭战、近身或近接战之别，但主要战争形式则应存在着由远隔战（远距离对攻战）逐渐向近身战转变的过程。随着近身战的日益普遍，手持武器如石斧逐渐成为主要的进攻性兵器。矛主要是作为投掷器使用，一直没能充分开发利用。弓箭和石矛是随着狩猎经济发展而出现的远射或投掷工具。作为战争兵器使用后，一方面仍然保持狩猎活动的主要使用特征，另一方面又因为使用方法及携带数量的客观限制，难以成为史前战争中的主要进攻性武器。在整个史前时期，石斧是最基本的手持兵器种类。石斧无论是在狩猎经济还是在农业经济中，始终都大量存在，因而在规模越来越大的近接战中，似乎只有石斧能够成为主要的进攻性手持兵器。可以认为，石斧既是一种重要的生产工具，同时又逐渐发展演变成史前战争中最主要的进攻性兵器，在战争中发挥着非常重要的作用，极大地强化了斧钺的社会功能和意义[2]。钱耀鹏从武器发展史的角度追溯了钺作为王权象征的形成过程。

除了武器之外，钱耀鹏还考察了防御设施。他认为，从国内外的有关发现来看，环壕可能是人类历史上出现较早且较为普遍的一种防御设施。人类早期历史上以壕沟或栅栏为重心的防御设施，其平面形状往往多呈圆形结构环绕于聚落周围。这是因为环形防御形式可以保持各部分的兵力大致相当，避免死角，可以以最有限的防御力量达到最佳的防御效果。后来在环壕聚落的基础上逐渐产生了新型聚落防御形态，即史前城址。从环壕聚落到史前城址以及在史前城址发展的过程中，还存在着一个非常重大的变化，即壕沟和城垣的平面形状由以圆形为主发展演变为以长方形或方形为主。长方形或方形城垣结构的普遍形成，既隐含着防御体系的重大变化，同时可能还隐含着社会内部组织结构的重要变革。龙山时代城址防御设施的长方形或方形结构，说明作为社会集团的基本防御单元可能已经突破了聚落的局限，规模更大。而且，这一变化可能还暗示着城址内部以氏族为基础的血缘关系已经有所松弛，一种新的布局规划形式以及与此相关的社会秩

[1]　钱耀鹏：《史前武器及其军事学意义考察》，《文博》2000 年第 6 期，第 21～29 页。

[2]　钱耀鹏：《中国古代斧钺制度》，《考古学报》2009 年第 1 期，第 1～34 页。

序开始形成，其中居民成分中的地缘因素可能在萌发滋长 [1]。

但笔者认为，方形城垣之所以成为主流，主要还是防御方便，可以四个方面不留观察死角，比环形城垣明显更有优点。岭南地区社会发展相对落后，未见到史前城址，甚至环壕都很少发现，这是与北方地区的重大区别。新石器时代没有城墙类设施，除了社会发展程度低，更可能是社会冲突不是非常激烈，没有投入巨大资源修筑城墙的必要。也有可能是采取了就地堆筑土墙，或者使用竹木栅栏，或者主要使用壕沟，以及其他具有防御功能的设施。

二 岭南地区新石器时代的战争迹象

结合岭南地区史前考古的具体情况，能够确定与战争和冲突有关的资料主要是人骨和石器遗存，类似中原地区史前城址那样的材料极其罕见。下面按照岭南地区新石器时代的发展阶段，对于可能反映战争或冲突的考古资料加以梳理。

（一）新石器时代早期

岭南地区新石器时代早期有明显战争或冲突证据的遗址很少，桂林甑皮岩遗址资料丰富，能够分辨出一定的迹象。在 20 世纪六七十年代，甑皮岩经历过多次发掘，积累了不少资料，包括石器和墓葬 [2]。2001 年，甑皮岩遗址又做了一次比较精细的发掘，并在整理和研究阶段做了测年和分期。《桂林甑皮岩》考古报告汇总了历次发掘的全部资料，进行了深入系统的研究 [3]。

甑皮岩能够反映存在战争或冲突的资料主要是 20 世纪 70 年代发掘出土的 18 具人骨，其中较为完整的头骨有 14 个，专家对这 14 个头骨进行了深入的研究，发现其中 4 个头骨上有人工伤痕。BT2M7 头骨，属于老年女性个体，头骨颅顶下陷，很可能是被棒状物猛击所致。DT2M1 头骨，属于男性老年个体，左侧颧骨靠近左眼眶外下角处断去一块，呈一近似于三角形的截面，边缘锐利，可能是被磨制石器（如石斧、石锛）之类利器劈削所致。该头骨眉间部有一呈 36 毫米 ×9 毫米大小的条形缺口，由额结节处下方斜向左眼眶上内角，透穿骨壁，

[1] 钱耀鹏:《中国史前防御设施的社会意义考察》,《华夏考古》2003 年第 3 期, 第 41~48 页。
[2] 广西壮族自治区文物工作队等:《广西桂林甑皮岩洞穴遗址的试掘》,《考古》1976 年第 3 期。
[3] 中国社会科学院考古研究所等:《桂林甑皮岩》, 文物出版社, 2003 年。

边缘平整，表明也很可能是一种人工伤痕。DT2M3头骨，属于老年女性个体，头骨上有5个穿透骨壁的空洞，近似等腰三角形，边缘平整，可能是尖状器猛力穿刺而成。BT2M4头骨，为一老年男性个体，眉间部有一条形缺口，穿透骨壁，边缘整齐，可能也属于人工创伤性痕迹[1]。

《桂林甑皮岩》考古报告对于历年来的人骨资料做了更全面的考察，发现在甑皮岩遗址出土的19例史前个体中，有9例个体存在不同程度的创伤痕迹，占总个体数的47.37%，考虑到有些个体骨质和骨骼保存较差，无法进行有效观察，实际创伤比例可能更高，而且多数个体骨骼上的创伤不止一处。当然，有些个体创伤属于死后形成，或者形成于生前的意外，但即使剔除这些因素，甑皮岩遗址古代居民的创伤比例仍然很高，明显高于多数其他新石器时代遗址。这从一方面说明了新石器时代早期的桂林地区存在着经常性的部族或聚落之间的争斗，而不是想象中"原始共产主义"的和平状态。这些创伤包括锐器和钝器等打击痕迹，但未发现史前手术现象。肢骨由于多数保存较差，无法进行有效观察，目前发现的创伤多分布在头部，说明当时争斗之激烈。同时骨骼上的人为创伤并没有一定的规律，男女老幼都有发生。发生创伤的位置也不固定，有的在前额，有的在颅顶，有的在脑后。打击的器械也无规律，有的是锐器打击，有的是属于钝器打击形成；打击的方向和力度也不相同。这些都说明创伤的无规律性，因此，不可能是民族学上所谓的"棍棒礼"习俗，也不是史前开颅术和梅毒、麻风病现象，也找不到人吃人的迹象。所以，这些骨骼上的创伤多数都属于人工有意为之，是人类之间暴力冲突的结果[2]。

桂林甑皮岩遗址的磨制石器群中，有部分可以归入常见的史前武器类别。2001年的发掘，仅在第五期遗存中发现1件磨制石锛（石斧），即标本BT3⑫001，青灰色粉砂岩，器体略呈梯形，横剖面近扁圆形，圆弧顶并留有部分未磨平的打击崩疤，正面及背面均呈弧背形，凸弧刃，锋利，没有使用痕迹。长10.1、宽6.5、厚3.1厘米，重280克[3]。这件石器尺寸较小，重量较轻，不适宜作为武器，应该是纯粹的木工工具。在20世纪70年代的发掘品中，有一批器

[1]　张银运、王令红、董兴仁：《广西桂林甑皮岩新石器时代遗址的人类头骨》，《古脊椎动物与古人类》1977年第1期，第4～13页。

[2]　中国社会科学院考古研究所等：《桂林甑皮岩》，文物出版社，2003年，第427页。

[3]　中国社会科学院考古研究所等：《桂林甑皮岩》，文物出版社，2003年，第182页。

物具有武器的功能。磨制石器共计21件，其中石斧5件，板岩为主，器身大部分磨制精细，刃部有明显的使用痕迹。有3件尺寸较小，可能是一般工具，但有2件石斧尺寸和重量较大，完全可以作为武器使用。其中标本K：497，灰黑色泥质板岩，器身平面近长方形，顶部略弧，两侧微外张，弧刃，正锋。刃部及绝大部分器身磨制，但风化较重。顶部留有砸击片疤，左侧可见打制时的片疤痕迹，背面有一处大的砸击凹疤，右下刃端有一较小崩疤及一些细碎的凹痕，为使用痕迹。器长15、宽7.3、厚3.6厘米，重660克。标本KBT1：001，灰黑色硅质泥质板岩。器身平面近长方形，顶部略弧，两侧微外张，弧刃，正锋。从规整的外形分析，刃部及绝大部分器身原为磨制，但由于严重风化，已经看不出磨制痕迹。两侧边缘有较多的打制片疤。器长18.4、宽8.1、厚3.1厘米，重720克（图3-28）。出土石锛11件，细砂岩和粉砂岩为主，方形或长方形。器身大部分磨制，刃部有明显的使用痕迹。但这些石锛的尺寸和重量较小，器长多在10厘米以下，重量200克左右，很难作为武器使用，可能主要是木工工具。出土石矛1件，标本KDT6：004，灰黑色碳质板岩，器身呈扁薄长方形，上端残断，两侧平直，刃部凸弧形。通体磨制，上段磨光，下段有少许砾石的粗涩面。刃缘处有细碎的凹疤，为使用痕迹。残长9.4、宽1.6、厚0.5厘米，重16克（图3-29）。石矛是比较典型的武器。石矛的重量一般是比较轻的，主要是作为投枪使用，而非后世那样手持的刺兵。

甑皮岩出土物中没有见到石镞，但有骨镞，说明当时有弓矢。骨镞只有1件，标本K：032，上、下两端略残。上段横剖面为带凹槽的三角形，下端呈圆形。器表浅黄色。通体磨制精细。正面中部一棱凸起，背面成较深而规整的凹槽，下端渐收成圆尖形的锋端。残长10.8、宽1厘米。背面的凹槽可能是因为骨料髓腔自然形成的，但却可以发挥血槽的作用，从而大大增强杀伤力。这是1件比较大的骨镞，一般说来，狩猎动物并不需要这么大的箭镞，作为武器使用的可能性较大。

甑皮岩出土以上人工创伤人骨和可能属于"武器"类的器物，因为发掘较早，没有断定其年代，但很有可能属于2001年发掘确定的第四期或第五期，因为遗存特征比较符合第四期或第五期的情况。按照甑皮岩的年代序列，这个时期已经接近新石器时代早期晚段，即距今8000年左右。这个时候新石器时代社会已经有了

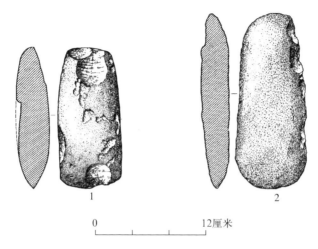

图3-28　甑皮岩出土大型磨制石斧

1.K：497　2.KBT1：001　（采自中国社会科学院考古研究所等：《桂林甑皮岩》，文物出版社，2003年，第233页）

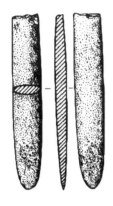

图3-29　甑皮岩出土石矛KDT6：004

（采自中国社会科学院考古研究所等：《桂林甑皮岩》，文物出版社，2003年，第234页

一定发展，部落冲突或战争日益频繁，甑皮岩的横死者和武器就是证明。

（二）新石器时代中期

新石器时代中期，岭南地区以渔猎采集经济为特征的文化高度繁荣，形成了亚热带水网地带独特的地域文化。人类已经走出洞穴，到滨水地带的台地居住，并大量利用水生动植物资源。这个时期西江中游兴起了很多贝丘遗址，人口压力较大，形成了资源的竞争。竞争不可避免地造成流血冲突或战争，这在顶蛳山文化遗存中有突出的表现。

1997年4~7月，中国社会科学院考古研究所等单位对邕宁顶蛳山遗址进行了发掘，有丰富的发现。遗址堆积共分4期，其中第二、三期被称为"顶蛳山文化"。第三期发现了墓葬133座，其中有30多座属于"肢解葬"。肢解葬是把人体从关节处肢解，分别放置在墓穴中。这类墓葬中的骨骼，尽管关节处未见明显的切割痕迹，但是从未切割部分的人体关节，尤其手、脚趾关节均未脱离原位的情况看，与二次葬有较大差异，应是在死者软组织尚未腐烂时有意肢解并摆放而成，是华南地区首次发现的较为独特的埋葬方式[1]。代表性墓葬如下。

1.M117

肢解葬，开口于T2202第1层下，为长方形竖穴土坑墓，长102、宽75、深20厘米。内填灰黄色土并夹螺壳。其葬式为自颈部、腰部及膝部将人体斩为四段，头颅置于墓坑左侧，上躯干倒扣在墓中间，左右胫、腓骨及脚掌部置于墓坑右侧，双上肢分别割下置于躯干下侧。墓中放置不规则石块13件（图3-30）。

2.M65

肢解葬。开口于T2207第2层下，为长方形竖穴土坑墓，长98、宽80、深20厘米。内填灰黄色土并夹螺壳。系将人的头颅割下，置于胸腔内，肋骨未经移动，完整地包裹着头颅；左右上肢自肩胛骨处割下，分别置于墓葬两端；自腰部将盆骨割下，并将左右下肢自股骨头处肢解，盆骨倒扣在身体右侧，双下肢屈置于墓葬东侧（图3-31）。观察线图可见，墓中放置有石斧1件，墓边有石块3件。此件随葬石斧特别值得注意，与墓主人的身份当有密切关系，可能表明了墓主人生前是一位手执石斧的战士。

3.M107

肢解葬，开口于T2102第2层下，为长方形竖穴土坑墓，长95、宽80、深

---

[1]　中国社会科学院考古研究所广西工作队等：《广西邕宁县顶蛳山遗址的发掘》，《考古》1998年第1期，第11~33页。

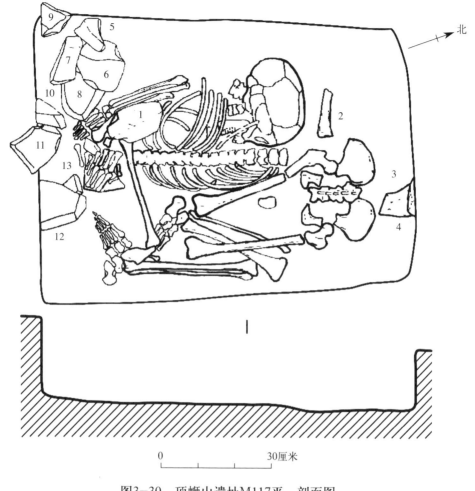

图3—30　顶蛳山遗址M117平、剖面图

1～13.石块　（采自中国社会科学院考古研究所广西工作队等：《广西邕宁县顶蛳山遗址的发掘》，《考古》1998年第1期，第21页）

21厘米。内填黑灰色土并夹杂较大螺壳，墓主被腰斩，头向北，面朝东，上躯干平置于墓坑中部偏右，略呈东北—西南向；右上肢上屈，尺骨、桡骨压在头上，左上肢回屈，手在左肩部；下半身被反转，盆骨及相连椎骨朝向西北角，下肢被摆放成三角形，墓主经鉴定为一老年男性，年龄在40～45岁之间。这座墓葬的人骨相对完整，所以能够鉴定出性别。肢解葬的墓主人是男性，可能是认识肢解葬性质的一个线索。

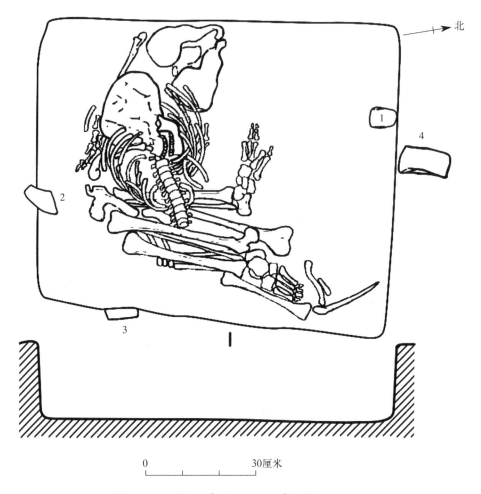

0   30厘米

图3-31   顶蛳山遗址M65平、剖面图

1.石斧   2～4.石块   （采自中国社会科学院考古研究所广西工作队等：《广西邕宁县顶蛳山遗址的发掘》，《考古》1998年第1期，第21页）

4.M92

肢解葬，开口于T2206第2层下，为长方形竖穴土坑墓，长90、宽72、深16厘米。内填灰黄色土并夹螺壳。墓主被腰斩，头向东北，面朝右，上半身反转，俯身于墓坑中部；右上肢倒背于背部，左肱骨压在左胸下，尺骨、桡骨向右折；盆骨及双下肢反转倒置于墓坑左侧，双腿屈折。墓主经鉴定为一年龄在17～20岁之间的男性。这座墓主人是一位青年男子，当是聚落的主要劳动力。

关于顶蛳山遗址的肢解葬，大多数学者认为可能与部落冲突或战争有关，最大的可能是与部落战争有关。少数人死于战场，人们将其带回，尸体僵硬，不便再实行传统的"屈肢葬"，则肢解后按屈肢葬的姿势再埋葬[1]。也有学者认为，顶蛳山肢解葬是国内外考古学上经常提到的"割体葬仪"，目的是通过砍残死于非命者的尸体，使那死鬼无法回家作祟。死者有可能是病死，也可能是因为暴力冲突而死，总之是凶死[2]。还有人认为，顶蛳山的肢解葬可能是残食同类的遗存，是古人"食人之风"的表现[3]。还有人讨论了与之相近的横县秋江遗址，认为肢解葬可能是一种"祭仪"[4]。

据长期从事西江流域新石器时代考古的广西文物保护与考古研究所研究员覃芳统计，肢解葬不仅仅存在于顶蛳山遗址，在顶蛳山文化多个遗址，甚至顶蛳山文化之外的同时期遗址中也有，如横县秋江遗址和都安北大岭遗址[5]。

横县秋江遗址发现有 5 例肢解葬，可能还有更多的类似墓葬存在，但因人骨架十分杂乱，无法准确辨认葬式[6]。5 例肢解葬的情况大致如下。

1. T3M11

肢解葬。头向西北，双臂顺放于两侧，头盖骨多已残破。肱骨较为完整，桡骨已经残断。股骨已朽，从痕迹看，位于尺骨、桡骨之间，脚趾骨在腰部，手指骨在腰部，有肋骨、跗骨在胸部。

2. T1M12

肢解葬。头向西北，按照屈肢方式摆放。肱骨压在头骨之上，头骨、下颌骨在胸部位置。

[1]　覃芳：《邕宁顶蛳山遗址葬俗试释》，《广西民族研究》2002 年第 2 期，第 107～110 页。

[2]　潘世雄：《史籍中"宜弟"之说考释——兼释广西邕宁顶蛳山新石器时代遗址肢解葬》，《广西民族研究》2004 年第 4 期，第 121～123 页。

[3]　郭京宁：《顶蛳山肢解葬成因初析》，《北京大学研究生学志》2003 年第 1 期，第 70～74 页。

[4]　刘琼：《广西秋江史前墓地试析》，中央民族大学 2012 年硕士论文。

[5]　覃芳：《邕宁顶蛳山遗址葬俗试释》，《广西民族研究》2002 年第 2 期，第 107～110 页。

[6]　广西壮族自治区文物工作队等：《广西横县秋江贝丘遗址的发掘》，《广西考古文集（第二辑）》，科学出版社，2006 年，第 144～187 页。

3. T3M27

肢解葬。头骨靠于探方北壁东端，较残。脊椎弯曲，与头骨相邻接。胫骨斜立于西端（头东脚西），股骨较乱，左边髌骨在盆骨之下，右边髌骨在盆骨之上，右股骨在腰椎右侧。脊椎棘突朝上，但微侧。

4. T3M29

肢解葬。头骨残缺，骨架较为杂乱，胫骨、腓骨、股骨无序叠放。

5. T3M31

肢解葬。头向西北，头骨在胸腔处，左、右肱骨平放两侧，有少许肋骨。

2004 年 6 月至 2005 年 5 月期间，广西文物考古研究所发掘了广西都安北大岭遗址，在新石器时代地层发现 7 座墓葬，其中有肢解葬，墓坑不甚明显。

在 20 世纪 70 年代发掘的西江诸贝丘遗址中，在扶绥敢造、武鸣芭勋、南宁青山、邕宁长塘、横县西津等遗址都发现了墓葬，其中也应该有肢解葬，但限于当时的发掘水平，没有明确辨认出来[1]。

西江流域新石器时代中期以贝丘遗址为特征的顶蛳山文化，除了肢解葬这种特殊葬式指示出可能存在剧烈的族群冲突或战争之外，各个遗址中还出土了不少具有武器性质的石器，同样也是史前战争的指示物。

顶蛳山遗址。第一期距今 10000 年，未见斧、锛等石器。第二期距今 8000 年，石器较少，出土石斧 4 件，石锛 3 件，穿孔石器、斧、锛均为通体磨制，大部分仅仅刃部磨制较为精致，器体略微磨制。有骨锛、骨斧、骨镞共 3 件。第三期距今 7000 年，石器增加，器类有斧、锛、砺石。斧、锛均通体磨制，大部分刃部磨制较精，器体略微磨制。石斧 31 件，分四式，截面长方形、梯形、三角形、亚腰形。锛 19 件，三式，截面长方形、梯形、三角形。骨镞 17 件，二式。骨矛，4 件，分三式。第四期，石器较少，器类有石斧 3 件、石锛 4 件，通体磨制，大部分仅仅刃部磨制较精细。骨器有斧、锛、矛等。锛最多，斧次之，制

---

[1] 覃芳：《广西新石器时代葬制与古越族人埋骨的关系》，《百越研究（第一辑）》，广西科学技术出版社，2007 年，第 165～175 页。

作精致。骨铲6件，三式，刃部磨制精细，且经过抛光，刃部有使用痕迹。斧3件，刃部精磨并抛光。骨矛1件，柳叶形，横断面呈凸镜形。骨镞2件，平面菱形，双尖锋（图3-32）[1]。顶蛳山遗址出土的这些器物中，骨镞、骨矛可以用作武器，部分石斧、石铲也可以用作武器。有些石斧器身长达10厘米以上，刃部锋利，完全可以用作近身作战的利器。

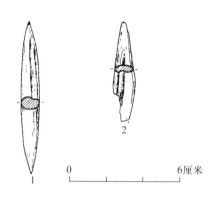

图3-32　顶蛳山遗址第二期骨镞

1. Ⅱ式骨镞　2. Ⅰ式骨镞　（采自中国社会科学院考古研究所广西工作队等：《广西邕宁县顶蛳山遗址的发掘》，《考古》1998年第1期，第17页）

　　顶蛳山文化的其他多处贝丘遗址也出土有可作武器的器物。南宁柳沙豹子头遗址，分早晚两期。早期石器总体不多，打制石器和磨制石器共存，磨制石器相对较多，石斧、石铲为主，通体磨制，刃部磨制精细，出土石斧1件，弧刃，锋利，石铲5件，二式。晚期，石器均为磨制，数量多，以斧、铲为主。斧、铲大部分仅刃部磨制较精，器体稍微磨制。器形多不规整，有长方形、梯形、三角形等。部分石器刃部有使用痕迹。斧110件，五式。铲50件，四式。斧、铲有斜刃和双肩者。还有石矛、石刀，骨镞6件、骨矛4件等[2]。横县秋江遗址出土的磨制石器精致，刃部锋利，包括石斧、石铲、石矛等；骨器中有骨斧、骨

　　[1]　中国社会科学院考古研究所广西工作队等：《广西邕宁县顶蛳山遗址的发掘》，《考古》1998年第1期，第16～27页。

　　[2]　中国社会科学院考古研究所广西工作队等：《广西南宁市豹子头贝丘遗址的发掘》，《考古》2003年第10期，第886～898页。

矛等 [1]。横县西津遗址出土有肩石器 105 件，石料多为黑色灰岩，也有少量粉砂岩和板岩，加工粗糙，成品普遍存在打击疤痕，一般只磨刃部，很少通体精磨，反映出一定的原始性。这批石器数量多，类型复杂，代表了岭南地区有肩石器的早期类型 [2]。南宁青秀区灰窑田遗址，石器多磨制，石斧、石锛均有，骨器中有骨镞 [3]。横县江口遗址出土磨制石器较多，多数磨光刃部，大部分器身保留天然砾面或琢打疤痕，很少见到通体磨光的石器。石斧 26 件，三式，石锛 6 件，石矛 1 件。琢打石器中，斧 42 件，分七式 [4]。其他顶蛳山文化遗址如石船头、凌屋、那北嘴、牛栏石、长塘等，都出磨制石器，主要也是石斧、石锛之类 [5]。

各遗址中肢解葬的普遍存在，以及各种武器的出土，说明当时应该存在较为频繁的冲突或战争。新石器时代中期，特别在聚落稠密的西江中游，部落之间发生资源争夺战并不令人意外。其中邕江流域聚落遗址尤其密集，主要集中在新石器时代中期。依照覃芳的考察，顶蛳山文化时期，居住在邕江两岸河畔台地的人口较多，聚落繁盛。像顶蛳山遗址，遗址面积达 5000 平方米，居住人口估计在 200 人以上。邕宁长塘乡的青龙江口遗址残存 7200 多平方米，居住人口可能更多。在邕江下游河段，共发现 14 处遗址，分布密集，每处遗址之间相距只有 1 千米左右。一个遗址就是一处以血缘关系为纽带的聚落，分布如此密集的聚落群，反映出这里土地肥沃，植被茂盛，自然资源丰富，故而吸引着越来越多的族群来此居住。但随着社会的发展，人口日益增多，人均拥有自然资源的数量减少，以氏族聚落为单位的疆域观念必然产生，在自然资源、人口分布与资源分配不相适应的情况下，自然资源的缺乏就会刺激农业的生产和发展，同时也会引起争夺资源的械斗或战争 [6]。

[1]　广西壮族自治区文物工作队等：《广西横县秋江贝丘遗址的发掘》，《广西考古文集（第二辑）》，科学出版社，2006 年，第 144～187 页。

[2]　彭书琳、蒋廷瑜：《广西西津贝丘遗址及其有肩石器》，《东南文化》1991 年 Z1 期，第 164～172 页。

[3]　李珍、黄云忠：《南宁市灰窑田新石器时代遗址》，《中国考古学年鉴·2007》，文物出版社，2008 年，第 381 页。

[4]　广西壮族自治区文物工作队：《广西横县江口新石器时代遗址的发掘》，《考古》2000 年第 1 期，第 12～21 页。

[5]　中国社会科学院考古研究所：《1996 年广西石器时代考古调查简报》，《考古》1997 年第 10 期，第 15～35 页。

[6]　覃芳：《顶蛳山文化衰变的人类学探索》，《广西考古文集》，文物出版社，2004 年，第 323 页。

（三）新石器时代晚期

岭南地区的新石器时代晚期，是区域历史大变革的时期。长江流域的稻作文化和人群侵入岭南，打破了岭南传统的渔猎采集文化格局。强大的稻作农业人群征服和融合了源自旧石器时代的狩猎采集人群，逐渐占据统治地位，岭南地区在新的生产力的推动下，迎来了前所未有的繁荣发展。这个过渡并非一个和平的过程，而是充满了激烈的战争冲突。

大约在距今 6000 年的新石器时代晚期之初，长江流域的稻作文化人群开始向岭南扩张，通道就是南岭上的隘口，特别是长江支流在南岭源头的末端。稻作文化的南侵不可避免带来农业和狩猎采集两种文化的正面对决，二者之间发生冲突不可避免。新石器稻作农业代表了更高级的一种文化形态，拥有更先进的武器装备，在竞争中占据上风。

资源晓锦是目前所知长江流域稻作文化南迁最早的一处遗址，据发掘者公布的碳 -14 测年数据，距今大约 6000～3000 年。实际上，晓锦位于南岭之上的资江源头，这里仍然属于长江流域。晓锦人虽然还没有正式进入岭南的地界，但已经即将跨过南岭。晓锦遗址的年代为新石器时代晚期，堆积分为三期。第一期石器数量少，主要有磨制的石斧、石锛、柳叶形石镞、穿孔石矛等，斧、锛大而厚重。器形包括石斧 8 件，分三型（长方形、梯形、亚腰形）；石锛 15 件，分三型（长方形、梯形、亚腰形）；石镞 3 件，柳叶形，截面为菱形，黑色页岩，有菱形铤，中间有棱脊，长 8.3、宽 2.2、厚 0.5 厘米；石矛 2 件，燕尾形，截面为扁圆形，灰黑色泥岩，倒钩形尾翼，长方形铤，铤前有穿孔，残长 9.1、宽 4.2、厚 0.7 厘米。第二期文化遗存的石器以磨制的小型斧、锛为主，有少量的镞和钺。石斧 15 件，长方形和梯形；石锛 32 件，长方形、梯形、三角形。镞 5 件，有柳叶形和三棱形两种。大量炭化稻米出现在这个时期。第三期文化遗存中石器减少，器物小型化，磨制较为精致的石斧 6 件，石锛 16 件。石镞 12 件，分柳叶形、三棱形、四棱形。发现多处完整的圆形居住遗迹[1]。部分磨制斧、锛见图 3-33。

晓锦遗址从第一期开始，即有禾本科孢子花粉存在，可能当时已经有了农

---

[1]　广西壮族自治区文物工作队等：《广西资源县晓锦新石器时代遗址发掘简报》，《考古》2004 年第 3 期，第 7～30 页。

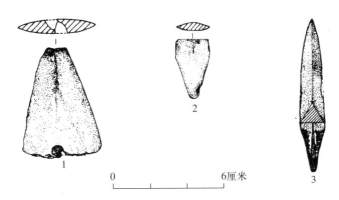

图3-33　资源晓锦遗址第二期文化磨制石矛、石镞

1.矛　2.A型镞　3.B型镞　（采自广西壮族自治区文物工作队：《广西资源县晓锦新石器时代遗址发掘简报》，《考古》2004年第3期，第21页）

业迹象。第二期出土了大量稻谷颗粒，说明农业已经相对比较成熟。晓锦遗址的三个时期都发现了明显具有武器性质的石器，其数量和质量要大大超过新石器时代早期的狩猎采集文化。钺、矛、镞明确属于武器，石斧和石锛有部分尺寸较大者，也属于武器。第一期的石斧器长多在10厘米以上，和第二期的石钺尺寸相当，适合作为武器。第一期的石锛器长较小，应该是木工工具。第二期的石斧和石锛皆有器长在10厘米以上者，适合作为武器。第三期的石镞较多，说明当时对于远射武器的重视程度提高。

　　岭南地区新石器时代晚期最重要的农业遗存是曲江石峡文化[1]。石峡遗址的堆积分为四期，其中第二期即石峡文化，大约距今4800～4400年，是典型的新石器时代晚期农业文化，大多数研究者认为这可能是良渚文化南下形成的一支移民文化[2]。在同时代的岭南新石器文化中，石峡文化一枝独秀，在农业经济、工艺技术、精神生活、军事实力等方面都有突出的表现。

　　石峡遗址的第一期文化层，年代大致为新石器晚期前段，距今6000～5500年左右，没有出土石器。第二期文化层即石峡文化，相当于新石器时代晚期，遗址地层出土石器681件，墓葬出土随葬石器962件，共1815件。第三期文化层

---

[1]　广东省文物考古研究所等：《石峡遗址——1973～1978年考古发掘报告》，文物出版社，2014年。

[2]　中国社会科学院考古研究所：《中国考古学·新石器时代卷》，中国社会科学出版社，2010年，第711页。

的年代约当于中原地区的夏代或商周之际，距今3400～3200年，出土石器、玉器共1130件，其中石器工具996件，随葬石器31件。第四期文化层年代属于"夔纹陶文化"时期，相当于中原的商周甚至春秋战国时代，出土石器202件，还有青铜武器、工具和生活用具27件[1]。

石峡遗址的第二文化层即石峡文化，61座墓葬出土石器962件，占随葬品总数的38.88％。这61座墓，包括二次葬墓45座，一次葬墓12座，一次葬已迁墓4座。石器器类有镬、铲、大型长身锛、梯形锛、有段锛、有肩锛、凿、镞、砺石、锤、锥和石片。随葬石镬的墓里，石器品种齐全，数量较多，且有琮、钺共存，推测镬之功能不仅限于生产，可能还是墓主人生前权力或财富的象征。说明这一时期，财富和权力主要来自于农业生产力，而不是军事权力。大型长身石锛，不少器表经过抛光，刃部锋利，但无使用痕迹，可能也是礼器。随葬石镞数量的多寡，与共存石器种类的多少成正比，应有特殊含义。等级高、器种类和数量多的墓葬，石镞也多，属于高等级富墓，说明墓主人在财富和军事权力方面都有特权。

观察第二文化层出土磨制石器，制作已经有一套完整的程序。部分长身锛、铲、钺的器表经过抛光，平滑光亮。选料以沉积岩中的泥质板岩、砂质板岩为主。占石器总数67.46％的石镞，主要用千枚岩磨制而成。仅见1件霏细岩双肩石锛，这种材料系西樵山特有，分析该石锛的形制和制法，应该是来自同时期西樵山石器制造场的产品，当系远程贸易的结果。这个时期农业已经成熟，狩猎经济地位下降，随葬如此之多的箭镞，只能说明是战争武器而非狩猎工具。另外，数量不菲的石钺也是这个功能。

第二文化层墓葬出土长身石锛（斧）46件，为长身扁圆体或长身扁方体，正面和背面平直或稍隆起，平顶或弧顶，器体双侧磨锐或磨平，横截面为梭形、椭圆形、馒头形、圆角长方形，单面下斜刃或单面内凹卷刃，刃端弧形，长短大小不一。分为4型。A型，长度一般12～21厘米，适合作为武器使用。除了A型之外，石峡文化的锛大多较小，应该主要是木工工具。梯形石锛63件，数量较多，体型小，多在10厘米以下，也是木工工具。有段石锛28件。有肩石锛

---

[1]　广东省文物考古研究所等：《石峡遗址——1973～1978年考古发掘报告》（下册），文物出版社，2014年，第597页。

14件。石凿34件。这些东西都是木工工具。石峡文化作为成熟的农业聚落，对于竹木加工工具的需求是很大的[1]。

石峡文化墓葬还出土石矛2件，形制与A型I式石镞相似，锋已残，宽叶，尖铤，断面呈菱形，残长12.8厘米[2]。

石峡文化墓葬出土玉钺、石钺共计54件。出自28座墓，其中二次葬墓26座，出土49件，一次葬随葬12件，二次葬随葬37件。一次葬墓4座，各随葬1件，一次葬已迁墓出土1件。其形制扁平，薄体，圆角，长梯形，斜首，少数平首，双侧亚腰，部分有锐利刃面，上端有一孔或双孔，常见双面管钻，少数双面实心钻，下端双面下斜刃，刃端弧形似扇面展开或斜弧形，器身横截面呈两端尖头锥形。器体大小、长短、宽窄不一，最大型长39.7、刃宽18.5厘米，小型者长11.5、刃宽7.2厘米。玉钺多数用透闪石制作，因受沁变色为灰白色、牙白色，极易断裂，出土时常同墓里填土粘连一起。另外还有部分钺用灰色、青灰色泥质板岩制作，器表均经过抛光。这些玉钺和石钺，特点是有孔，比较薄，显然是礼器，刃部一侧磨刃重，一侧轻，类似锛[3]。钺是石斧发展而来的武器，演化路线清晰。石峡文化墓葬不仅随葬大量作为实用武器的钺，而且很多钺已经礼仪化，说明当时军事力量的规模化发展，这是岭南本土新石器文化前所未有的现象。

石峡文化石器中最为突出的武器类别是石镞，数量大，制作精，应是当时最主要的兵器之一。第二文化层墓葬出土石镞649件，占随葬石器的67.46%，数量很大。出自29座二次葬墓、5座一次葬墓、3座一次葬已迁墓。二次葬墓随葬石镞635件，占随葬石器60%。从早期墓到晚期墓均有石镞随葬，随葬陶纺轮墓除外。这个现象说明，随葬石镞者为男性墓葬，随葬陶纺轮者为女性墓葬，反映出当时已有明确的社会分工，女性是不参与战争的。石镞形状以柳叶形为主，镞身和铤界限分明，宽叶利锋或窄叶利锋，镞身双面有凸脊，横截面为

————————

[1]　广东省文物考古研究所等：《石峡遗址——1973～1978年考古发掘报告》（下册），文物出版社，2014年，第226页。

[2]　广东省文物考古研究所等：《石峡遗址——1973～1978年考古发掘报告》（下册），文物出版社，2014年，第264页。

[3]　广东省文物考古研究所等：《石峡遗址——1973～1978年考古发掘报告》（下册），文物出版社，2014年，第269～270页。

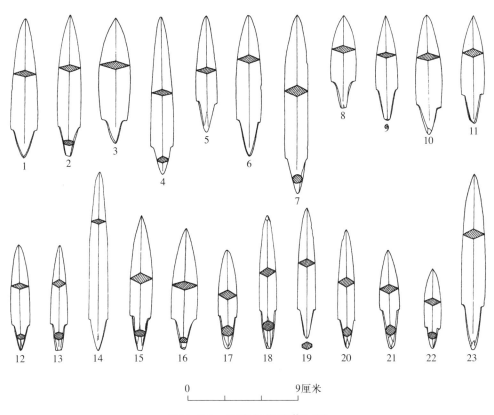

图3-34　石峡文化随葬石镞

（采自广东省文物考古研究所等：《石峡遗址——1973～1978年考古发掘报告》，文物出版社，2014年，第260页）

菱形，短铤呈锥形或圆角六边形。少数为香椿叶形，铤身与铤部相连呈流线型，薄体无后锋，个别为三棱形镞，横截面三角形。分为以上三型。A型即柳叶形，503件，占石镞总数的77.5％，镞身与铤界限分明，有后锋[1]（图3-34）。石峡文化墓葬随葬石镞者主要是二次葬墓，说明这些死者具有特殊的身份，很可能是男性战士。这些二次葬墓葬，不排除有些采取了类似顶蛳山文化那样的肢解葬或者类似葬式。

石峡文化遗址地层中也出土了136件石镞，加上墓葬出土649件石镞，总数达到了785件，占到出土石器的一半以上。石镞是新石器时代晚期最主要的

---

[1]　广东省文物考古研究所等：《石峡遗址——1973～1978年考古发掘报告》（下册），文物出版社，2014年，第256页。

武器之一，作用越来越重要。从晓锦晚期到石峡文化，都可以看出这一趋势和特征。

何德亮曾经分析过镞在新石器时代的重要作用，特别是石峡文化中石镞的地位。他认为，在原始社会，弓箭起过最巨大的作用，一直是最主要的武器。箭镞选材一般经历了由骨质到石质的变化，形态则由三角形扁体发展到三刃前锋并有尾铤。新石器时代中期，镞的数量一般不是很多，其中多为骨制，还有少量蚌镞。骨镞一般带铤，宽扁而略显轻薄，穿透杀伤力相对较差。新石器时代晚期之初，镞的数量有增多的趋势，仍以骨镞占绝大多数，但存在少量磨制石镞。晚期之末，石镞的数量比例明显增多，有超过骨镞之势。进入龙山时代以后，石镞数量比例进一步增加，多磨制精细，结构更加合理，一般分锋、身、铤三个部分，镞身呈三棱形或菱形；骨镞形态多样，有三棱形、圆锥形、窄厚叶形等，穿透杀伤力都比较强。石峡遗址27座墓葬出土石镞574支，占石器总数的一半以上。其中随葬石镞30支以上的有7座，而M104随葬石镞达到120支。这些石镞剖面呈菱形，多数有铤，形制多样，磨制精细。另外，有19座墓葬随葬穿孔石钺，这些墓葬也是随葬石镞最多的，说明石镞和石钺不是一般生产工具的组合，而是作为武器的标志[1]。

有学者将石峡遗址第二、三、四期文化层出土的主要工具类别和数量做了初步统计（表3-1）[2]。

从表3-1看出，第二期的石峡文化时期，部分作为武器的斧、锛和全部作为武器的石镞数量之多，异乎寻常，远远超过了新石器时代早期和中期。石峡文化的墓葬，因为红土酸性所致，人骨已经腐朽，无法观察出是否存在类似顶蛳山文化人骨那样受到暴力伤害的痕迹，但大量武器的存在，说明当时暴力冲突的程度、史前战争的规模、部落的军事力量，都远超出了顶蛳山文化时期。

晓锦和石峡是岭南新石器时代晚期两个比较有代表性的遗址，遗存保留较好，研究相对深入。在岭南新石器时代晚期，类似的遗址很多，说明在农业这一新的经济形式的催化之下，人口有了大量增加，聚落数量和密度有了飞跃性增长。以广西地区为例，广西新石器时代晚期的遗址占到整个新石器时代遗址总数的80％

---

[1] 何德亮：《中国史前战争初论》，《史前研究》，三秦出版社，2004年，第195～212页。

[2] 吴建新：《从生计经济看石峡遗址》，《广州文博》2020年第13辑，第1～17页。

表3-1　石峡遗址第二、三、四期文化层出土的主要工具统计表

工具名称	石		石铲		石锛(石斧)		石凿		两端刃锛		石镞		磨盘与研磨器(磨轮)		锤石坠(石棒)杵		砺石		石斧	陶纺轮	矛	刀
	遗址	墓葬	遗址	墓葬	遗址	墓葬	遗址	墓葬	遗址	墓葬	遗址	墓葬	遗址	墓葬	遗址	墓葬	遗址	墓葬				
二期	17	20	6	21	351	127	23	34	8		136	649	68		22	22	112	11	8	79	95	
三期	3		1		627	2	25		9		176	2	891		9	13		1	6		5	5
四期					158						37				1		32		6			1

（转引自：吴建新《从生计经济看石峡遗址》，《广州文博》2020 年第 13 辑。其数据来自：《石峡遗址——1973～1978 年考古发掘报告（上册）》第 53～71、226 页；《石峡遗址——1973～1978 年考古发掘报告》（下册）第 541～542、565～573 页）

以上。当然，在这个时期，仍然是农业聚落和狩猎采集聚落共存，但毫无疑问，代表了新生产力的农业聚落逐渐占据上风，确定存在农业遗存的遗址为数不少。

　　除了以上两处重要遗址之外，岭南地区新石器时代晚期诸遗址中多有兵器发现，主要是磨制石器，器形包括斧、锛、钺、镞、矛等。下面以广西地区发现的资料为主加以说明。

　　右江流域新石器时代晚期的革新桥遗址，出土不少斧、锛，通体磨制，器身多留有疤痕，仅仅刃部磨制精细，多为扁长形，刃部较宽，把端略窄，刃部看不到使用痕迹，长多在 10 厘米左右[1]。这个尺寸较适合作为武器使用。百色一带不少河边台地遗址采集到磨制石器，以通体磨光的双肩石斧居多。

　　那坡县感驮岩遗址，第一期属于新石器时代晚期，遗存丰富，陶器种类众多。石器材料系就地取材，以各种砂岩为主，有数量较多的变质岩，硬度很高，颜色素雅，类似玉器。磨制石器大部分通体磨光，制作精致，主要类型有石锛、

---

[1]　广西壮族自治区文物工作队：《广西百色革新桥新石器时代遗址》，《考古》2003 年第 12 期，第 3～6 页。

有肩有段石斧、石镞等。还发现骨锛、骨矛等[1]。感驮岩第一期的年代很晚，已经和青铜时代衔接，出土武器相对发达，在整个新石器时代处于顶峰阶段。

红水河流域新石器时代晚期遗址数量较多。大化布屯遗址是少见的洞穴遗址，发现双肩石锛1件、双肩石斧1件，常形石斧11件。基本上通体磨光，留有自然岩面，大多选用较硬的石料，甚至接近玉质。石器加工精致，反复磨制刃部。遗址中发现不对称石斧，器身较长，斜顶，斜弧刃，身薄，上窄，下至刃部渐宽[2]。其他主要是河畔台地的山坡遗址，如都安北大岭。晚期石器以双肩石器为主，有铲、斧、锛等，通体磨光。这里出土的双肩石铲可能是桂南大石铲文化的源头。马山六卓岭、尚朗岭遗址，属于新石器晚期，石器以打制为主，磨制石器包括石斧、穿孔石锛等，磨切器比较奇特[3]。

柳江流域的新石器时代遗址包括贝丘和台地。象州县南沙湾贝丘，主要为磨制石器，大部分通体磨光，器类包括斧、锛、双肩石斧，以通体磨光的扁薄形小型斧、锛为主。象州县娘娘村遗址，出土磨制石斧、石锛和夹砂陶片。象州山猪笼遗址，出土磨刃石器6件，其中斧3件，石锛3件。台地遗址如柳州兰家村，打制石器多，磨制石器少，主要是石斧、石锛，有双肩石器[4]。

湘江上游有大量的新石器时代晚期遗址，包括洞穴和台地遗址。石器以磨制为主，以横截面呈长方形的石斧、石锛为特征。磨制石器和打制石器均有，以磨制为主。石料有砂岩、泥岩、页岩等。这些石器厚重，但打磨得棱角分明，穿孔技术发达，很有可能作为武器使用。遗址一般前临江，后靠山，附近有广阔的田野和低矮的丘陵作为依托，环境既适合农耕，又可以狩猎和采集。兴安磨盘山洞穴遗址，出土石器通体磨光，兵器有石斧、石锛、石镞、石矛等。全州显子塘台地遗址，石器主要有石斧、石锛、石镞等。梯形石锛通体精磨，棱角线十分整齐，左上角有对穿孔。穿孔石镞，身为扁平三角形，双面刃，铤为扁锥形，铤与

[1] 广西壮族自治区文物工作队：《广西那坡县感驮岩遗址发掘简报》，《考古》2003年第10期，第899～920页。

[2] 广西壮族自治区博物馆：《大化瑶族自治县布屯新石器时代洞穴遗址调查报告》，《广西文物考古报告集（1991～2010）》，科学出版社，2012年，第80～84页。

[3] 林强、谢广维：《广西红水河流域新石器时代遗址的发现和研究》，《广西考古文集（第三辑）》，科学出版社，2007年，第458～468页。

[4] 柳州市博物馆：《广西柳州新石器时代遗址调查与试掘》，《考古》1983年第7期，第577～583页。

镟身分界明显，中部有对穿孔。全州龙王庙遗址，位于建江边上，发现石斧、石锛。全州马路口遗址，出土石器绝大部分通体磨制，器形规整，制作精致，器形有石斧、石锛、穿孔石器等，以梯形和长条形的石斧、石锛为主。全州卢家桥遗址，是广西最早发现的新石器时代遗址，出土石斧、石锛、石镟等，制作精良，三棱石镟的铤呈圆锥形，通体光滑，石斧、石刀光滑圆润[1]。灌江流域也有类似遗址。灌阳金家岭遗址，发现磨制的石斧、石锛。灌阳狮子岩遗址，发现磨制的石斧、石锛。灌阳五马山遗址，磨制石器大部分通体磨光，也有的只磨刃部，器形有长条形石斧、石锛、石镟、穿孔石斧等。石镟通体磨光，制作精细，镟身有三棱形、方柱形、扁叶形，后部有铤，打磨精细[2]。桂北这一带是长江流域稻作农业人群最早侵入岭南的地带，农业迹象明显，石质兵器发达，展现出很强的战斗力，和岭南传统狩猎采集文化的面貌迥然不同。

　　桂南一带山坡遗址较多。钦州独料遗址出土大量磨制石器，包括石斧、石锛、石矛、石镞等，其中部分石斧、石铲为有肩石器。石斧有 317 件，98 % 是坚硬的砂岩，分为 8 式，精磨和打制均有。石锛 10 件，石镞 6 件，石矛 2 件，有肩石斧较多[3]。灵山马鞍山遗址，采集到石锛 11 件。灵山龙武山遗址，采集到石锛 6 件。以上遗址发现的石器以石锛为大宗，石锛中又以平面呈短梯形、背平直、正面呈覆瓦状为主。石器皆小型扁薄，较少厚重工具，有肩石器很少。有些石器制作得器形规整，棱角分明，打磨精致。石料以石英岩为主，次为硅质岩。斜刃石锛不少[4]。灵山县这些遗址的年代大多可能稍早，至少早于独料遗址。

　　珠江三角洲在咸头岭文化之后是涌浪类文化遗存。石器种类较多，有长身锛、斧、有肩石器、钺、铲、凿、镞等。涌浪的石钺形制与粤北的石峡文化的钺相同，年代也应该大体相当或略晚。经济形态仍然以渔猎采集为主，农业痕迹不明显。这类海滨贝丘遗址拥有丰富的水产资源，没有必要发展农业，但木工工具是必不可少的[5]。与岭南相邻的福建昙石山文化，石器以普通磨制石锛为

　　[1]　广西壮族自治区文物工作队：《广西湘江流域史前文化遗址的调查与研究》，《广西考古文集（第二辑）》，文物出版社，2006 年，第 238～284 页。

　　[2]　蒋廷瑜：《广西考古通论》，广西科学技术出版社，2012 年，第 111～112 页。

　　[3]　广西壮族自治区文物工作队：《广西钦州独料新石器时代遗址》，《考古》1982 年第 1 期，第 1～8 页。

　　[4]　玉永琏：《广西灵山县新石器时代遗址调查简报》，《考古》1993 年第 12 期，第 1076～1084 页。

　　[5]　中国社会科学院考古研究所：《中国考古学·新石器时代卷》，中国社会科学出版社，2010 年，第 712 页。

主，有少数有段石锛，另有凿、镰、刀、镞等。石锛一般只粗磨器身及刃部，以扁平长方形或梯形为主，以平面呈梯形、正面扁平、背部凸起、横剖面呈等腰三角形的石锛最为典型。骨器制作均较精细，包括镞、锥、凿等。年代在距今5000～4000年，多是贝丘遗址。福建蒲城县牛鼻山文化，遗址出土磨制石器有锛、镞、斧、钺、戈等[1]。珠江三角洲和东南沿海地区，并没有发现确凿的农业迹象，可能主要仍然是复杂型的渔猎采集文化，但社会发展水平较高，从武器来看，和石峡文化相似。

三　岭南地区新石器时代战争的特点

通过梳理以上考古资料，对于岭南新石器时代战争或者说冲突的特点，我们可以得出以下几点认识。

第一，流血冲突和战争贯穿了岭南新石器时代的历史。从新石器时代早期的甑皮岩文化，到新石器时代晚期的石峡文化，人群之间的暴力冲突从来没有间断过，而且随着历史的发展愈演愈烈。过去传统观点认为，史前社会是原始共产主义社会，是一个田园牧歌的时代。但事实证明，当时并没有这么美好，部落与部落之间，人与人之间，同样因为各种原因充满争斗，互相杀戮的程度也同样血腥。从现代人可以直接感受到的历史来看，战争是人类社会永恒的主题。出于对战争的厌恶，人们往往会美化过去，把原始社会描绘成一个充满和平的美好时代。但越来越多的考古成果证明，在史前时期，这样一个和平的时代也是不存在的。岭南新石器时代的考古资料同样证明了这一点。

第二，岭南地区新石器时代战争的烈度低于黄河流域和长江流域。以往已经有不少论著关注中国新石器时代的战争，所用资料绝大多数都是黄河流域和长江流域的。黄河流域和长江流域有很多典型的史前战争资料，包括城墙等防御设施、武器、人工创伤等，岭南地区这方面的资料远少于黄河流域和长江流域，特别是标志战争的重要物证——城墙和壕沟等防御设施，很少发现。这可能是岭南的地理特点导致人工修建城墙和壕沟没有太大必要，但更大的可能则是战争的烈度较低，无须投入巨大人力物力去修建这些设施。岭南史前战争的

---

[1]　中国社会科学院考古研究所：《中国考古学·新石器时代卷》，中国社会科学出版社，2010年，第715页。

烈度比黄河流域和长江流域较低的主要原因，仍然要从南北方资源禀赋的差异中去寻找。史前战争的本质是对资源的争夺和控制，岭南地区大多处于亚热带，河流纵横，各类自然资源十分丰富，生存压力较小，很多地方保持富裕狩猎采集经济即可长期维持部落的生存和发展，生存竞争的残酷程度低于北方。战争强度较小，也间接导致了岭南地区社会发展水平整体较低，没能发育形成强大的社会组织结构[1]。

第三，长江流域稻作农业入侵给岭南史前战争带来了突变。岭南地区新石器时代可以分为两个差别巨大的阶段。新石器时代早、中期是完全的渔猎采集文化阶段，新石器时代晚期是稻作农业侵入并逐渐占据优势地位的阶段。距今大约6000年是这两个阶段的分水岭。考察考古材料可知，实际上岭南新石器时代早、中期的史前战争规模甚小，只是限于部落冲突的水平；到了新石器时代末期，长江流域的稻作农业人群侵入，带来了先进的武器，严密的社会组织，军事力量大大增强，这时期部落之间的争斗可能上升到了战争的规模。类似石峡文化这样外来的农业文化能够在岭南立足并强势发展，决不会是一个和平的过程，而是军事征服的结果[2]。农业文化和狩猎采集文化实际上是无法融合的，这两种生计方式在流动性上完全冲突。农业文化替代狩猎采集文化，对后者是一个根本性的摧毁，原有的经济基础、社会结构、精神信仰不复存在，这是一个无法调和的矛盾，没有强力手段无法做到。狩猎采集群体基本上不可能平稳转变为农业群体，他们要么被灭绝，要么以婚姻形式融入农业人群[3]。农业文化在新石器时代晚期迅速统治了岭南，形成了如桂南大石铲文化那样的多个区域性集团，没有战争的辅助是不可想象的。

---

[1]　多位学者认为是战争造成了北方地区早期国家组织的兴起。如，a. 石兴邦、周星：《试论尧、舜、禹对苗蛮的战争——我国国家形成过程的考察》，《史前研究》1988 年辑刊，第 9～23 页。b. 刘莉、陈星灿：《龙山文化的酋邦与聚落形态》，《华夏考古》1998 年第 1 期，第 88～105 页。c. 高江涛：《试论中国早期国家形成的模式与动力》，《史学月刊》2019 年第 6 期，第 21～33 页。

[2]　有考古学家考察了世界范围内农业人群和狩猎采集人群相遇的普遍情况，从来没有和平可言，"他们要么冷漠对峙，要么流血冲突"。见 Keeley, L.H. Frontier warfare in the early Neolithic. In D.L. Martin and D.W. Frayer eds., *Troubled Times*. Amsterdam: Gordon and Breach.1997, pp. 303-319.

[3]　〔澳〕彼得·贝尔伍德著，陈洪波、谢光茂译：《最早的农人——农业社会的起源》，上海古籍出版社，2020 年，第 14～56 页。

四　岭南地区新石器时代战争的历史作用

新石器时代战争在黄河流域和长江流域的历史进程中发挥了重要作用，在新石器时代晚期催生了中国最早的文明。龙山时期早期政体和良渚文明的崛起，都是军事征服的过程，武装力量在文明要素中具有核心地位，军事领袖逐渐演化成为政体的核心人物——"王"[1]。

珠江流域的历史发展具有自己的特点，在新石器时代早、中期，长期处于渔猎采集文化经济形态，直到新石器时代晚期，稻作农业经济才逐渐由长江流域扩散而来。新石器时代早、中期长期的渔猎采集文化形态，使得岭南的社会发展水平较低，未能像黄河流域和长江流域那样逐渐走上高度组织化的道路[2]。尽管这个阶段岭南社会内部也不乏暴力冲突，但烈度相对较低，对社会组织的催化作用有限。新石器时代晚期稻作文化及族群的侵入，彻底打破了岭南社会自和平文化时代以来的格局，稻作农业群体及其文化逐渐在岭南占据了优势地位。在这个过程当中，军事力量同样发挥了重要作用，政体的形成过程与长江流域和黄河流域类似。

但与黄河流域和长江流域相比，岭南地区新石器时代晚期的战争烈度和频率仍然较低，我们从考古资料中可以明确看到这一点。原因是多方面的。首先，岭南地区的自然资源相对丰富，生存竞争没有北方地区那样激烈，农业群体、狩猎采集群体都能在不同地理区位找到自己的生存空间。其次，农业群体和狩猎采集群体之间并非纯粹的对立关系，甚至可能存在某种程度上的互补，形成如著名东南亚考古学家、新西兰奥塔哥大学查尔斯·海厄姆教授所称的"摩擦区"[3]。双方以各自特产进行交易，如拿农产品和山货交换；双方通婚，可能多数情况下是农人男性娶狩猎采集者女性为妻，或者农业群体抢夺狩猎采集者群体的女性作为配偶；狩猎采集者为农业人群提供劳动力。因为生产力发展程度的差异，农业群体占有很大优势，他们通过各种手段侵夺狩猎采集者的生存空间，使得后者走向

---

[1]　林沄：《说"王"》，《考古》1965年第6期，第311~312页。

[2]　张弛、洪晓纯：《中国华南及其邻近地区的新石器时代采集渔猎文化》，《考古学研究（七）》，科学出版社，2008年，第415~434页。

[3]　"摩擦区（friction zone）"概念，是指外来农业人口在狩猎—采集民族领地尚未达到人口优势，双方在紧张状态下保持共生的一种现象。详见：C.R. W. Higham, Xie Guangmao & Lin Qiang. The prehistory of a Friction Zone: first farmers and hunters-gatherers in Southeast Asia. *Antiquity*. 85 (2011): 529-543.

消亡，暴力无疑是其中最血腥的手段之一。当然，农业群体之间也会发生战争，并促进政体的形成和发展。

对于岭南新石器时代晚期政体的形成，青铜时代的史料有所反映。《尚书·王会》提到，商代"正南瓯、邓、桂国、损子、产里、百濮、九菌，请令以珠玑、玳瑁、象齿、文犀、翠羽、菌鹤、短狗为献。"[1] 瓯、邓、桂国、损子、产里、百濮、九菌这些岭南古国、古族，无疑就是新石器时代晚期形成的政体，并延续到青铜时代。这些政体通过战争不断整合，最终形成西瓯、骆越等少数大型政体，称雄于岭南，并在抗击秦汉政权南征的过程中展现出强大的军事力量。正是岭南地区新石器时代的战争，推动了珠江流域的文明化，开启了青铜时代的先声。

---

[1]　黄怀信:《逸周书校补注译》，西北大学出版社，1996年，第342页。

第四章 岭南地区与东南亚
早期文化交流研究

岭南与周边地区的文化关系，是岭南新石器时代考古中不可或缺的一个问题，其中最为重要的是岭南与东南亚的关系。研究岭南与东南亚文化关系有一条主线，即为海上丝绸之路的形成和发展，沟通中国华南、东南亚和西方的海上丝绸之路在历史时期发挥了巨大的作用，它的发源最早可以追溯到史前时期，特别是新石器时代晚期，稻作农人的南迁开辟了这条通道，成为海上丝绸之路的前身。青铜时代，岭南和中南半岛文化交流进一步增强，奠定了海上丝绸之路的历史基础。秦汉时期，在秦朝、南越国和汉朝前赴后继的努力之下，海上丝绸之路正式形成，对于东西方文明进程产生了巨大的影响。

第一节 华南与东南亚早期文化交流
考古研究的现状与前瞻

一个世纪的研究证明，华南与东南亚之间由于特殊的地缘关系、族缘关系、自然和人文方面的高度一致性，确实存在特别密切的文化交流关系，"海上丝绸之路"就是集中的代表。这种特别的文化交流关系，给两个地区的经济社会发展都带来了巨大的影响。

史前到秦汉时期是南海海上丝绸之路形成的关键时期，这个时期文献记载相对缺乏，故而考古学成为最重要的研究手段。华南与东南亚文化交流的考古学研究，实际上也是区域文化史/文明史的研究，两地在逻辑上是一个整体。当前的学术研究，具体体现在七个方面。首先是关于四个时段的一般性考古研究，包括：旧石器时代、新石器时代、商周时期、秦汉时期；其次是三个专题研究领域；汉代海上丝绸之路研究；铜鼓研究；骆越考古研究。这七个方面都有一个世纪左右的学术史，硕果累累，除发现了大量考古材料之外，还形成了一系列的理论观点，构建起本区域的文明史框架，同时对于很多具体学术问题也有了清晰的认识，研究现状可总结如下。

1.华南和东南亚地区史前和历史时期考古学文化的时空架构和年代序列基本建立起来

经过一个世纪以来中外学者的共同努力，华南和东南亚地区史前和历史时期考古学文化的时空框架和年代序列已经基本建立起来，构成了开展两地文化交流研究的基础。中国对于华南史前文化研究比较充分，对商周和秦汉时期的考古研究得到文献典籍的很大帮助。东南亚的基础研究成效显著，充分体现在彼得·贝尔伍德和查尔斯·海厄姆等人的相关著作之中。东南亚的早期历史已经用考古资料书写出来，并且与华南的材料在关键节点上衔接了起来。考古学的研究表明，华南与东南亚的文化交流从早到今确实存在一个从产生到成熟的阶段性、波浪式发展过程，这种阶段性与生产力的发展变革密切相关，恰与考古学上的石器时代、青铜时代和早期铁器时代相对应，分别代表了南海"海上丝绸之路"的萌芽期、形成期和发展期，表现出经济方式转变带来的社会面貌和文化交往上的变革。

2.以考古学的话语，初步建立起来一个以海上丝绸之路为主线的华南与东南亚文化交流的历史叙事体系

这个体系的建立，考古学发挥了不可替代的重要作用。历史时期的海上丝绸之路，有青铜时代乃至史前时期的基础，在距今五六千年之前，长江流域的农人们已经沿着河流、海岸和山谷走向了中南半岛，乘坐船只走向海洋，复原这段史前史，完全依靠的是考古学的研究。进入历史时期，虽然有越来越多的文献记载，可以描绘出以海上丝绸之路为代表的华南与东南亚文化交流的图像，但这个图像的清晰度和准确度是需要考古学来补充和校正的，正是大量的考古发现和研究，使得人们对于早期海上丝绸之路的各个方面有了客观的认识。特别是华南及东南亚的历史，正是汉籍失记或舛误最多的地方，因此考古学的作用尤其重要。事实上，考古学的作用已经超出了"证经补史"的范围，而是以物质文化史这种特有的方式，复原了一幅华南与东南亚早期文化交流的历史图景。"海上丝路"由开始的涓涓细流到后来的波澜壮阔，有一个逐渐发展的过程。今天我们已经很清楚地知道，"海上丝绸之路"的形成远在汉武帝之前，南越国的高等级墓葬中大量出土外来物品，青铜时代的西瓯、骆越人已经在海上自由往来，甚至在更早的新石器时代，华南的农人们正是经由海路移民到东南亚，开启了"海上丝绸之路"的先声。南海丝路的真正形成期是在中国的商周青铜文化时期，开创者是百越民族。

3.华南与东南亚考古的区域整体研究趋势日益增强

因为历史原因，虽然学术界认识到华南和东南亚在文化面貌上的一致性和文化传统上的整体性，并且在历史上存在密切的交流关系，但是因为各种原因，在学术研究上长期以来区域分割、各自为战的现象比较严重。在 20 世纪上半期东南亚的殖民地时期，从事东南亚考古的专家主要是西方学者，如奥地利考古学家海因·戈尔登（Heine-Gelden）等，他们具有一定全球视野，较能从整体出发观察区域文化的发展。二战之后，特别是 20 世纪五六十年代之后，随着东南亚国家的独立，考古学研究的本土化趋势日趋明显，研究的整体性明显减弱，重视突出本土文化的独特性，对于大区域文化之间的交流叙述减少。而且因为各种的原因，中国和东南亚国家之间在考古学上的交流很少，双方资料和成果的共享程度很低。进入 20 世纪 80 年代，情况有了很大的改变。随着中国改革开放的进程，和东南亚国家的各方面交流正常化，双方在考古学上的沟通合作也越来越多，由此，对于华南和东南亚考古的整体研究成为可能。西方考古学界的著名学者如彼得·贝尔伍德、查尔斯·海厄姆等人，虽然他们的田野工作都在东南亚地区，但所撰写的重要研究著作无不从亚洲东南部的宏观视角考虑问题。同时，国际考古学界也积极到中国参加学术交流与合作，获取了不少新的资料运用到自己的研究中。中国学术界本身也是如此。观察 20 世纪 80 年代之前的论著，研究华南考古的著作基本上只是研究华南地区本身，很少谈及东南亚，但 20 世纪 90 年代之后，情况明显不同，研究华南考古，必然提及与东南亚的关系，将二者作为一个区域文化共同体来看待，这实际上变相复活了凌纯声、林惠祥等前辈学者的学术传统。

4.西方学者在华南与东南亚早期文化交流考古研究的主流领域仍然掌握主导权

西方学者在东南亚考古研究领域的地位随着国际政治局势的变化而变化。在殖民地时期，基本上是欧美学者处于垄断地位。随着东南亚民族国家的崛起，本土学者打破了这种垄断。但自 20 世纪后半期至今，西方学者在东南亚国家的考古活动一直未断，甚至越来越活跃。西方考古学家对于东南亚考古一直处于领先或者说统治地位，基本掌控着华南与东南亚文化交流关系研究领域的话语权。现在关于华南与东南亚早期文化交流考古的主流理论和观点，主要是西方学者占据主导地位。例如，旧、新石器时代之交的和平文化研究、新石器时代"农业—语言扩散"研究、青铜时代东南亚青铜技术研究等。特别是越偏早期的研究，越是局限于西方考古学家提出的理论框架，如关于南岛语族的起源与扩散，威廉·索尔海姆（William G. Solheim Ⅱ）、彼得·贝尔伍德（Peter Bellwood）等的假说成为最流行的解释[1]。甚至历史时期的研究，例如铜鼓的研究，仍然笼罩在奥地利学者弗朗茨·黑格尔（Franz Heger）的巨大影响之下[2]。"海上丝绸之路""陶瓷之路"的概念也是由法国和日本学者率先提出来的[3]。西方学者的这种主导地位，与其所在国的国际地位和影响力以及科学研究水平有关。

5.学术研究中的民族主义和本位主义现象突出，本土化研究倾向严重，在重要问题上往往各执一词

东南亚是一个民族国家众多的地区，民族主义和本位主义直接影响到考古学研究，这成为东南亚考古学的一个突出特点。在一些重要问题上，本土学者往往过于调本土文化／文明的原生性，夸大本土文化／文明对外部的影响，从而影响到对华南和东南亚早期文化交流的解释。这种现象在历史考古研究领域特别突出。例如，关于东山文化的研究，越南学者高度强调东山文化在东南亚青铜时代

---

[1]　威廉·索尔海姆提出"努散陶"假说，认为岛屿东南亚地区是亚洲、太平洋区域文化中心，以商业贸易形式影响周边地区。彼得·贝尔伍德提出"农业—语言扩散假说"，认为东南亚的新石器时代是东亚农人迁徙的结果。

[2]　1902 年，弗朗茨·黑格尔完成了《东南亚古代金属鼓》这一铜鼓研究的集大成之作，他运用器物类型学方法，把当时所知的 165 面铜鼓按形制、纹饰的演化，划分为 4 个基本类型和 3 个过渡类型，成为权威观点。

[3]　法国汉学家沙畹最早于 1913 年提出海上丝绸之路的概念。海上陶瓷之路则是由三上次男在他1969 年的著作《陶瓷之路——东西文明接触点的探索》中做了系统论述。

的地位，认为这是华南、东南亚青铜文化的源头和中心。铜鼓的起源问题也是如此，虽然面对大致相同的材料，但中越双方学者的观点基本对立，各自认为铜鼓起源于自己国家。值得注意的是，考古研究上的本位主义在西方学者身上也有明显的表现。例如著名的东南亚考古学家威廉·索尔海姆，长期从事菲律宾考古，基于考古资料的研究，他提出"东南亚文化中心论"，认为在史前时期岛屿东南亚才是文化优势地带，主要是东南亚的文化以贸易的形式影响中国华南沿海甚至日本。这种解释与人们通常的认识大相径庭，但也成为一个有较大影响的学术观点。西方学者的很多认识虽然不自觉地受到民族主义或本位主义影响，但本身还是从学术出发，有时候也未必没有启示。例如，西方的海上丝绸之路研究者，在东南亚和印度发掘了不少遗址，大大丰富了海上丝绸之路的内容，同时也使得人们进一步认识到，海上丝绸之路并非中国单方面的对外输出，更是东西方文化交流的结果。

6. 中国学术界的参与度和研究水平越来越高，在国际学术界拥有越来越强的话语权

改革开放以后，特别是最近二十年来，中国考古界在华南与东南亚考古方面取得了很大成就。从史前考古到历史考古，都有大量学术成果问世，越来越多的科研机构和学者参与到这个领域中来。除了一般论著之外，还出现了一批博士和硕士学位论文，这些现象都是前所未有的。在一些专门领域，中国学者掌握了话语权。特别是古代铜鼓的研究，从一开始遵循弗朗茨·黑格尔的学说，到现在中国学者的观点已经成为事实上的主流。关于南海海上丝绸之路的研究也是如此，中国南海沿岸合浦、番禺、徐闻等地的考古发现及其研究成果，成为世界各国海上丝绸之路研究者不可忽视的重要文献。新石器时代稻作农业的研究成果也有很大影响，中国珠江流域和岭南地区的重要发现，成为解释新石器时代农业扩散和族群变迁的基础，中国学者的观点得到国际学术界的高度重视。除了文献研究之外，中国考古界积极走出国门，东南亚的发掘成为中国"赴外考古"的重要一环。目前中国在越南、老挝、斯里兰卡、菲律宾等国都有考古发掘项目，和西方学者平等参与到了东南亚的田野考古工作中去，中国正在逐渐成为从事东南亚考古的重要国家。

7.以考古证据证明了中国古文化/文明在华南与东南亚文化交流中的主导作用

关于华南与东南亚早期文化交流，国内外学术界普遍承认中国古代文化/文明在与东南亚文化交流中的主导作用。在旧石器时代和新石器时代早期，华南与东南亚出于同样的地理环境和气候条件，文明面貌呈现出相似性，但文化的交流和互动程度较弱。在距今 6000 年前后的新石器时代中期，在稻作"农业革命"带来的人口压力之下，历史的进程发生变革，长江流域的新石器人群多次向南方迁徙（按照傅稻镰的观点共有五波[1]），分别进入大陆东南亚和岛屿东南亚地区，形成后来所谓的南亚语族和南岛语族人群，给当地带来新的经济形态。青铜时代，也是来自北方的青铜技术影响到越南和泰国等地，班清、能诺他等遗址的发现和研究证明了这一点。进入历史时期，秦汉政权的势力深入中南半岛，海上丝绸之路更是直接影响到东南亚的发展。虽然对这样一个历史叙述，也有人持不同看法，但考古资料证明确实存在这样一个文化进程，也证明了中国古文化/文明对东南亚区域文化历史发展的重大影响。

8.华南与东南亚早期文化交流的考古研究逐步深化，在多个具体问题上获得重要成果

一个世纪以来，华南与东南亚考古取得了巨大进步，一大批学者在辛勤耕耘。一些重要学者推出了关于区域整体发展理论或者说宏大叙事的专著，有更多的学者深入研究专门领域，探索具体问题。这些成果的积累构成了华南与东南亚考古学的认识基础。很多具体研究颠覆了传统认识，对于世界考古学都具有很大的启发性。例如，著名东南亚考古学家、新西兰奥塔哥大学教授查尔斯·海厄姆（Charles Higham）研究了农业人群南进深入狩猎采集人群活动区的过程，以探索他们之间的关系。海厄姆将二者接触的区域称之为"冲突区"（friction zone）[2]。这种冲突区，传统的认识是不对等生产力的不平等对抗，是伴随着流血和牺牲的人群替代过程。但查尔斯·海厄姆通过对大陆东南亚的材料研究认为，这更多的是一个和平的融合过程，双方并非尖锐的对立关系，而是和平共处，族群融合。

---

[1]　Fuller Dorian et al., The Domestication Process and Domestication Rate in Rice: Spikelet Bases from the Lower Yangtze, *Science*, Vol.323, pp.1607-1610, 2009.

[2]　C. R. W. Higham, Xie Guangmao & Lin Qiang. The prehistory of a Friction Zone: first farmers and hunters-gatherers in Southeast Asia. *Antiquity*. 85 (2011): 529-543.

类似的这种研究，都是开创性的。

展望华南与东南亚早期文化交流的考古研究，在现有成就的基础上还有很大的发展空间，具体包括以下方面。

1.各研究时段之间的区隔有待进一步打通，形成长时段、贯通性的完整历史叙事体系

华南与东南亚文化交流的考古研究，当前是按照考古学学科的固有划分分时段进行，主要分为旧石器时代、新石器时代、青铜时代和早期铁器时代四段。各个时段的专家基本上是专精自己这一段，甚少有人做贯通上下的研究。分段研究固然可以对本段有深入的认识，但将这四个时期统合起来做长时段的观察和研究，这样一个年鉴学派的历史眼光，必然会带来不一样的认识，这样的工作是很有价值的。目前的华南与东南亚研究，相对缺乏这种长时段、贯通性的研究。国外学者中，查尔斯·海厄姆做过这样的尝试，他的名著《东南亚大陆早期文化——从最初的人类到吴哥王朝》[1]，就把大陆东南亚的早期历史做了一个长时段、全景式的叙述。这样打破时段、贯通性的观察，实际上是西方考古界的一个优秀学术传统，这方面的经典之作很多。关于中国研究的著作，例如张光直《古代中国考古学》[2]，近几年翻译过来的刘莉、陈星灿《中国考古学——从旧石器时代到早期青铜时代》[3]，都是典范作品。

2.需要进一步强化华南和东南亚两区域之间的学术整合，促进一体化研究

除了长时段研究之外，华南与东南亚早期文化交流考古另一个亟待强化的方面是两个区域之间的整合研究。虽然一个世纪以来，很多学者付出了巨大努力，但限于条件，实际上结合度仍然不高。我们看到，研究东南亚的西方学者，虽然联系到华南，但对华南的考古资料了解有限，即使是一些著名学者的论著，

---

[1] 英文版：Charles Higham. *Early mainland Southeast Asia: From first humans to Angkor. Bangkok. Thailand: River Books*, 2014. 中译本：〔新西兰〕查尔斯·海厄姆著，云南省文物考古研究所译：《东南亚大陆早期文化——从最初的人类到吴哥王朝》，文物出版社，2017 年。

[2] 张光直著，印群译：《古代中国考古学》，辽宁教育出版社，2002 年。

[3] 刘莉、陈星灿：《中国考古学——旧石器时代晚期到早期青铜时代》，生活·读书·新知三联书店，2017 年。

也经常令人遗憾地出现一些基本错误。反过来情况也是如此，尽管中国学者想尽力了解东南亚，但由于各种原因造成的障碍，对东南亚考古资料和研究进展仍然知之甚少。在此基础上的华南与东南亚整体研究，实际上并没有达到真正的整体性效果。长期以来，在此状况之下，中国和东南亚的考古学者进一步专注于本土研究，国际视野弱化，大家甚至视这种情况为理所当然。出于历史原因，我国和东南亚 20 世纪 90 年代之前基本上就是如此。但最近 30 多年来，情况已经有了很大转变，华南和东南亚大区域整体研究的状况不断改善，水平不断提高。这实际上是学术发展大势所趋。但目前来看，华南与东南亚考古的整合程度还远远不够，需要中外学者的共同努力。

3. 加强华南与东南亚早期文化交流学术理论体系的建设，需要抓住"海上丝绸之路"形成史这条主线

华南与东南亚早期文化交流的历史纷纭复杂，如果梳理这个历史进程，无论是从理论体系的构建，还是从学术研究的方法而言，都必须抓住一条主线。这个主线就是南海"海上丝绸之路"萌芽、形成、发展、成熟的历史。法国和日本学者提出的"海上丝绸之路"以及"陶瓷之路"概念，很好地代表了华南与东南亚文化交流的线路和内容。我们可以使用这个概念工具，向前追溯到青铜时代甚至石器时代。这条海上大通道的形成，是从史前到历史时期不断汇聚、调整、扩展的结果。过去对于华南与东南亚的文化交流，叙述过于散乱，没有很好地抓住这条主线。以这条主线梳理华南与东南亚早期文化交流的物质文化史，是形成完整叙述体系的关键，也是该领域研究的最佳方法。

4. 建立中国在"海上丝绸之路"和"骆越文化"等重大问题上的话语体系，增强中国在该领域的话语权

"海上丝绸之路"是国际显学，有悠久的学术史，长期以来，关于海上丝绸之路的话语权主要掌握在西方学者手里，连这个概念本身也是由日本和法国学者所创造。中国学者虽然也长期参与，但未能掌握主导权。随着中国国力的增强，国际地位的提高，中国需要建立自己关于"海上丝绸之路"的话语体系，增强中国学者在国际上的话语权。关于"骆越文化"的研究同样也是如此，这关乎中国的文化安全，需要进一步强化中国学术界在这方面的研究。

2013 年，中国提出与东南亚国家共建 21 世纪的海上丝绸之路，引起全世界强烈共鸣。"21 世纪海上丝绸之路"的建设和发展，与东南亚多个国家和地区密切相关。倡议的提出，有深厚的历史基础，加强相关的学术研究，对于寻找和发掘这方面的历史依据，激活历史基因，对于增进沿线各国人民之间的感情，对于丰富海上丝绸之路的历史文化内涵，具有重要作用，对于相关领域和行业对策的制订与执行，具有重要参考价值。加强华南与东南亚早期文化交流的考古学研究，为探索南海海上丝绸之路的形成和发展，提供了一个恢弘的历史背景，可以从更高深的层次和更宽广的视野，加强对这一历史潮流的认识和理解，以古鉴今，文明互鉴，为当代人类文明的发展，做出中国的贡献。

第二节　从文物考古资料看广西古代对外文化交流

对外交往是区域社会发展的重要动力之一，通过吸收外来先进文化因素，可以迅速提高自身生产力水平，促进本地社会全面进步。广西地处岭南西部、华南边陲，在自然环境、社会文化等各个方面有自己的特点，这些特点也决定了广西地区古代对外交流的一些重要特征，在史前至明清时期广西区域发展过程之中皆有体现。本节以文物考古资料为主要依据，结合文献记载，对古代广西与东南亚以及西方世界文化交流的特点略加阐述，研究的时间范围以新石器时代为主，兼及旧石器时代和历史时期。

一　广西的自然与人文特点

地处华南西部边陲的广西，在自然地理、气候环境、社会文化、族群构成等各个方面都有自己的特点，主要表现在以下方面。

1.自然地理特点

在地理划分上，两广地区是东亚与东南亚的交界地带，特别是广西，在陆地上与中南半岛直接接壤，既有陆路通道，又有海岸线，是南海丝绸之路最重要的交通路段。华南与长江流域中间有南岭阻隔，广西北部为越城岭、都庞岭和萌渚岭，交通不便，湘桂走廊成为沟通南北的重要通道。广西又处在中国东西部的交界地带。中国地形分为三级阶梯，广西正处在第二阶梯和第三阶梯的过渡地带，也就是云贵高原和东南丘陵的相接地带。这里正处于地理学上"胡焕庸线"的东缘[1]。"胡焕庸线"是中国东西部人口密度的分界线，表现出中国东西部自然环境和文化发展的差异，与考古学家童恩正所提出的"边地半月形文化传播带"[2]异曲同工，后者今天也有人称之为"童恩正带"[3]。珠江的主要支流是西江，广西处于珠江中上游，西江水系主体部分在广西，支流蜿蜒，贯通东西南北，在航运和水利方面发挥重要作用。

2.气候环境特点

华南与长江流域同属于亚热带季风气候区，气候特征总体类似，适于水稻等作物生长，故而长江流域和珠江流域至今都是中国最重要的稻作农业区。但华南的气候与长江中下游又有显著区别，最主要的是，长江中下游属于夏热冬冷地区，华南大部属于夏热冬暖地区。这对水稻的起源和传播造成了重大影响。可能正是由于冬夏温差较大，为了弥补冬季食物的短缺，长江流域发明了水稻，而四季常绿的华南则缺乏这个压力或者说动力[4]。广西亦称粤西，气候环境和广东大致相当，惟西部靠近云贵高原，大陆性特征更强一些。

不同的气候环境生长出不同的植被，这与原始农业的起源和发展密切相关。黄河中下游是暖温带落叶阔叶林区，也是北方旱作农业起源和发展区；长江中下游主要是亚热带常绿阔叶林区，也是古代稻作农业起源和发展区；华南则以过渡性热带林区为主，可能是块茎类作物的起源地[5]。新石器时代与今天相比，气候的整体分布差别并不是非常大，今天的气候大致反映了新石器时代的情况，生态环境基本类似[6]。

　　[1]　胡焕庸：《中国人口之分布——附统计表与密度图》，《地理学报》1935 年第 2 期。
　　[2]　童恩正：《试论我国从东北至西南的边地半月形文化传播带》，《南方文明》，重庆出版社，1998 年，第 558～603 页。
　　[3]　李飞：《"童恩正带"：羁縻·土司制度与山地中国》，《贵州民族研究》2022 年第 2 期。
　　[4]　陈洪波：《华南与东南亚新石器时代的文化面貌、生业经济与族群迁徙》，广西师范大学出版社，2016 年，第 21～22 页。
　　[5]　赵志军：《对华南地区原始农业的再认识》，《华南及东南亚地区史前考古——纪念甑皮岩遗址发掘 30 周年国际学术研讨会论文集》，文物出版社，2006 年，第 150 页。
　　[6]　陈胜前：《史前的现代化——中国农业起源过程的文化生态考察》，科学出版社，2013 年，第 64～79 页。

3.文化特点

广西地区以湘桂走廊等通道为媒介，接受黄河流域中原文化和长江流域楚文化的传播，这对于广西地区的社会发展进程产生了重要影响。新石器稻作文化、青铜文化等皆由此传入岭南，广西地区成为文化中转站，中国文化因素经由岭南西部的广西继续传入中南半岛，改变了东南亚的社会面貌。广西以红水河为界，南北文化有较大差别。南部地区早期以骆越文化为主，带有强烈的海洋文化特质，也包含了一定的大陆性文化成分。骆越属于百越的一支，而百越本身属于海洋民族，所以骆越文化本质上属于海洋文化。

4.族群特点

古籍上对于百越各族名称多有记载，如《逸周书》中的越沤、瓯邓、桂国、损子、九菌、东越、欧人、于越、姑妹、瓯皑、且瓯、区吴、区余、扬蛮等，《路史》中的越棠、骆越、瓯越、瓯隰、瓯人、目瓯、洪人、目深、摧扶、禽人、苍梧、扬越、桂国、损子、产里、海葵、九菌、稽余、比带、仆句、区吴等。这些族群分布甚广，杂处于东亚沿海各地。其中分布在今天两广地区者为数不少，徐松石等学者对这些古代族群的发展演变做了梳理[1]。这些族群实际上都是史前时期众多部落的后裔，到青铜时代数量逐渐减少，但构成成分仍然十分复杂，汉籍文献的记载实在太简略了。广西与东南亚的很多族群之间有密切的关系，东南亚不少人群是从华南一带迁徙过去的，在语言、文化上都有相似性，范宏贵、覃圣敏、周建新等学者对此均有精彩的论述[2]。

二　广西对外文化交流的特征

以上自然与人文特点决定了广西所在区域对外文化交流诸多方面的特征，主要表现在以下三个方面。

特征之一：广西是东西南北文化交汇的十字路口。

---

[1]　徐松石：《粤江流域人民史》，中华书局，1938 年。

[2]　a. 范宏贵：《同根生的民族——壮泰各族渊源与文化》，民族出版社，2007 年。b. 周建新：《中越中老跨国民族及其族群关系研究》，民族出版社，2002 年。c. 覃圣敏主编：《壮泰民族传统文化比较研究》，广西人民出版社，2003 年。

对于以广西为轴心从北向南的文化传播路线，学术界做过大量探讨。这条交通线路主要是沿着长江支流，翻越南岭，或经灵渠进入漓江等西江支流，到达桂南地区之后，东线通过北流河—桂门关—南流江到达合浦等港口，西线通过左江，穿过中越之间的丛林山地，进入越南红河三角洲。这条贯通南北的路线，经由广西，将中原文化传播到东南亚[1]。

东西方向的线路主要是西江水系水运交通线，今天名之为"西江黄金水道"。从云贵高原顺流直下，穿过岭南，连接云贵高原、四川盆地和珠江三角洲，由此滇文化、巴蜀文化和瓯骆文化得以交流。

广西正处在以上南北交通线和东西交通线的十字路口，是多元文化传播、交流、碰撞、融合的交汇之地，这给广西历史文化内容带来了丰富的多样性。

特征之二：海洋文化占主导。

广西古称骆越之地，文化的底层是骆越文化。骆越系百越的一支，发源于越国，本系海洋民族。《汉书·地理志》颜师古注引臣瓒曰："自交趾至会稽七八千里，百粤杂处，各有种姓。"这个七八千里，并非直线，而是沿着东南和华南沿海迤逦而下，从浙江、福建直到广西和越南北部。越族的海洋习性，可能对于迁徙路线的选择发挥了很大作用。文献记载在两广地区还有个西瓯古族，在历史上与骆越并称，但《汉书·两粤传》颜师古注曾说："西瓯即骆越也，言西者以别于东瓯也。"

有学者认为今天的广西南部和越南北部族群也是越国人后裔。20世纪初，法国汉学家沙畹认为，越南民族起源于中国浙江省北部的古越国。20世纪20年代，法国学者鄂卢梭在《安南民族之起源》一文中继续指出："广西南部和越南北部的部落，最古的名称，在周时名骆越，在秦时名西瓯，一名西瓯骆。可以说，他们代表公元三世纪安南封建部落的全部，分布在广西的南部到越南的广南。"[2] 法国学者的核心观点是认为越国被吴国灭亡以后，王室贵族沿海一路南逃，进入了岭南西部和中南半岛。越南历史学家陶维英也认可这种看法[3]。

凌纯声对于中国传统文化的构成有一个基本的划分和分析，他基于民族学

---

[1] 吕余生等：《中原文化在广西的传播与影响》，广西人民出版社，2017年，第10~18页。

[2] 〔法〕鄂卢梭著，冯承钧译：《安南民族之起源》，《秦代初平南越考》，上海商务印书馆，1934年，附录第125页。

[3] 陶维英：《越南古代史》，商务印书馆，1976年，第132~136页。

资料提出，中国文化具有两种成分，即大陆性文化和海洋性文化。华夏大陆性文化贵"金玉、车马、衣冠"，南岛海洋文化贵"珠贝、舟楫、文身"[1]。骆越民族十分符合凌纯声所定义南岛海洋文化的特点，装饰品使用珠贝，交通工具使用舟楫，有纹身习俗，说明了这个族群具有很强的海洋性特征，与华夏大陆性文化有很大区别。除凌纯声的观点之外，徐中舒还曾经以"六畜"的驯养作为例子——六畜中的马、牛、羊是大陆文化的产物，而鸡、犬、豕则是海洋文化的产物[2]。鸡、犬、猪都是骆越文化的重要家养动物，不仅仅是生活必须品，而且与宗教礼仪有密切的关系。

正是因为骆越（包括西瓯）民族是海洋族群，通晓航海技术，故而成为南海丝绸之路最早的开创者。传统的历史观点，多根据《汉书·地理志》的记载，将南海丝路的开通归功于汉武帝。实际上，海上丝绸之路的开拓和形成远在汉武帝之前，南越国的高等级墓葬出土大量外来物品，证明秦汉前期海上丝绸之路已经很繁荣。在此之前的青铜时代，西瓯骆越人已在海上自由往来，亦有文献记载。甚至在更早的新石器时代，华南的农人们正是经由海路移民到东南亚，开启了海上丝绸之路的先声。从规模和作用来讲，南海海上丝绸之路的真正形成期是在岭南的青铜文化时期，开创者是百越民族，确切地说是西瓯和骆越族群[3]。

梁庭望根据文献学和民族学资料提出，骆越方国有一个蛟龙部，负责管理南海，向周朝进贡海上方物，如玳瑁之类，体现了中原王朝对于南海的管辖权[4]。尽管这方面的记载有些虚无缥缈，但可能说明在周代的时候，南海民族已经有开发利用海洋资源的能力。再向前追溯到商代，殷墟中出土占卜用的龟甲，以及当作货币使用的海贝，皆来自南海，说明岭南古国和商朝可能有了高层次的物质交流。

特征之三：对珠江下游的经济依附。

大河中上游地区对下游地区存在经济依附关系是一个普遍现象，黄河、长

---

[1]　凌纯声：《东南亚古文化研究发凡》，《中国边疆民族与环太平洋文化》，台湾联经图书出版公司，1979 年，第 325～334 页。

[2]　徐中舒观点，转引自童恩正：《中国西南地区民族研究在东南亚区域民族研究中的重要地位》，《南方文明》，重庆出版社，2004 年，第 138 页.

[3]　陈洪波：《华南与东南亚早期文化交流考古研究的现状与前瞻》，《中国社会科学报》2019 年 3 月 11 日第 8 版。

[4]　梁庭望：《骆越方国研究》，民族出版社，2018 年，第 141 页。

江、珠江各流域皆是如此,世界上其他地区也大多如此。这是因为下游往往比中上游地区拥有更多的自然资源和地理优势,尤其是适于耕种的冲积平原,下游优于中游和上游。在农业经济高度发达之后,经济形式从完全的自给自足向商品经济转型,海洋贸易兴起,海港的作用越来越重要,进一步加剧了资源的不平衡,中下游对下游的经济依附越来越严重。

两广地位关系的变化,汉代南海丝路的开通是一个分水岭。两汉之前,特别是唐宋之前,海洋贸易尚未大规模崛起,稻作农业经济占据绝对统治地位,稻作发达的交趾郡是岭南最发达的地区,是汉族政权的统治中心[1]。随着海上丝路的开通和发展,对海洋越来越倚重,经济中心逐渐东移,依附局势越发不可逆转。珠江干流成为向东部港口配送货物的主要运输线,广西沿江河一带兴起大量配套产业,最典型的就是陶瓷窑场,这一点在宋明时期最为突出。

三 广西对外交流进程及典型表现

根据文物考古资料和文献记载,岭南西部的广西一带与东南亚的交流可以按照生产力发展过程分为四个主要阶段,分别是新石器时代的稻作文化、青铜时代的骆越文化、早期铁器时代的海上丝绸之路、晚期铁器时代的海上陶瓷之路。每个阶段都有一些标志性表现。下面对这些阶段性发展及典型表现做简要叙述。

（一）史前晚期稻作文化南传及大石铲文化

稻作农业是华南和东南亚文化发展的经济基础,历史时期华南与东南亚社会面貌的每一个方面都打上了稻作文化的烙印。覃乃昌将壮族文化称之为“那文化”,“那”是壮语中“稻田”的意思,就是说壮族文化本质上是稻作农业文化。华南和东南亚壮侗语族生活的区域形成了一个“那”文化圈,在诸多方面具有相似性[2]。

但是华南与东南亚的稻作文化并非天然存在的,它的产生和发展有一个过程。不少学者持稻作农业“华南起源说”,认为水稻是华南本土起源的。覃乃

---

[1] 司徒尚纪:《海上丝绸之路与我国在南海传统疆域形成》,《海上丝绸之路与中国南方港学术研究会论文集》,《岭南文史》2002年增刊,岭南文史出版社,2002年,第22~24页。

[2] 覃乃昌:《“那”文化圈论》,《广西民族研究》1999年第4期,第40~47页。

昌直接将大石铲文化的集中分布区，也就是桂南左右江交汇地带的隆安、扶绥一带，认定为稻作农业的起源地，这里今天还存在野生稻。游汝杰、覃乃昌提出了多方面的证据，其中以历史语言学的论证最为有力，壮侗语中有多个词汇与稻有关，如秅、膏、粳等。根据语音演化规律，最早出现的应该是"膏（kau）"，"膏"的出现，至少在距今 7400 多年以前，已经到了岭南新石器时代中期 [1]。

现代科学也为稻作农业的"广西起源说"提供了证据。中国科学院上海生命科学院植物生理生态研究所科研团队通过水稻基因组测序发现，水稻的驯化是从中国南方地区的普通野生稻开始的，经过漫长的人工选择形成了粳稻。分布在广西的普通野生稻与栽培稻的亲缘关系表明，桂南地区左右江交汇地带很可能是最初的驯化地点。这项研究结果在 2012 年 10 月 4 日以"水稻全基因组遗传变异图谱的构建及驯化起源"为题，全文在线发表在国际顶尖学术期刊《自然》杂志上，引起巨大轰动 [2]。

但事实上，稻作起源于华南甚至广西左右江交汇地带并不是考古界的主流观点，广西至今没有早期稻作的考古发现。据说在顶蛳山文化第四期（距今 6000 年）发现了稻属植硅石，但到底是野生稻还是栽培稻并没有定论 [3]。资源晓锦有明确的水稻遗存 [4]，但这里属于长江流域，而且年代能否早到距今 6500 年也有疑问，大概率并没有这么早 [5]。广西地区史前时期广泛存在野生稻是毫无疑问的，在隆安县娅怀洞遗址距今一万多年的地层中都有发现，但目前从未发现过驯化稻遗存。覃乃昌说是因为红壤环境不易保存所致，或者考古发现时机未到，但这毕竟都是推测 [6]。广东英德牛栏洞遗址 [7]、湖南道县玉蟾岩遗址 [8] 等据说都发现了万年前的水稻，而且有驯化痕迹，但学术界的反应比较谨慎。当地距今万年左右

[1]　a. 游汝杰：《从语言地理学和历史语言学试论亚洲栽培稻的起源和传布》，《中央民族学院学报》1980 年第 3 期。b. 覃乃昌：《壮族稻作农业史》，广西民族出版社，1997 年，第 32～33 页。

[2]　Huang X，etc. A map of rice genome variation reveals the origin of cultivated rice and domestication-associated genes. *Nature*. 2012，490：497-502.

[3]　赵志军等：《广西邕宁县顶蛳山遗址出土植硅石的分析与研究》，《考古》2005 年第 11 期。

[4]　广西壮族自治区文物工作队等：《广西资源县晓锦新石器时代遗址发掘简报》，《考古》2004 年第 3 期。

[5]　张弛、洪晓纯：《华南和西南地区农业出现的时间及相关问题》，《南方文物》2009 年第 3 期。

[6]　覃乃昌：《壮族稻作农业史》，广西民族出版社，1997 年，第 61～62 页。

[7]　广东省珠江文化研究会岭南考古研究专业委员会等：《英德牛栏洞遗址——稻作起源与环境综合研究》，科学出版社，2013 年。

[8]　袁家荣：《玉蟾岩获水稻起源重要新物证》，《中国文物报》1996 年 3 月 3 日。

可能确实存在野生稻的"低水平食物生产（low level food production）"[1]，但后来并没有得到进一步的发展，和稻作农业的兴起实际上没有关联。

真正的稻作农业来自于长江流域。稻作起源于长江中下游目前是考古学界的主流认识，这里多处遗址发现了大量稻作遗存，而且年代很早，如中游的湖南澧县彭头山遗址[2]，下游的浙江浦江上山遗址[3]等，不仅有水稻，而且有些地方还发现了稻田，个别遗存的年代甚至早到距今万年左右。

岭南的稻作农业应该是在距今5500年前后从长江中游传播而来的，可能存在三条路径，资源晓锦遗址所在的桂北是路径之一。关于传播的动力，考古界多支持"人口压力说"，就是说随着农业经济的发展，长江流域的稻作农业区人口剧增，超过土地载能，迫于生计，部分人群开始向外迁徙[4]。新石器农业人群翻越南岭，向岭南进发，即是在这个背景下发生的。至于为什么长江流域的农业在起源之后过了四五千年才向岭南出发，原因是多方面的，例如农业技术缓慢发展、人口增长数量到达环境承载临界点，还有一个重要原因是长江流域和岭南的气候存在重要区别。两地虽然都属于亚热带季风气候区，但是长江流域和岭南纬度不同，光照和四季气温分布差异较大，南岭的阻挡又加剧了气候的差异性，适应长江流域的水稻品种到了岭南，需要变异，培育出适应新气候环境的品种才能生长。同纬度的横向传播往往较快，而不同纬度的纵向传播往往历时较久，就是这个原因[5]。

稻作农业在距今5500年前后传入岭南之后，迅速南传，在大约一千年的时间里就占领了岭南南部和中南半岛，直达最南段的马来半岛。这个传播速度远远超过稻作自长江流域翻越南岭的速度，原因也是多方面的。首先，稻作农业本身进入了历史的快车道，农业技术快速提高，人口增加迅速；其次，岭南多丘陵，可耕地少于长江流域，而且面临土著狩猎采集人群的竞争，迁徙的压力增加；第三，岭南南部和东南亚的气候差异更小一些，虽然纬度差别大，但都在东亚夏季

---

[1] 〔美〕布鲁斯·史密斯著，陈航、潘艳译：《低水平食物生产》，《南方文物》2013年第3期。

[2] 裴安平：《彭头山文化的稻作遗存与中国史前稻作农业》，《农业考古》1989年第2期。

[3] 盛丹平、郑云飞、蒋乐平：《浙江浦江县上山新石器时代早期遗址——长江下游万年前稻作遗存的最新发现》，《农业考古》2006年第1期。

[4] 焦天龙、范雪春：《福建与南岛语族》，中华书局，2010年，第47～103页。

[5] 〔美〕贾雷德·戴蒙德著，谢延光译：《枪炮、病菌与钢铁——人类社会的命运》，上海译文出版社，2006年，第170～187页。

季风的覆盖之下，属于热带、亚热带季风气候区，气候特征具有较大的一致性，而在气候较为一致的区域内，对水稻品种变异的要求程度相对较低，农作物的传播没有太多障碍。第四，海路成为稻作族群向南迁徙的捷径，大大加快了移民迁徙的进程[1]。多个因素相叠加，使得稻作人群向南推进的速度很快，改变了大陆东南亚的狩猎采集捕捞经济形态。

长江流域稻作农业向东南亚的传播过程中，广西所在区域成为最重要的一个中间地带，产生了发达的大石铲文化，是新石器时代晚期稻作农业的代表，在早期农业史上留下了浓墨重彩的一笔。大石铲文化的年代在距今5000～4000年，分布范围包括两广、海南、越南北部，以广西南部最为密集，左右江和邕江汇合的三角地带是核心区域。典型器物是精美的大石铲，可以分为三种主要类型。关于大石铲的功能，大多数学者认为是宗教礼器，用于农业祭祀，也有些出土于墓葬，当是随葬品，可能是地位和财富的象征，也有人认为大石铲可能有生殖崇拜的含义[2]。从文化交流方面来看，大石铲文化是广西作为文化交流的十字路口孕育出的岭南稻作农业文化的第一个高峰，是对长江流域原始稻作文化的二次创新，为稻作农业及人群的继续南迁提供了动力。

大石铲文化之后，稻作文化及人群继续南迁，在红河三角洲孕育了冯原文化和东山文化。并直达中南半岛的最南端，留下了类似中国龙山文化的印记。如泰国半岛班考文化的空三足器，张光直等学者认为可能与龙山文化之间具有某种联系[3]。

（二）骆越文化与铜鼓文化圈

前文在讨论骆越文化海洋性的时候已经说明，骆越是百越的一支，族源是浙江、福建的越国人，他们可能利用了自己的海洋知识，沿着东南、华南沿海地带一路南迁。这个迁徙可能是一个持续不断的过程，吴灭越的时候达到一个高峰。越国贵族逃到广西南部和越南北部，成为安南人的祖先。越国贵族能够知晓

---

[1] Peter S. Bellwood. *First Farmers: the Origins of Agricultural Societies*. Blackwell Publishing, 2005, pp.128-145.

[2] 谢日万：《桂南大石铲遗址》，《中国文化遗产》2008年第5期，第46～49页。

[3] 〔加拿大〕R.J.Pearson，彭南林译：《东南亚大陆与华南史前陶器的相互关系》，《云南文物》1986年第19期。

逃避此处立足，显然有之前文化交流打下的基础。岭南与东南亚的青铜时代，兵器的铸造异常发达，可能吴越传播而来的相关知识甚至匠人本身的迁徙发挥了作用。之前有学者曾经探讨过东山文化与越文化的关系，认为二者确实存在文化交流，越国的青铜文化影响到了东山文化[1]。

广西境内的骆越人向越南北部红河三角洲迁徙有比较明确的考古线索。当前所见可能属于骆越的高级别大型遗存有三处，分别是武鸣县马头元龙坡墓群、左江流域崖壁画和越南河内古螺城。它们的年代也是自北而南前后相继，有人认为可能这代表了骆越国在三个不同时期的都城[2]。这个说法有一定道理。大明山下武鸣县马头一带，可能是骆越国的早期中心，典型遗存不仅仅是元龙坡墓群，可能还有周边的岩洞葬，岩洞葬的级别可能更高一些[3]。之后，骆越人沿左江继续南迁，在宁明一带留下了花山岩画等遗迹。可能出于持续南迁的路径依赖，而且在后期受到来自北方秦朝的军事压力，他们继续向红河三角洲进发，建立了以古螺城为中心的政权，古螺城被称为骆越国最后的都城。骆越人在红河三角洲创造出辉煌灿烂的东山青铜文化，又反过来影响到了岭南地区。越南东山文化铜桶、铜鼓等青铜器，十分精美。广西所见硕型铜鼓、提筒等都有东山文化的影子。

铜鼓是中国南方和东南亚民族文化的典型重器，意义非凡，影响甚至超过华夏文化中的铜鼎。铜鼓的分布非常广泛，遍布华南、西南、东南亚各地，最核心的区域在云南、广西、贵州、越南、老挝、缅甸等地。当前中国学术界普遍认为云南是铜鼓发源地，然后传播到越南和广西。越南的学者则认为东山文化是铜鼓的源头，中国铜鼓是受到越南的影响[4]。这些说法都有各自的依据，但铜鼓的起源和传播显然并非一个一次性的单向过程。恰如中原地区的青铜技术，虽然原始技术来自于外部，然而经过了二次创新之后已然脱胎换骨，面貌焕然一新。铜鼓在如此广大而且文化面貌高度复杂的区域内广泛存在，二次创新甚至多次创新

[1]　彭长林：《越南北部石器时代至汉代的社会复杂化进程探研》，《南方民族考古（第15辑）》，科学出版社，2015年，第35～65页。

[2]　覃圣敏：《西瓯骆越新考》，中国百越民族史研究会：《百越研究（第一辑）》，广西科学技术出版社，2007年，第8～17页。

[3]　李珍：《广西先秦岩洞葬》，科学出版社，2007年，第169～175页。

[4]　李昆声、黄德荣：《中国与东南亚的古代铜鼓》，云南美术出版社，2009年，第18～38页。

的情况比比皆是，最典型的当属西江流域三类大型铜鼓的出现。目前所知世界上面径最大的一面铜鼓就是北流型云雷纹大铜鼓，现藏广西民族博物馆。

铜鼓在中国南方和东南亚形成了一个"文化圈"，多位学者对"铜鼓文化圈"有所论述，如万辅彬、彭长林、赵丛苍等[1]。这个文化圈有一个形成、发展、兴盛、散播与传承的过程，彭长林将之划分为四个阶段[2]。文化圈的形成既有知识、信仰传播的原因，但更多时候还是人群迁徙的结果。华南与东南亚的海陆交通体系自史前以来就是人群迁徙的便捷通道，在青铜时代也发挥了类似的作用。

（三）南海丝路的形成和发展

南海交通线的形成是骆越民族海洋性的体现，他们是海上丝路真正的开创者，前文在探讨骆越人海洋性特征的时候已经有所阐述。南海丝绸之路形成发展的历史过程十分悠久，不同时期具有不同的特征，赵明龙等学者对此做过一个很好的总结，认为南海丝绸之路可以划分为6个阶段：1. 先民西周探索；2. 民道建于战国；3. 官道成于秦汉；4. 隋唐东移广州；5. 宋元北移泉州；6. 明清拓展欧美[3]。

据王充《论衡》以及《明史·占城传》记载，周代时越裳到中原朝贡，献白雉，东汉仍然如此。越裳地望有争议，但应该在中南半岛南部一带。考虑到商代龟甲和海贝的发现，可能商周时期南海交通已经常态化。到战国时期，航线进一步延伸到印度，最晚在公元前4世纪，已经开通了到达东南亚和南亚的远洋航线。

西汉武帝时期，皇帝本人亲自指挥黄门等下属介入了南海贸易活动，后世称之为南海丝绸之路"官道"正式开通。实际上这并非汉王朝的政府行为，而是汉武帝的个人行为。

《汉书·地理志》对此有一段记载，已成为对于汉代南海丝绸之路的经典叙述：

---

[1] a. 万辅彬、韦丹芳：《试论铜鼓文化圈》，《广西民族研究》2015年第1期。b. 彭长林：《铜鼓文化圈的演变过程》，《广西民族研究》2016年第1期，第116～123页。c. 赵丛苍：《铜鼓·铜鼓文化·铜鼓文化圈》，《声震神州》，云南人民出版社，2005年，第204～205页。

[2] 彭长林：《铜鼓文化圈的演变过程》，《广西民族研究》2016年第1期，第116～123页。

[3] 赵明龙等：《南海丝绸之路与东南亚民族经济文化交流研究》，广西人民出版社，2016年，第74页。

自日南障塞（郡比景，今越南顺化灵江口）、徐闻（今广东徐闻县）、合浦（今广西合浦县）航行可五月，有都元国（苏门答腊）；又船行可四月，有邑卢没国（今缅甸勃固附近）；又船行可二十余日，有谌离国（今缅甸伊洛瓦底江沿岸）；步行可十余日，有夫甘都卢国（今缅甸伊洛瓦底江中游卑谬附近）。自夫甘都卢国船行可二月余，有黄支国（今印度马德拉斯康契普腊姆），民俗略与珠崖相类。其州广大，户口多，多异物。自武帝以来皆献见。有译长，属黄门，与应募者俱入海市明珠、璧流离、奇石异物，赍黄金、杂缯而往。所至国皆禀食为耦，蛮夷贾船，转送致之。亦利交易，剽杀人。又苦逢风波溺死，不者数年来还。大珠至围二寸以下。平帝元始中，王莽辅政，欲耀威德，厚遗黄支王，令遣使献生犀牛。自黄支船行可八月，到皮宗（今新加坡皮散岛）；船行可二月，到日南、象林界云。黄支之南，有已程不国（今斯里兰卡），汉之译使自此还矣。

这段话记录了汉代南海丝绸之路的航线、港口、货物、人员等各方面信息，是珍贵的史料。这一时期的输出品主要是漆器、丝织品、陶器和青铜器等，输入品是珠玑、犀（牛）、玳瑁、果、布之类。汉代种桑养蚕和纺织业进一步发展，丝织品成为这一时期的主要输出商品，自商周开始发展起来的海上商路成为名副其实的丝绸之路。秦汉时期南海丝绸之路的主要港口集中在北部湾沿岸，包括徐闻、合浦、番禺、比景等。南流江口的合浦，处在以灵渠为支点的南北交通线的末端，又是郡治所在，高度繁荣，一时成为北部湾的贸易中心。合浦今天留下了庞大的墓葬群，出土了大量与海上丝绸之路有关的文物。著名的绿釉波斯陶壶就出土在合浦寮尾东汉胡人墓中，是海上丝绸之路的历史见证。

三国之后，合浦港衰落，南海丝绸之路的枢纽东移广州。三国两晋时期造船和航海技术进步很快，船只不必再贴北部湾海岸航行，而可以由广州穿越海南岛海面经西沙群岛直航东南亚。交州的治所从广信（广东封开）迁到番禺，番禺成为岭南政治经济中心。唐代重视海外贸易，促使"广州通海夷道"成为唐朝七条国际海陆通道中最负盛名的商道。合浦的衰落除了政治经济中心的转移，南流江港口的逐渐淤塞也是一个重要原因[1]。两千多年过去，今天西门江入海口（也就是汉代南流江的入海口）距离合浦城已有10千米左右，可见河口淤积成陆的速度之快。

---

[1]　陈洪波：《浅析三国之后合浦港衰落的原因》，《桂林师范高等专科学校学报》2010年第3期。

（四）海上丝绸之路向海上陶瓷之路的转型

唐宋至明清时期，海上丝绸之路贸易进一步发展，通过海上丝绸之路往外输出的商品主要有丝绸、瓷器、茶叶和铜铁器（含铜钱）四大宗，往国内运输的主要是香料、宝石、象牙、犀牛角、玻璃器、金银器（包括白银）、珍禽异兽等。

宋明时期，海上丝绸之路的贸易内容发生了一个重大转变，即以丝绸为主转变为陶瓷为主。北宋以后，广州、泉州、北部湾沿岸港口，皆主要以陶瓷为出口商品大宗。如宋人朱彧《萍洲可谈》记载广州陶瓷贸易："船舶深阔多数十丈，商人分占贮货。人得数尺许。下以贮物，夜卧其上，货多陶瓷，大小相套，无少隙也。"表明当时的贸易品多为陶瓷器。

这种转变是由海外国家的需求变化造成的。北宋时期，东南亚已经能够生产丝绸和布匹，对于中国丝绸的需求自然减少。《宋史》卷四八八记载，占城三佛齐出产吉贝花布、丝绞布、白氎布、锦布。《明史》"外国传五"记载婆罗国（文莱）的进贡物品有白焦布、花焦布，麻叶瓮国进贡木棉、花布等，暹罗贡物有西洋诸布。洪武九年，刑部侍郎李浩出使琉球，回国后，"浩言其国不贵纨绮，惟贵磁器、铁釜。自是，赉多用诸物。"占城国"市交易以金，间或用银。极宝爱中国青磁暨段匹绫绢，见则以金易之。"爪哇"最重中国花磁暨麝花绢绮罗"。这些记载说明，宋明时期对东南亚的贸易，瓷器已经超过丝绸成为最重要的商品。但中国丝绸因为质量上乘，在出口中仍然占据重要地位。

因为对外贸易的需要，从宋代开始，广西兴起了大量的瓷窑，供应广州和北部湾沿海商港出口。广西宋代的瓷窑产品主要是外销瓷，北流岭峒窑、永福窑田岭等窑口堪为代表。这些窑址多在江边，利于运输，顺水而下，到广州等地装船出海。冯先铭、郑超雄、韦仁义等专家都认为广西宋代瓷器发达是对外贸易需求的结果[1]。至今宋代广西瓷窑发掘40多处。按照有的专家估算，这些窑每年可生产瓷器3亿件以上，本地不可能全部消费，应该主要用于出口[2]。

广西本地生产的大量陶瓷器，除了通过西江水路送往广州港，有不少是通

---

[1]　a. 冯先铭：《三十年来我国陶瓷考古收获》，《故宫博物院院刊》1980年第1期。b. 韦仁义：《广西北流河流域的青白瓷窑及其兴衰》，《景德镇陶瓷》1984年第S1期。c. 郑超雄：《广西宋代瓷窑初探》，《学术论坛》1981年第2期。

[2]　吴小凤：《宋明广西海上陶瓷之路研究》，广西人民出版社，2012年，第71页。

过北流河，转陆路过桂门关，然后入南流江，到达北部湾沿海港口，再输往东南亚、南亚和西方。宋明时期海洋贸易发达，北部湾沿海港口也很繁忙。《明史》"食货志五"记载，明代在宁波、泉州、广州设立市舶司，"广州通占城、暹罗、西洋诸国"。广州市舶司是对应东南亚一带的进出口贸易而设，因为贸易频繁，广州市舶提举司无法应付，永乐三年"寻设交趾云屯市舶提举司"，位于今越南广宁省海防市云屯县，主要责任是"接西南诸国朝贡者。"可见这时广西沿海在海上贸易路线上仍然具有重要位置。

总之，广西在中国古代对外交流史上一直占据独特地位，对于中外文化的交流融合发挥着重要作用。广西地区在对外交流中所表现出的特点和阶段性变化，与它所处地理位置、气候环境、社会文化有密不可分的关系，这些因素对于塑造广西对外开放的个性特征发挥了关键作用。

第三节　龙山化：从中国到中南半岛

龙山时代是中国乃至东亚文明发轫的关键时期，龙山化代表了农业文化和农业人群的传播与扩散，这个过程持续了大约 1500 年的时间，影响所及，从黄河和长江中下游直达岭南地区及中南半岛。本节对于这一过程的内涵、特点、路线等问题略做探析。

一　龙山化与龙山时代

"龙山化（Lungshanoid）"这个概念最早是张光直提出来的，发表于 1959年。"以解释在一个连续的时间范围内，中国整个东部沿海地区在陶器和石器的种类、样式上的许多相似之处，作为一个使空间一体化的新概念。"[1]张光直将这个时间段定在从公元前 4000 年代中期到公元前 3000 年代中期，比后来定义的龙山文化的概念要早很多，这是因为这时候大汶口文化还没有命名，张光直是把当时所见龙山文化和大汶口文化的遗存放在一起讨论了。

在其名著《古代中国考古学》中，张光直进一步解释说："如果我们想象沿

---

[1]　张光直：《中国新石器时代文化断代》，《历史语言研究所集刊》第 30 期，1959 年，第 259 页。

着长江及东部沿海，进行一次穿梭于各考古区域间的旅行，我们将会从所遇到的各部族物质文化中看到许多相似之处。尽管磨光石斧、石锛、石刀以及许多骨、角、蚌器的常见类型存在于所有类似的文化中，但在该区域内却几乎达到了通用的程度。"[1] 总而言之，这个时期，整个东部或者说是长江中下游、东南沿海，其实就是东亚大陆的东部平原，兴起了许多新石器文化，这些考古学文化都使用了以上人工制品，虽然各自风格有所不同，但是器形和组合等方面具有一种基本的相似性。

张光直重点关注了陶器："其中，最有说服力的是我所称的龙山文化的典型器形：高或矮圈足镂空座豆以及用作炊具的三足鼎。"[2] 三足鼎、高足豆与矮足豆，都是龙山文化时期最具有代表性的陶器，器物特征明显反映出对农业生活的适应，当与定居生活和精心烹饪有关。在中南半岛最南端的泰马半岛上有一片文化分布区叫班考文化（Ban Khao Culture），出土了与中国龙山时期文化器形非常相似的一些陶器，其中最引人注目的是镂孔三空足鼎形器，也有人称之为"三足斝"[3]。这个"三足斝"与龙山文化的三足鼎器形基本一致，制作工艺类似，只不过龙山文化三足鼎的足是实心，而班考"三足斝"的足是空心，是两种器物的一个重要区别。另外还有豆与壶，在龙山文化中也比较常见。这就是张光直认为泰马半岛上的班考文化与龙山文化有关的依据。

1981 年，严文明提出了一个影响力巨大的论断，将中国距今 5000~4000 年之间的新石器时代发展阶段称之为龙山时代。他指出，"龙山时代"的特点是：制作小型铜器；普遍使用陶轮制陶，出现了特别精美的黑陶、纺织业、打井、建造房屋、聚落发达，有城墙[4]。严文明提出"龙山时代"，主要是着眼于文明起源的探索。文明起源有一个重要前提，就是农业的高度发达，实际上反映的是社会经济基础的重大变化。严文明"龙山时代"的概念，与张光直"龙山化"的概念相辅相成，相互补充。"龙山化"是一种现象、一个过程，"龙山时代"则指的是这个时间段。

---

[1]　张光直：《古代中国考古学》，辽宁教育出版社，2002 年，第 240 页。

[2]　张光直：《古代中国考古学》，辽宁教育出版社，2002 年，第 240 页。

[3]　赵春光：《从泰国班考遗址看华南与大陆东南亚新石器时代文化的关系》，《江汉考古》2021 年第 1 期，第 98 页。

[4]　严文明：《龙山文化与龙山时代》，《文物》1981 年第 6 期，第 41~48 页。

在 1959 年时，张光直将"龙山化时期"遗存迅速而广泛的扩张，看作是一个单一的文化核心区扩张的结果，该核心区即是中国北方中部平原，也就是传统上所谓的中原[1]。这个观点也就是中国学术界所说的"中原中心论"——中国文化起源于一个单一的核心地区，也就是中原或者黄河中游，文化从这里兴起，然后向外扩散，最后征服了整个中国。到了 1968 年，张光直将之前的观点修改为"交互作用圈"，认为中国境内"龙山时代"这些文化，并不是单一中心向外传播的结果，而是各地的考古学文化互动的一个结果，最后在文化面貌上呈现统一性[2]。

十年之间，张光直的解释框架发生了一个根本性的转变，从"龙山化"走向"交互作用圈"，强调文化的土著性和原生性，突出区域文化之间的交流和互动。这反映出时代思潮发生了剧变，进而影响到考古学阐释的底层逻辑。这个时期中国学术界的表现和国际学术界的趋势基本一致，也从"中原中心论"走向"满天星斗"[3]或"多元一体"[4]，强调多元共生成为学术界的主流思想，这与时代的大背景息息相关。

但在主流之外，一直也有不同的声音。特别是进入 21 世纪之后，学术思潮整体性呈现新变化，在肯定文化互动的同时，再度强调中心区域的重要性。例如，许永杰 2010 年发表在《考古学报》上的《距今五千年前后文化迁徙现象初探》一文，很有代表性[5]。该文认为，大约在公元前四千纪的中期，诸考古学文化群雄并起，中国史前时期进入了距今五千年前后的大动荡年代，表现在社会层面是各考古学文化的文明因素纷纷涌现，表现在文化层面则是各考古学文化的大迁徙。这篇文章在承认文化传播的同时，更强调了文化迁徙，实际上也是族群的迁徙。所以说这篇文章变相突破了"满天星斗"的主流观点，强调了人群迁徙是一种普遍的社会现象，是文化发展的动力。

如果进一步来探讨这种现象，就是在距今 5000 年之前，经过仰韶时代 2000 年的发展，中国史前农业已经到了一个相当繁荣的阶段。在距今 5000 年前后，

[1]　张光直：《中国新石器时代文化断代》，《历史语言研究所集刊》第 30 期，1959 年，第 259 页。

[2]　张光直：《古代中国考古学》，辽宁教育出版社，2002 年，第 10 页。

[3]　苏秉琦：《中国文明起源新探》，生活·读书·新知三联书店，1999 年。

[4]　费孝通：《中华民族的多元一体格局》，《北京大学学报（哲学社会科学版）》1989 年第 4 期。

[5]　许永杰：《距今五千年前后文化迁徙现象初探》，《考古学报》2010 年第 2 期。

中国东部适合农业耕种的地区大多已被各种农业社会占据，聚落繁荣，人口增长。随着生产力进一步发展，人口剧增，那么史前人群发生迁徙，去寻找新的居住地成为一个必然。由此，中国东部沿海地区农业人群的南迁，从大约距今5000年开始成为一个重要现象。农业人群南迁，越过岭南直达中南半岛，是几千年不断的一个趋势，这有多方面的证据。

总之，不论是持哪种观点的研究者，都承认龙山时代存在黄河中下游乃至更大范围内文化面貌的趋同现象，这就是所谓的"龙山化"。龙山化的中心区域在黄河和长江中下游，但这个过程向外波及的范围，包括了东亚以及东南亚很多地方，特别是中南半岛。"龙山化"实际上就是一个族群和文化大迁徙的时代，中南半岛史前农业社会的兴起，也是以中国东部为中心的"龙山化"历史过程的一部分。

对于东亚直到大陆东南亚"龙山化"现象的性质，本文初步总结如下，以作为进一步分析的基础。

1. "龙山化"的实质是新石器文化在东亚农业适宜地带的快速发展

龙山化是农业文化高度发展的外在表现，核心地带在黄河中下游和长江中下游，以这两个为中心，向周边扩散。早期国家性质政体的出现，是这个过程的结果。

2. "龙山化"的主体内容是农业人群迁徙

农业的传播有两种途径，一种是文化传播（cultural diffusion）（如采纳、借用和文化适应），另一种是人口扩散（demic diffusion）（农业人群迁徙）[1]。学术界过去比较强调文化传播，即一个相对落后的文化，可以引入先进的技术促进自身的发展。这种解释多少受到了当代社会发展模式的影响，想当然认为史前时期也是如此。但实际上，在史前时期，如果文化性质根本不同的话，是不可能发生这种情况的。如果一个地域是狩猎采集经济，而另一个地方是农业经济，那么前者会看到农业比较先进而主动转型吗？彼得·贝尔伍德曾对这种推测进行过详细的剖析，他认为，狩猎采集者主动学习和采纳农业的现象在历史上从来没有发生

---

[1] 〔澳〕彼得·贝尔伍德著，陈洪波、谢光茂等译：《最早的农人——农业社会的起源》，上海古籍出版社，2020年，第338页。

过[1]。岭南地区土著狩猎采集者面对龙山农业人群，情况应该也是如此。总体来看，"龙山化"的主体内容并不是农业技术传播，而更多的是农业人群迁徙的过程。农业文化因为存在人口压力造成的土地需求，所以天然具有扩张性质。新石器时代农业的扩张包括多方面的内容，但主要是人群的迁徙。

3.东南亚新石器时代农业的兴起是"龙山化"的延续

大陆东南亚新石器时代文化与中国龙山时代新石器时代文化具有高度的一致性，是农业人群扩张的结果。这一点后文会详细讨论。

二　岭南和中南半岛"龙山化"的考古学、语言学和遗传学证据

现有考古学、语言学和遗传学研究结果表明，距今4500~2000年新石器时代晚期到青铜时代早期，大陆东南亚和东亚存在广泛的人群流动，中国南方地区农业人群南下迁徙至中南半岛，并与当地居民混合，这一事件被认为和龙山时期农业的扩散有关。

中南半岛，特别是泰马半岛，一批新石器时代遗址出土了许多与华南新石器时代遗址器物相似的遗物。其中陶器最有代表性，三足器、圈足、盘、釜和豆一般共出，形成器物组合，与石峡遗址的关系最为密切。这些陶器之间的相互关系，可能表明了古代居民从华南向大陆东南亚的迁徙。中国华南居民到东南亚的迁徙，是一个连续不断的历史过程，从新石器时代一直到青铜时代，历史上发生了多波浪潮，而新石器时代是一个开端，实际上规模并不大。在查尔斯·海厄姆所做"大陆东南亚新石器时代遗址分布图"中，只标出了数十处新石器时代遗址，数量相当有限[2]。

东南亚的语言是从中国南方传播过去的，在学术界基本上是一种共识。古泰语是居住在华南海岸甚至远到福建的民族所操的语言，在史前时期，中国华南地区的语言从广东、广西传播到越南北部、老挝和泰国大部分地区，历史时期通行

[1] 〔澳〕彼得·贝尔伍德著，陈洪波、谢光茂等译：《最早的农人——农业社会的起源》，上海古籍出版社，2020年，第51~55页。
[2] 〔新西兰〕查尔斯·海厄姆著，云南省文物考古研究所译：《东南亚大陆早期文化——从最初的人类到吴哥王朝》，文物出版社，2017年，第105页。

于东南亚的语言可能源自长江中游[1]。从华南海岸、长江流域到大陆东南亚，从语言来看就是一种文化上的连续统一体。相关的语言学研究成果众多，如邓晓华，很早就开始研究百越的语言，研究成果明显呈现出上述广泛分布的区域现象[2]。

　　基因考古是近年来进展最大的一个领域。与东南亚古代研究相关的一个重要成果是澳大利亚国立大学马克·欧文汉姆（Marc Oxenham）教授团队的工作，他们从在越南、柬埔寨、泰国和缅甸发现的146具古人类骨骼中提取出18份DNA，与周围地区的DNA进行比较，发现普遍存在来自中国华南地区的独特遗传特征。其结论是，大约距今4500～4100年期间，中国农人来到了大陆东南亚，带来了先进的农业经济和文化，逐渐改变了当地的生活方式[3]。也就是说，龙山时代中国的农人第一次进入了中南半岛，传播农业文化，逐渐改变了当地的生活方式，稻作经济模式替代了土著和平文化的狩猎采集模式。

　　中国南方人群基因的大量涌入，与东南亚距今4500～4100年时新石器时代农业的出现，以及中国南方风格的陶器和工具的普遍使用，多方面的证据相结合，证明这一时期有一波来自中国的农民，将他们的语言、农业、工具制作和陶器技术扩散到了东南亚。新移民和土著之间的基因融合创造了东南亚人类种群的多样性。当然，农人的移民迁徙并不完全是人群取代的过程，更多的是融合和共存。共存不一定是和平共处，双方必然存在冲突，因为农业人群同样需要利用狩猎采集资源，与土著狩猎采集者存在不可调和的矛盾。美国人类学家劳伦斯·基利（Lawrence Keeley）认为，这种情况下，双方关系最好也就是冷眼相对，暴力冲突才是常态[4]。那么，既然双方都是你死我活的关系，为什么当地的基因还能融合进来？通过民族学资料可以知道，多数情况下是农人群体男性与狩猎采集群体女性婚媾，无论是通过抢夺还是通婚等手段。因而狩猎采集人群的基因能够留下来，主要是通过女性[5]。

　　[1] 叶玉英：《从古越语到现代侗台语——语言类型转换的实例》，《东方语言学》2019年第2辑，第13～36页。

　　[2] 邓晓华、邓晓玲：《论壮侗语和南岛语的发生学关系》，《语言研究》2011年第4期，第34～41页。

　　[3] Mark Lipson. Olivia Cheronet. Swapan Mallick. Nadin Rohland. Marc Oxenham. et al. Ancient genomes document multiple waves of migration in Southeast Asian prehistory. *American Association for the Advancement of Science*, 2018(6397). pp. 92-95.

　　[4] Keeley, L. H. Frontier warfare in the early Neolithic. In D. L. Martin and D. W. Frayer eds., *Troubled Times*, 1997, p.309.

　　[5] 〔澳〕彼得·贝尔伍德著，陈洪波、谢光茂等译：《最早的农人——农业社会的起源》，上海古籍出版社，2020年，第50页。

三　大陆东南亚龙山时期人群迁徙的路线

中国南方农业族群向大陆东南亚迁徙的路线，最新的研究成果来自植物考古。中国科学院青藏高原研究所高玉研究团队分析了从中国和中南半岛 128 个遗址出土的 312 个稻（*Oryzasativa*）、粟（*Setariaitalica*）和黍（*Panicummiliaceum*）遗存的直接测年数据，发现中南半岛于公元前三千纪后期出现粟作农业，至迟于公元前二千纪后期出现稻作农业 [1]。也就是说，距今 5000 年之后，从中国来的以粟作为主的农人进入东南亚，然后以稻作为主的农人在距今 4000 年之后进入东南亚。这一成果与前文所述距今 4500～4100 年期间东南亚出现稻作农业这个结论是吻合的。目前来看，中南半岛的早期农业可能有中国西南、两广地区和福建沿海三个来源，有三条传播路线，各有特点。

西线大致与后世的高原丝绸之路吻合，与童恩正所说边地半月形文化传播带 [2] 有关，就是从西北沿着青藏高原的东缘，穿过高山河流到达东南亚。这里面有个疑问，就是横断山脉基本是西北—东南走向，人是怎么过来的呢？因为从常规认识来看，人类一般都是顺着河流的流向进行迁徙的。王仁湘曾写过一篇文章探讨了这个问题，认为过去的认识有片面性。他通过对横断山区的实地考察和资料研究发现，文化跨过峡谷横向传播更为经常发生 [3]。中国北方以粟为代表的人群，可能正是沿着边地半月形文化传播带到了东南亚，所以东南亚的粟出现比较早。

中线是一条主要路线，与良渚文化关系最为密切，与许永杰所述距今 5000 年大迁徙的南线相吻合。这条路线一直延续到历史时期，骆越青铜文化横跨两广和越南北部，证明一直存在这样一条密切的交流通道。这条路线代表了稻作农业的传播。主要传播路线就是从长江流域、岭南地区，穿过越南北部，途经红河三角洲，一直到泰国的平原地带，然后继续向南，直达泰马半岛。

东线主要是沿海航行线路，可能东南沿海有一批人通过海路一直迁徙到了越南南部。该路线的资料目前比较薄弱，但也有一些语言学、植物考古证据作为

---

[1]　高玉等：《史前农业传播：从中国南方到中南半岛》，《中国科学（地球科学）》2020 年第 6 期，第 723～734 页。

[2]　童恩正：《试论我国从东北至西南的边地半月形文化传播带》，《南方文明——童恩正学术文集》，重庆出版社，1998 年，第 362～393 页。

[3]　王仁湘：《西南古代文化纵横通道断想》，《中华文化论坛》2008 年第 S2 期，第 14、15 页。

支撑，正好与后世的海上丝绸之路相吻合。

三条路线的意义是找到了不同作物品种所代表的经济、文化、人群传播扩散的途径，而且还找到历史时期高原丝路与海上丝路的最早渊源。当然，这些路线不是绝对的，中间肯定有分散或者交叉，像云南一带，出现了很多明显带有长江流域特征的稻作和陶器文化遗存。中线也与航海有关，如广西南部著名的大石铲文化，在越南北部和海南岛都有发现。海南岛的大石铲遗存，包括越南北部的资料，都说明当时的新石器文化人群具有航海的技能。

中国南方和中南半岛的粟、稻遗存，很重要的一点是年代都落在了公元前三千纪之内，也就是龙山化时期。水稻遗存较多，中南半岛、四川盆地、云贵高原和两广地区都有；粟遗存较少，都在高原地区，中南半岛遗存较少，多集中在泰国，我国四川盆地也有。除此之外，粟还出现在台湾岛的南关里东遗址，而两广地区、闽台等地则没有发现粟遗存。这个不平衡的分布形态，应该还是考古工作和考古资料的局限性所致。台湾岛的粟当是从福建等地传播过去的，最早的源头要到黄河下游的山东半岛去寻找。稻的传播资料较多，很多地方都有发现，说明长江流域的水稻作物和稻作人群构成了扩散的主流。无论是粟还是稻的年代，都落在了距今 5000 年之内，事实上就是之前张光直、严文明等谈到的"龙山化"时期，也是许永杰谈到的 5000 年以来的大迁徙时期。中国南方的时间早，泰国最晚，体现出这是一个自北向南的迁徙过程。粟与稻的区别反映了黄河流域和长江流域的区别，也是旱作和水田农业的区别。粟主要来源于高原旱地，最早可能源于西辽河流域或者黄土高原这些属于"边地半月形文化传播带"的地带，沿着中国地理结构二级阶梯的东缘扩散而来。稻作是长江流域农业发展的结果，它不断向周边地区扩散，不仅向南方的岭南和中南半岛传播，也向北方的黄河流域甚至东北亚传播。

稻作农业的传播路线，将测年数据与出土地点结合起来，可以看出谷物农业的传播过程。水稻自从被人类利用以来，直到距今 5000 年前，都局限在北纬 30° 以北。长江流域最早的驯化稻差不多出现在 1 万年左右，原地发展了约 5000 年方开始突破南岭。但在距今 4900 年时，大幅向南扩展到北纬 26° 左右，进入岭南地区，这个时期正是"龙山化"大规模发生的时候。在此基础上，经过了 1500 年，水稻在距今 3400 年左右南进到北纬 13°，到达中南半岛，两广地区是一条主要传播路线。只用了 1500 年，这个传播速度已经是非常快了 [1]。也有学者如查尔斯·海厄姆认为，中南半岛稻作农业出现在距今 4500～4000 年前，但这个断代似乎过早 [2]。所以说，岭南地区出现水稻以及之后东南亚出现稻作农业，都与"龙山化"进程有关，可以说是"龙山化"的结果。

彼得·贝尔伍德也认为东南亚的新石器文化是从中国长江流域扩散而来的，分为两条路线——一是东路（海路），先到台湾岛再向南，然后扩散，也就是南岛语族大迁徙；二是西路，一直向南传播到大陆东南亚，直到马来半岛。他认为这两条路线之间没有关系，语言不相同，基因也不一样。但有可能他们绕过南海之后，中间在婆罗洲发生了小规模的交流 [3]。

意大利学者雷斯伯里在《东南亚大陆的"刻/印纹陶"——追寻新石器化之路》一文中提出过一个"文化包（culture package）"的概念，有较大影响 [4]。他谈到，公元前 5000～前 3000 年，新石器"文化包"从长江中游向南传播，跨过南岭到达两广地区，在公元前第四千纪末到公元前三千纪初到达了东南亚北部。但是根据现在的研究看来，年代并没有公元前 5000 年那么早，应当是距今五六千年左右，广西资源的晓锦遗存是个有力的证据。他的观点最有价值的部分是，这种传播不是单个的文化因素，而是一整个"文化包"。"文化包"突破了器物组合的概念，包涵了技术、社会、精神等不同层次的多方面文化因素，包括埋葬方式、水稻种植、动物驯养、磨制石器、蚌器，尤其是陶器器形和纹饰，也包括稻作人群和他们的语言，其实就是一整个农业社会。

四　小结

张光直后来认为，"龙山化"就是"交互作用圈"，之所以其他地方也出现

[1]　陈洪波：《华南与东南亚新石器时代的文化面貌、生业经济与族群迁徙》，广西师范大学出版社，2016 年，第 185 页。

[2]　〔新西兰〕查尔斯·海厄姆著，云南省文物考古研究所译：《东南亚大陆早期文化——从最初的人类到吴哥王朝》，文物出版社，2017 年，第 106 页。

[3]　Peter Bellwood. *First Islanders: Prehistory and Human Migration in Island Southeast Asia*. Oxford: Wiley-Blackwell. 2017, pp. 345–350.

[4]　F. Rispoli. The Incised and Impressed Pottery Style of Mainland Southeast Asia: Following the Paths of Neolithization. *East & West*. 2008, 57(1-4): 235-304.

了相同的现象，是文化之间交互作用的结果。但是彼得·贝尔伍德提出"农业族群—语言扩散假说"，认为新石器文化的这种扩张，族群迁徙是唯一的解释。除了考古证据之外，贝尔伍德还使用了语言学、遗传学等证据，有较强的说服力。

农业文化／文明具有天然的扩张性质，这与人口压力有关。当然，几乎所有的文明都是扩张的，直到扩张成本过高，无法继续扩张为止。扩张与文化的发展程度高度相关。如中国史前农业，经过几千年的发展，直到距今约5000年这个时期，才形成了一个从量变到质变的关键节点。这是龙山化开始的时期，也是中国走向文明的开端。

黄河流域和长江流域中下游高度发展的新石器政体，在龙山时代开始突破原有范围，向外寻找新的生存空间。大约距今5000年时，龙山文化人群向岭南和中南半岛的进发，是中国早期历史上最重大的事件之一。打破了岭南地区的准新石器时代（para-neolithic period）[1]进程，改变了当地渔猎采集经济为主的形态。石峡文化与班考文化之间的联系，说明了这个进程的存在。

"龙山化"扩张，主要形态并非类似秦朝征服岭南这样的大规模行动。因为文化内部处于弱势的群体，在面临生存压力的情况下才会搬到新的陌生环境中生活，所以规模并不会太大，而是局部的、被迫的活动。而且在新的环境中，必定要与土著相结合才能延续发展。外来文化和土著文化之间的融合，必定呈现出地方类型的特点。所以，迁徙之后的文化不可能与原生地的母体文化一模一样，甚至会面目全非。不仅仅器物组合改变，习俗改变，甚至人种和语言都会发生变化。因为迁徙替代有一个比较长的过程，所以基因和文化会迭代弱化。比如农业人群从长江流域出发，到了岭南等地方与土著结合，那么基因就剩下一半，然后再到东南亚与土著结合，基因就剩下四分之一，一代一代下来，最后华南地区的基因就剩下1％，这是基因研究的一个最新的结论。正是因为如此，所以对于文化人群迁徙前后的联系，人们往往不敢骤下结论。但是，我们必须面对一个现实：即使表面上并不完全一致的两支文化，它们在人种上确实具有渊源关系。

赵辉和李岩曾经就"石峡遗址与广东新石器时代考古"主题发表对话，其

---

[1]　在全新世早期，从岭南到马来半岛的广大地区，和平文化通过采取陶器制作和磨制石器技术发展成为土著准新石器时代文化（Para-Neolithic cultures），和以农业为特征的新石器文化有根本区别。见 Peter Bellwood. *First Islanders: Prehistory and Human Migration in Island Southeast Asia*. Oxford: Wiley-Blackwell. 2017, p. 347.

中特别讨论了岭南地区从史前到秦汉之际的"中国化"进程[1]。本文以上所述"龙山化"，实际上也是"中国化"的一部分，或者说早期阶段，只不过本文认为，这一趋势不仅仅限于岭南，而且延伸到了中南半岛，是农业起源核心地带向边缘区人群迁徙和文化辐射的大范围现象。赵辉和李岩讨论岭南，使用"中国化"的表达比较适宜，本文兼顾了中南半岛，而且主要讨论新石器时代，故而借用张光直创造的"龙山化"概念更恰当一些。

第四节　粟向华南、西南及东南亚地区的传播

粟是由狗尾草属驯化而来的一年生禾本科植物，是中国文明起源历史进程中最重要的农作物之一。根据目前的考古出土资料，粟最早在中国的华北地区被驯化。从兴隆沟遗址土壤的浮选中，发现了粟和黍等栽培作物的遗存。兴隆沟文化中期的年代距今约 8000～7500 年之间，这一发现成为目前确定的在中国北方地区发现的最早栽培作物[2]。粟在华北地区被驯化后向多个地区传播，在以稻作为主的热带和亚热带的华南、西南及东南亚地区也有不少发现，本节对这一重要农作物的传播过程做一分析。

一　粟类遗存的考古发现及年代

就目前华南和西南的情况而言，粟类遗存在四川、重庆、云南、广西、台湾岛等地都有发现，主要发现地点和年代数据如下：西藏昌都卡若（距今 4750±150 年）[3]、高雄凤鼻头（距今 3670±130 年）[4]、四川马尔康哈休遗址（距今约 5500～5000 年）[5]、重庆忠县中坝遗址（新石器时代晚期）[6]、四川金沙

[1]　赵辉、李岩：《石峡遗址与广东新石器时代考古》，《文博学刊》2022 年第 4 期。

[2]　赵志军：《从兴隆洼遗址浮选结果谈北方旱作农业起源问题》，《东亚古物》（A 卷），2004 年。

[3]　西藏自治区文物管理委员会：《西藏昌都卡若遗址试掘简报》，《文物》1979 年第 9 期，第 22～28 页。

[4]　Chang, K. C. et al. Fengpitou, Tapenkeng, and the Prehistory of Taiwan. New Haven: Yale University Publications in Anthropology, 1969. p.73.

[5]　阿坝藏族羌族自治州文物管理所、成都文物考古研究所等：《四川马尔康县哈休遗址 2006 年的试掘》，《南方民族考古》（第六辑），科学出版社，2009 年，第 295～374 页。

[6]　四川省文物考古研究所、忠县文物保护管理所：《忠县中坝遗址发掘报告》，《重庆库区考古报告集（1997 卷）》，科学出版社，2001 年，第 559～610 页。

遗址（距今 4700～2500 年）[1]、云南耿马石佛洞遗址（距今 3100 年左右）[2]、云南剑川海门口遗址（距今 5300～2500 年）[3]、广西那坡感驮岩遗址（距今 3800～2800 年）[4]、四川茂县营盘山遗址（距今 5000 年左右）[5]、台南南关里东遗址（距今 4700～4200 年）[6] 等。这些地区出土遗存都为粟粒或者带粟秆圈纹的遗物等。

　　东南亚地区的原始农业大多来自中国南部沿海地区，移民们已经熟练掌握了水稻、粟类和其他亚热带作物如番薯、芋根和甘蔗的种植技术[7]，其中粟似乎是大陆东南亚地区新石器时代的主要作物之一[8]。目前粟的考古发现集中在泰国农帕外（Non Pa Wai）、农玛腊（Non Mak La）、尼肯翰（Nil Kham Haeng）等遗址，年代大多在公元前 2000～前 1500 年，并且是这些地区稻作农业出现以前的主要作物[9]。如在农帕外出土的粟（Setaria），校正后的年代为公元前 2470～前 2200 年[10]。

　　以上出土资料初步整理为表 4-1[11]。

————————

[1] 霍巍：《成都平原史前农业考古新发现及其启示》，《中华文化论坛》2009 年第 11 期，第 155～158 页。

[2] 刘旭：《3000 年前的穴居生活：耿马石佛洞遗址》，《中国文化遗产》2008 年第 6 期，第 84～87 页。

[3] 云南省文物考古研究所、大理州文物管理所等：《云南剑川县海门口遗址》，《考古》2009 年第 7 期，第 18～23 页。

[4] 广西壮族自治区文物工作队、那坡县博物馆：《广西那坡县感驮岩遗址发掘简报》，《考古》2003 年第 10 期，第 35～56 页。

[5] 李星星：《粟（小米农业）经长江上游南传的途径与方式》，《中华文化论坛》2005 年第 4 期，第 60～67 页。

[6] 臧振华：《从南科大坌坑文化遗址的新发现检讨南岛语族的起源地问题》，《浙江省文物考古研究所学刊——纪念良渚遗址发现七十周年学术研讨会文集》，科学出版社，2006 年，第 95～125 页。

[7] （新加坡）尼古拉斯·塔林等著，贺圣达、陈明华等译：《剑桥东南亚史》，云南人民出版社，2003 年，第 74 页。

[8] Dorian Q. Fuller , Yo-Ichiro Sato , Cristina Castillo, et al. *Consilience of Genetics and Archaeobotany in the Entangled History of Rice*. Archaeological and Anthropological Sicences, 2010,2(2), pp.1-7.

[9] Cristina Castillo. Rice in Thailand: The Archaeobotanical Contribution. *Rice*. 2011,4(4), pp.114-120.

[10] Steve Weber ,Heather Lehman , Timothy Barela,et al. *Rice or millets: early farming strategies in prehistoric central Thailand*. Archaeological and Anthropological Sicences. 2010,2(2),pp.79-88.

[11] 表 4-1 资料主要采自：a. 游修龄主编《中国农业通史·原始社会卷》，中国农业出版社，2008 年。b. Cheng-hwa Tsang, Recent Archaeological Discoveries in Taiwan and Northern Luzon: Implicatons for Austronesian Expansion. In Scarlett Chiu & Christophe Sand eds. *From Southeast Asia to the Pacific: Archaeological Perspectives on the Austronesian Expansion and the Lapita Cultural Complex*. Taipei: Center for Archaeological Studies Research Center for Humanities and Social Sciences, Academia Sinica, 2007, pp.95-125. c. Charles Higham, The prehistory of Southeast Asia: a retrospective view of 40 years research. Higham, Charles. *Antiquity* 85. A328 (Jun 2011): 639-653.

表4-1　粟在华南、西南及东南亚地区的主要出土情况

出土遗址	年代
西藏昌都卡若	距今4750±150年
高雄凤鼻头	距今3670±130年
四川马尔康县哈休遗址	距今约5500～5000年
重庆忠县中坝遗址	新石器时代晚期
四川金沙遗址	距今4700～2500年
云南耿马石佛洞遗址	距今3100年左右
云南剑川海门口遗址	距今5300～2500年
广西那坡感驮岩遗址	距今3800～2800年
四川茂县营盘山遗址	距今5000年左右
台南南关里东遗址	距今4700～4200年
台南牛稠子	距今3800～3300年
台中牛骂头	距今4500～3500年
泰国农帕外（Non Pa Wai）	公元前2470～前2200年
泰国农玛腊（Non Mak La）	约公元前2000～前1500年
泰国尼肯翰（Nil Kham Haeng）	约公元前2000～前1500年

从这些考古遗址的年代数据范围看，大多数都集中在从距今五千多年到距今三千多年期间。华南及东南亚地区进入历史时期的年代较晚而且进程并不一致，这些考古遗址大多属于新石器时代晚期至铜石并用时期，少部分可能持续至历史时期早期。

二　粟作南传的两条路线

关于粟在华南、西南及东南亚传播的过程及原因，历来是学者们关注的重点。游修龄将西藏、云南、台湾岛视为粟从中心地区向外传播的一个层次，并且将长江流域视为有可能而未能证实的地区也包括到这一层次中[1]。依据目前的考古发现，粟在华南及东南亚的传播主要分为两大块，一块是从西北到西南进而延伸至大陆东南亚地区；另一条是从东南沿海到台湾岛延伸至岛屿东南亚地区。至

---

[1]　游修龄主编：《中国农业通史·原始社会卷》，中国农业出版社，2008年，第1～13页。

于长江流域，尤其是长江中游混作区的遗址中，有研究者指出粟、黍和稻米在农业种植上是同等重要的[1]。还有一些学者认为在新石器时代晚期的淮河流域形成了一个"粟稻混作区"，这一混作区的出现在人口与粮食、人类与自然、南北地域文化交流等方面均具有重要的意义[2]。

但由于粟作农业在岭南地区缺乏考古发现，在史前时期是否经历这条线路传播到该地区还有待证实。至于广西那坡出土的粟，由于遗址靠近云南且时代较晚，因此不能作为粟由长江中游传入岭南的证据。

前述两大块中，西部这一块的研究最为充分，这一块在民族学上属于费孝通提出的"藏彝走廊"的地理范畴。这一地区史前族群活动频繁，因此史前文化也呈现出多样化的特征，其中粟的传播被多数学者看作族群迁徙的结果。根据发掘报告，从出土环境看，云南剑川海门口、云南耿马石佛洞、广西那坡感驮岩这三处典型遗址均靠近河湖等水源，并且出土物以稻作为主，夹杂其他作物，表现出混合经济的特点。

有研究者认为，史前时期在这一带活动的某些族群实际早就学会了种植农业，甚至可能是粟作农业的发明者。在距今5000年以前，粟就达到了澜沧江上游，而后往南到达更远的云南剑川，甚至可能影响到缅人先民，在语言学上缅人先民与卡若先民存在一定的联系[3]。童恩正从细石器、石棺葬、大石墓—石棚、石头建筑遗迹等方面论述了我国从东北至西南的边地半月形文化传播带[4]。同时他在研究古代四川与东南亚文明的关系时，以四川古代文化因素和东南亚比较，得出四川对东南亚的影响之一就是粟。同时指出，四川到云南的交通，早在秦代就修了两条官道，这些官道是根据以往活动的经验修筑而成的；岷江上游秦汉时代石棺葬中也发现粟米，种粟是西南夷文化的特征之一，因此东南亚的粟可能是西南夷文化向南传播的结果[5]。这个研究结果应该说颇有一定的说服力。

---

[1] 吴传仁等：《从孝感叶家庙遗址浮选结果谈江汉平原史前农业》，《南方文物》2010年第4期，第65～69页。

[2] 王星光、徐栩：《新石器时代粟稻混作区初探》，《中国农史》2003年第3期，第3～9页。

[3] 李星星：《粟（小米农业）经长江上游南传的途径与方式》，《中华文化论坛》2005年第4期，第65～75页。

[4] 童恩正：《试论我国从东北至西南的边地半月形文化传播带》，《中国西南民族考古论文集》，文物出版社，1990年，第362～393页。

[5] 童恩正：《试谈古代四川与东南亚文明的关系》，《文物》1983年第9期，第73～81页。

　　粟通过华南向东南亚传播的另一个重要区域是东南沿海地区。张光直在论述台湾岛史前考古遗址的源流时，认为凤鼻头文化的陶器类型与马家浜—崧泽文化具有很大的一致性，推测台湾岛的史前文化是大陆农耕文化向南传布以后的继续发展[1]。从早期的南关里东遗址到稍晚其后凤鼻头遗址出土的粟作证据看，台湾岛的粟作农业来自于大陆似乎是可以肯定的。

　　但是如果从总体上考察，粟向华南及东南亚地区的传播应该是史前蒙古人种向海洋扩散的一个重要内容，这涉及南岛语族（Austronesian）和南亚语族（Austroasiatic）的形成问题。在这些相关地理区域内，有一系列独特而相似的文化类型，如有段石锛和有肩石器、崖葬和悬棺葬习俗、鸟祖崇拜、树皮布制作和使用、纹身和犬祭习俗等。其中，粟的传播路线比较复杂。台湾岛被视为南岛语族的发源地，并且这个族群的来源被视为与大陆东南海岸有关。这一主流观点的最初提出者是澳大利亚考古学家彼得·贝尔伍德，他认为南岛语族的祖先"可能是稻作、甚至粟作的新石器农人，他们在距今5000～6000年前从福建来到台湾岛……直到约4000年前迁移到巴丹群岛和菲律宾北部，携带他们传统的制造红衣陶器的技术、丰田玉耳环、磨制有肩有段石锛、栽种谷物、驯化猪和狗及成熟的海洋渔捞业和造船技术等"[2]。

　　游修龄结合华南和东南亚地区的神话传说推测，属于百越一支的高山族先民从华南大陆，或迂回通过东南亚岛屿，利用冬夏不同的海流进入台湾岛，粟也有可能遵循这一迁徙路线。游修龄还结合民族学调查，推测黄河流域的水稻和长江流域的粟、麦等可能是通过双方交换而来，这种观点结合新石器时代的贸易情况，是可能成立的[3]。也有一些学者对粟的传播提出独特的观点。认为粟的传播是在人工携带与自然运载相结合的情形下进行的。自然运载有水载和鸟载两种形式。云南剑川的粟是水载传播的结果，而台湾岛的粟则可能是鸟载传播的结果[4]。但这种说法只是一种推测，没有确凿的证据。

---

　　[1]　张光直：《台湾岛原始社会考古概述》，《中国考古学论文集》，生活·读书·新知三联书店，1999年，第245～259页。

　　[2]　洪晓纯：《彼德·贝尔伍德（Peter Bellwood）教授访谈录》，《南方文物》2011年第3期，第22～29页。

　　[3]　游修龄主编：《中国农业通史·原始社会卷》，中国农业出版社，2008年，第1～13页。

　　[4]　卫斯：《试论中国粟的起源、驯化与传播》，《古今农业》1994年第2期，第6～17页。

三　粟作南传的动力及方式

关于粟在华南及东南亚的出现，虽然传播的具体路线还有争议，但在传播的方式上，主流观点认为是族群迁徙导致的传播。族群迁徙似乎是对粟在华南及东南亚传播的一个合理解释，但是族群的迁徙同样需要解释。对此，21世纪以来的"中华文明探源工程"对中国文明形成与早期发展阶段的环境研究成果可以提供一些线索。

根据该工程的研究成果，中国北方在公元前3500～前1500的时间段内气候变化有着共同的特点，均处于全新世大暖期即将结束的阶段，并且都表现出一定的波动性。气候带的差异以及叠加于其上的气候变化对不同区域的经济形态产生了不同的影响——在中原地区和海岱地区，气候变化都不足以对农业生产造成严重的影响，但是对于处在农业发展边缘地带的甘青地区和辽西地区，气候的干凉化引起了经济形态的转型和文化的衰退趋势。黄河中上游的青海官亭盆地，在距今3600～2800年前后的齐家文化晚期—辛店文化早中期，曾经发生过一起包括洪水、山洪和地震在内的大规模群发性灾害事件，这场灾难对当时的人类文化带来了极大的破坏。长期的洪水泛滥不仅导致黄河流域稻作的出现和发展，同时给黄河上游地区带来了大量黏性大、保水性差、易板结、不适宜于农作的红黏土，导致黄河上游地区农业开始衰落，畜牧业比重大大提高。而在长江中下游地区，距今5000～4000年前后气候温暖干燥，有利于良渚文化的发展，而距今4200～4000年的降温增湿事件，阻碍了良渚文化的延续和发展，良渚文化在区位、地貌、海面、气候变化诸多因素的共同作用下走向衰落[1]。

值得注意的是，根据目前的考古发现，粟在川西北地区最早出现也是在距今5000多年的时间段内，而后在云南、广西等地被发现。至于东南沿海地区，从台湾岛遗址的年代数据来看，也是在良渚文化衰落的时期。当然，即使没有环境变化的因素，史前文化之间的交往也是广泛存在的事实，但是环境突变在粟向南传播中的作用是研究者必须考虑的。

严文明认为中国新石器时代三条不同的发展道路和三个经济文化区的形成

---

[1] 莫多闻、赵志军：《中华文明探源工程环境课题主要进展》，《中华文明探源工程文集·环境卷》（Ⅰ），科学出版社，2009年，第1～7页。

与历史传统有关，同时也与各个区域内不同的自然地理条件有关，各个区域内也存在不同程度的经济文化交流，这就造就了中国史前文化的统一性与多样性。就像"重瓣花朵"一样表现为一种分层次的向心结构：中原地区是第一个层次，也是文明首先发生的地区；周围第二个层次为甘青地区、山东丘陵及其附近的平原地区、辽河和大凌河流域、长江中游地区和长江下游地区；而在第二层次之外，包括福建的昙石山文化、台湾岛的大坌坑文化、广东的石峡文化，以及云南宾川白羊村、西藏昌都卡若、黑龙江新开流和昂昂溪、从内蒙古到新疆的诸细石器文化等，尽管这些文化面貌还不清楚，可视为第三个层次，第三层次各文化区进入文明的时间较晚[1]。粟显然是文明首先产生的第一层次最重要的代表，在第三个层次内的出现也是南北经济文化交流最重要的表现之一，但是学术界在研究南北文化交流和中华文明的形成时往往忽视了这一点。对这些地区原始农业的关注又多集中在稻作农业方面，对粟作农业则较少关注，即使有，也是从宏观方面关注史前时期南北不同的农业文化交流，或是和稻作农业一起探讨。

　　由于面对的生存环境压力不同，相对于稻作农业区而言，粟作农业区的农业生产工具更为先进，家畜饲养更为发达，精神文化生活内容也更为丰富，粟作农业对稻作农业而言是一种具有长期优势的农业经济形式[2]。史前华南地区农业起源虽然早，但原始农业的发展和文明社会的形成却非常缓慢，长期以狩猎采集经济为主，而东南亚新石器农业文化的出现又被学术界看作是在中国大陆农业迅速南传的过程中实现的[3]。对于这些地区，粟作农业的优势应该更为明显，如有学者认为农业在华南和西南地区一开始就是以一种十分成熟的粟、稻混杂形式出现的，并且使得华南和西南地区文化迅速发展，人口大量增加。这种农业文化进一步向岛屿东南亚和大陆东南亚扩张，东南沿海地区和西南地区一东一西两个文化区新石器时代文化的基础不同，农业文化的来源不同，传播的路径不同，造成东南亚的岛屿区与大陆区此后出现的农业文化也有所不同，形成了南岛语族和南亚语族人群新的文化底层[4]。彼得·贝尔伍德在研究南岛语族的起源时，除了重点

[1]　严文明：《中国史前文化的统一性与多样性》，《文物》1987年第3期，第1～17页。

[2]　朱乃诚：《中国农作物栽培的起源和原始农业的兴起》，《农业考古》2001年第3期，第29～39页。

[3]　李意愿：《东南亚地区农业起源研究综论》，《东南文化》2011年第4期，第35～41页。

[4]　张弛、洪晓纯：《华南和西南地区农业出现的时间及相关问题》，《南方文物》2009年第3期，第64～71页。

关注稻作之外，也注意到了粟作农业在史前族群迁徙与融合中的重要作用。他认为，粟和稻是中国新石器时代的两个紧密相连的核心要素，将黄河与长江中下游连接起来，掌握了这两种农作物技术的农民只有以一种大规模的方式进入到狩猎采集民族的领地，才能解释后者为何会在突然之间接受了农业 [1]。

在具体研究层面，有学者注意到了粟作农业带来的生产技术方面的变化，如李根蟠和卢勋等人通过对中国南方保持原始农业形态的少数民族的调查，推测多品种轮作技术是人们在粟类传入后学会的，多品种轮作技术不仅可以提高粮食产量，还能降低气候环境变化带来的风险 [2]。霍巍认为成都平原在史前可能已经形成了一套稻、粟在内的轮作体系，是当地原始居民对气候和环境变迁的一种适应性结果 [3]。华南地区有粟出土的遗址基本上都有稻或是其他农作物，因此，这方面的作用应该是广泛存在的。

应当看到，目前对粟在华南出现的考古研究还相当薄弱，这主要是因为出土材料的缺乏，另外南方地区史前族群迁徙分布和非常复杂，与东南亚又有千丝万缕的关系，这在某种程度上加大了这方面研究的难度。但是，目前也有以下几条线索。

广西那坡感驮岩出土的粟被鉴定为鸭掌粟，这些鸭掌粟与一般的狗尾粟有区别，说明这时的先民们对粟的认识较深，同时与粟同期的陶器和武鸣岜马山、东莞村头以及越南冯原文化出土陶器在器形及装饰上都有一定的相似性，牙璋更是之前在越南就有发现 [4]。这些证据都表明当时的华南与东南亚尤其是越南地区有广泛的文化联系，但是粟作遗存为何只在此地发现，而未在其他相同的文化区内被广泛发现？当时人类对粟类作物在认识深化的基础上是否开始广泛利用？这些问题现在还不清楚。

至于东南沿海地区，应当与南岛语族族群的起源联系起来研究。大坌坑文化是目前已知南岛语族最早的祖先文化，而大坌坑文化的来源仍不是很清楚，属

---

[1]　洪晓纯：《彼德·贝尔伍德（Peter Bellwood）教授访谈录》，《南方文物》2011 年第 3 期，第22～29 页。

[2]　李根蟠、卢勋：《中国南方少数民族原始农业形态》，农业出版社，1987 年，第 111～156 页。

[3]　霍巍：《成都平原史前农业考古新发现及其启示》，《中华文化论坛》2009 年第 11 期，第155～158 页。

[4]　广西壮族自治区文物工作队等：《广西那坡县感驮岩遗址发掘简报》，《考古》2003 年第 10 期，第 35～56 页。

于大坌坑文化的南关里东遗址出土的粟是否可以作为该文化来源于大陆的证据？如果是，那么中国北方的这种农业文化对南岛语族的影响到底有多大？这都是值得关注的问题。

总之，粟作为中国原始农业最重要的物种之一，起源于北方，在向华南、西南及东南亚传播的过程中，对于当地生业方式发挥了重要作用。目前比较清楚的是西部和东部两条路线，华南核心地区的情况仍不清楚。传播人群的主体与稻作相同，是古代的百越，或者说南岛语族、南亚语族等古代语言的族群及其前身。传播的动力很可能与气候的转变有密切的关系，但因为气候条件和地理因素的限制，粟作在华南和东南亚地区只能有限制地发展，不可能像水稻那样成为主要经济方式，粟后来甚至随着生长环境的改变而逐渐消失。

第五章 从广谱革命到稻作农业
——岭南地区的新石器化进程

前文从各个方面探讨了岭南地区新石器时代文化发展的内容和特点，并对于岭南地区新石器文化和东南亚新石器文化的关系做了初步的探索，下面对岭南地区新石器化的进程做一总结性评述。

一 岭南地区新石器化的特殊性

世界上公认的早期农业起源中心有六处，包括西亚、中国、北非、美洲、北非和新几内亚。其他地区可能也存在早期农业起源的萌芽，但作为成熟的农业体系而言，其主要成分是从农业起源地传入的。按照澳大利亚考古学家彼得·贝尔伍德的说法，不仅仅农业是传播而来，连人种和语言也是一块迁徙而来的[1]。当今世界影响最大的农业起源地，首推西亚，其次是中国。但这个"中国"并不是指现代中国全境，而是集中在中国中部，即黄河中游、长江中下游以及二者之间的地带，中国其他地方的新石器农业基本上是从这个核心地带传播而来的。岭南地区的稻作农业体系即是从长江中游传播而来，时间开始于距今 6000 年左右。这个观点是国内外考古界的共识，虽然考古界之外也有不同的声音[2]。

彼得·贝尔伍德较早将岭南这样的农业传播地带称之为摩擦区（friction zone），即这里原来生活着狩猎采集者，后来农业人群进入，二者在基因和文化

---

[1] 〔澳〕彼得·贝尔伍德著，陈洪波、谢光茂译：《最早的农人——农业社会的起源》，上海古籍出版社，2020 年，第 364~365 页。

[2] 不同看法如覃乃昌《壮族稻作农业史》（广西民族出版社，1997 年），认为广西是东亚稻作农业起源地。覃乃昌的研究综合了语言学、历史地理、民族学等多学科研究成果，言之成理。2012 年 10 月 4 日，中国科学院上海生科院植物生理生态研究所国家基因研究中心韩斌课题组与中国水稻研究所及日本国立遗传所等单位合作，在英国《自然》杂志在线发表研究论文指出，广西很可能是栽培稻的起源地。

上逐渐融合[1]。贝尔伍德认为西南亚农业进入西欧和北欧的情况最为典型。而实际上，中国岭南的情况也很有代表性，查尔斯·海厄姆曾经用这个概念研究岭南新石器时代农业人群迁徙的情况[2]。因为中国岭南的狩猎采集文化十分发达，和西欧、北欧的情况类似。按照大多数考古学家的观点，这个所谓"摩擦区"充满了火药味，基本上不存在和平共处的情况。大多数情况下是农业人群占上风，经常掳掠狩猎采集群体的女性作为配偶，但另一个方面的结果是，狩猎采集人群的基因也融入到了农业人群中。

距今五六千年，岭南似乎迎来了一个迈入真正的新石器时代的过程。焦天龙[3]、陈胜前[4]都赞成此一观点。中国考古界大多并不以农业的出现为标准，而是以磨制石器和陶器的出现为标志，认为岭南新石器时代开始于距今 12000 年[5]。刘莉、陈星灿的观点介于二者之间，认为岭南新石器时代开始于距今 9000 年，也就是顶蛳山文化时期[6]。

虽然岭南地区真正的稻作农业起源较晚，但实际上从旧石器时代晚期开始，这里已经发生了一系列新的变化。这些变化非常引人注目，导致中国考古学界引入了西方考古学中"中石器时代"的概念，将这一时期东北、华北和华南的渔猎采集文化统称为"中石器时代"文化，一度引起热烈的讨论[7]。虽然"中石器时代"这个概念现在已经逐渐沉寂，但仍然有人使用这一概念讨论岭南新旧石器过渡问题，并且赋予新的内涵[8]。

[1]　Bellwood, Peter, S. *First Farmers: the Origins of Agriculture Societies*. John Wiley & Sons, 2004.p275.

[2]　C.R. W. Higham, Xie Guangmao & Lin Qiang. The prehistory of a Friction Zone: first farmers and hunters-gatherers in Southeast Asia. *Antiquity*. 85 (2011): 529-543.

[3]　Jiao Tianlong, Chronology of the Neolithic cultures on the coast of Southeast China, 见《华南及东南亚地区史前考古——纪念甑皮岩遗址发掘 30 周年国际学术研讨会论文集》，文物出版社，2006 年，第 374～386 页。

[4]　陈胜前：《史前的现代化——中国农业起源过程的文化生态考察》，科学出版社，2013 年，第 257 页。

[5]　中国社会科学院考古研究所编著：《中国考古学·新石器时代卷》，中国社会科学出版社，2010 年，第 92～108 页。

[6]　刘莉、陈星灿：《中国考古学——旧石器时代晚期到早期青铜时代》，生活·读书·新知三联书店，2017 年，第 171～172 页。

[7]　英德市博物馆、中山大学人类学系、广东省博物馆编：《中石器文化及有关问题研讨会论文集》，广东人民出版社，1999 年。

[8]　陈胜前：《史前的现代化——中国农业起源过程的文化生态考察》，科学出版社，2013 年，第 249～271 页。

岭南地区"新石器化（Neolithization）"的特殊性早为前辈学人观察到，并给予了较为细致的分析。1959 年，张光直指出，"华南的'西南森林地区'——包括四川盆地、云贵高原、广西丘陵地带、北部湾沿岸、海南岛和越南的史前文化分成四期，即中石器时代、亚新石器时代、新石器时代和铜器时代"[1]。张光直的这一划分，体现出他的敏锐观察和缜密思考。张光直认为在地貌、植被、气候和文化发展之间存在关联，特别是他提出了"亚新石器时代"的说法，令人印象深刻。张光直的学术思路，体现出"新考古学"的影响，强调资源、环境、技术、文化之间的系统关联，同时分析又十分细致。张光直观察和认识问题的角度，对于人们研究岭南旧—新石器时代过渡问题，或者说"新石器化"过程的阶段性，提供了很多启示。

二   岭南地区新石器化进程的阶段划分

就三百万年的人类历史而言，与我们今天直接相关的其实只是最近的一万多年，也就是地质学上所谓的全新世。全新世之前的旧石器时代，也发生过无数次巨大的环境、人种和文化剧变，对于古人类生存产生了多次颠覆性影响。但和其他人文学科一样，考古学关心的也是"当下"的学问，旧石器时代的遥远过去并不能使得现代人感同身受，更何况材料有限。现代人关心的还是与自己直接相关的农业时代以来的社会历史，以及和农业这一现代生活方式有关的"前农业时代"的历史，或者说农业起源的历史。由此，农业起源成为考古学研究中最重要的问题之一。当代的新石器时代考古研究，核心问题实际上就是追溯农业起源与发展的过程。当然，农业起源的过程极其漫长而艰难，时间可能长达数万年之久，这个阶段人们经常名之为"旧—新石器时代过渡时期"，生产方式与农业相差甚远，只能以"食物生产（food production）"[2]"低水平食物生产（low level food production）"[3]"资源管理（resource management）"[4]等这类名词名之。实际

[1] 张光直：《华南史前民族文化史提纲》，《民族学研究所集刊》第 7 期，1959 年，第 43～73 页。

[2] Ford, R. ed. *Prehistoric Food Production in North America*. University of Michigan, Museum of Anthropology, Anthropological Papers 75, 1985.

[3] Smith Bruce. Low-level Food Production. *Journal of Archaeological Research*. 2001, 9(1): 1-43.

[4] Winter, J.C. and Hogan, P.F. Plant husbandry in the Great Basin and adjacent North Colorado Plateau. In C.J. Londie and D.D. Fowler eds., *Anthropology of the Desert West*, pp. 119–144. Salt Lake City, UT: University of Utah Press, 1986.

上在这个阶段之前，还存在一个更初级的阶段，代表了更新世晚期旧石器时代人类生活方式的一个初步转变，即从大型哺乳动物的利用转向小型动物、水生动植物和种子的利用，学术界称之为"广谱革命（broad spectrum revolution）"[1]，也有学者称之为"蓝色革命"[2]。

对岭南地区从旧石器时代晚期到成熟稻作农业这个进化过程进行阶段性划分，显然是认识该地区新石器化过程的关键方法。然而，如何进行划分并不容易，特别是这个区域并非农业起源的核心区，相关事件与进程充满特殊性和偶然性，使得划分更为复杂。所以，造成学术界的划分方法差异很大，几乎无法达成共识。除了前文提到张光直"中石器时代、亚新石器时代、新石器时代"的划分[3]之外，还有以下一些重要观点可供参考。

焦天龙细致分析了更新世末期至全新世初期岭南地区的史前文化，他认为岭南地区最早出现某种质变是在距今 30000 年，到距今 7000 年后出现农业经济。他将距今 30000～7000 年之间的史前文化划分为 3 个发展阶段，其中全新世初期文化进一步分为 4 个时期。以表格表示如下（表 5-1）[4]。

表5-1　更新世末至全新世初岭南史前文化分期

分段	期别	文化特征	年代范围（距今）
第一阶段	更新世末期	石器全部打制	30000～18000
第二阶段	全新世初第一期 全新世初第二期	打制石器与磨刃石器和穿孔器共存，骨、蚌器较多	14000～9000
第三阶段	全新世初第三期 全新世初第四期	打制石器、磨刃和磨光石器与粗陶共存，磨制的骨、蚌器出现	9000～7000

焦天龙的划分从 20 世纪 90 年代初期的资料积累水平出发，得出的认识有一定的道理。最有道理的地方在于，作者观察到岭南的历史性变革可能始于距今30000 年，这是研究最早遗址材料得出的科学结论。同时他对于岭南全新世早期

---

[1]　崔天兴：《"广谱革命"及其研究新进展》，《华夏考古》2011 年第 1 期，第 119～125 页。

[2]　a. 郭静云、郭立新：《"蓝色革命"：新石器生活方式的发生机制及指标问题（上）》，《中国农史》2019 年第 4 期，第 3～18 页。b. 郭静云、郭立新：《"蓝色革命"：新石器生活方式的发生机制及指标问题（下）》，《中国农史》2019 年第 5 期，第 3～14 页。

[3]　张光直：《华南史前民族文化史提纲》，《民族学研究所集刊》第 7 期，1959 年，第 43～73 页。

[4]　焦天龙：《更新世末至全新世初岭南地区的史前文化》，《考古学报》1994 年第 1 期，第 1～24 页。

的新石器文化划分较细，辨识出 4 个时期，体现出阶段性变革的存在。不足之处在于，他认为第一阶段结束于距今 18000 年，而第二阶段开始于距今 14000 年，那么中间的 4000 年是个什么情况？可能他认为是中石器时代，但又没有说，明显漏掉了一个期别。另外，限于当时材料不足，他认为第二阶段不存在陶器也是不正确的，实际上现在发现，岭南地区的陶器出现非常早，可能早到了距今 15000 年，也就是他认为全新世开始的时候。

中国社会科学院考古研究所主编的《中国考古学·新石器时代卷》[1] 代表了目前关于中国新石器时代考古的主流认识，对于中国各地新石器考古资料分区分期进行了细致的梳理，建立了一个新石器时代早期、中期、晚期、末期的整体框架，岭南地区也纳入了这个体系。但鉴于岭南地区的特殊情况，该著作还单独提出来一个"中石器时代"，作为新石器时代开始的前奏。这样，岭南地区的新石器化进程就被划分成为 5 个阶段，其基本框架可整理为下表（表 5-2）。

表5-2　岭南地区新石器化发展阶段

分段	期别	典型遗址	大致年代范围	文化特征
第一阶段	中石器时代	阳春独石仔、封开黄岩洞、英德牛栏洞、柳州白莲洞、柳州鲤鱼嘴、临桂大岩	距今16000～12000年	砾石打制石器为主，少量磨制，出现燧石细小石器，个别有粗陶，食用螺蚌。
第二阶段	新石器时代早期	道县玉蟾岩一期、邕宁顶蛳山一期、桂林甑皮岩、桂林庙岩、临桂大岩三期	距今12000～8000年	砾石打制石器为主，有磨制石器和细小石器，陶容器普遍出现，水生动物介壳较多，发现水稻遗存。
第三阶段	新石器时代中期	顶蛳山文化、甑皮岩和大岩五期	公元前五六千年间	陶器种类、数量较多，石器磨制技术发达，渔猎经济形态为主，出现定居，贝丘遗址发达。
第四阶段	新石器时代晚期	壳丘头文化、大坌坑文化、咸头岭文化、顶蛳山四期	公元前三四千年间	陶器丰富精美，白陶出现，磨制石器发达，石锛和石拍有特色，沿海沙丘遗址和内河贝丘遗址发展，以渔猎经济为主，少数遗址出现稻作农业迹象。
第五阶段	新石器时代末期	石峡文化、珠江三角洲涌浪遗址、昙石山文化、牛鼻山文化、圆山文化、芝山岩文化	公元前两三千年间	部分地区稻作农业较大发展，陶器、玉石器制作水平较高。沿海地区流行渔猎采集经济，有家畜饲养。

（本表根据《中国考古学·新石器时代卷》整理）

[1]　中国社会科学院考古研究所编著：《中国考古学·新石器时代卷》，中国社会科学出版社，2010 年。

《中国考古学·新石器时代卷》的阶段划分，最大的好处就是将岭南地区史前文化的发展纳入到中国史前考古的整体体系中，时空坐标清晰明了，十分符合苏秉琦区系类型学说的理论框架[1]，对于认识中国史前文化的整体发展和区域特征很有意义。这个划分在大的地理范围上有一定的合理性，因为整个东亚呈现一个半封闭的地理结构，都在太平洋西岸，在地理环境上具有一定的统一性，文化的发展建立在相对统一的地理基础之上，故而也呈现出相似的面貌和进程。但是，考古学的研究不能停留在如此宏观的层面上，中观和微观的研究非常重要，作为人文学科尤其如此。整个东亚地区，纬度跨度范围很大，地形地貌复杂，文化的发展必然呈现出多样性。即以我们研究的核心问题"农业起源"为例，东亚的农业起源只有一个大的中心，位于华北平原和长江中下游平原的部分地区，其他地区的农业实际上是从此核心地区传播而来的。核心区和传播区的农业进程不可能同步，传播区总是滞后一些。岭南实际上就是一个传播区，或者彼得·贝尔伍德所说的"摩擦区"。强行将岭南地区的史前文化与黄河流域和长江流域做整齐划一的划分显然有悖常理。二者不仅仅进程不一样，文化发展的道路也是有区别的。苏秉琦说岭南是"真正的南方"，岭南有"自己的夏商周"，就讲明了这里是另外一个文化发展系统，和南岭以北是不一样的[2]。

除此之外，因为《中国考古学·新石器时代卷》出版较早，限于材料不足，有些内容论述不够准确或遗漏。如岭南地区的早期陶器，现在发现了远远早于广西桂林甑皮岩和大岩遗址的陶片，江西万年仙人洞甚至早到了更新世末期，距今大约20000年，为东亚最早，因而有学者认为这是整个东亚陶器的源头[3]。岭南证据确凿的稻作遗存发现于广西资源县晓锦遗址，应该是稻作农业最早从长江流域传入的地区，该书没有提及。新石器时代末期，岭南最典型的稻作文化是桂南大石铲文化，虽然没有发现明确的稻作遗存，但这一判断是学术界公认的，该书也没有论及。

---

[1] 苏秉琦、殷玮璋：《关于考古学文化的区系类型问题》，《文物》1981年第5期，第10～17页。

[2] 苏秉琦：《中国文明起源新探》，香港商务印书馆，1997年，第108页。

[3] 吴小红：《中国南方早期陶器的年代以及新石器时代标志的问题》，《考古学研究（九）》，文物出版社，2012年，第49～68页。

那么如何进行这一划分？笔者认为，根据目前材料和认识水平，可以将岭南地区的"新石器化"进程划分为以下四个阶段。

第一阶段，广谱革命——食物生产的萌芽时期。年代为距今18000～12000年。主要文化特征基本上是旧石器时代末期的延续，但出现了一些革命性的变化，燧石质细石器出现，食谱扩大到水生动物、小型动物以及植物种籽。个别地区粗陶出现。典型遗址如江西万年仙人洞、湖南道县玉蟾岩、广东英德牛栏洞、广西柳州白莲洞等，越南北部的所谓和平文化也属于这个阶段。

第二阶段，富裕狩猎采集时期。年代为距今12000～6000年。这个时期最重要的特征是陶器发达，但又没有农业，甚至水稻利用的迹象也不如前期明显。主要特征是对水生资源特别是螺蚌类水生动物的利用，贝丘、沙丘遗址大量出现，属于所谓"富裕狩猎采集经济"时期，也是前一阶段"广谱革命"或者说"蓝色革命"的结果。甑皮岩文化、顶蛳山一期、顶蛳山文化、壳丘头文化、大坌坑文化等都属于这个阶段。

第三阶段，稻作农业传入岭南并逐渐与土著文化融合的时期，也即所谓"摩擦区"时期。年代为距今6000～5000年。资源晓锦、咸头岭文化、石峡第一期都属于这个阶段。

第四阶段，成熟稻作农业社会时期，也就是稻作农业经过长期发展、落地生根的时期。年代为距今5000～4000年。考古学上最突出的表现是桂南的大石铲文化和广东的石峡文化，以及岩山寨和珠三角的新发现。

以上四个阶段的划分，主要以经济形态的变迁为依据，每个阶段有自己一系列独具特色的文化特征，其中的个别指标带有典型意义。

三　岭南地区新石器化诸阶段的演变

这四个大阶段的演变脉络是十分清晰的，代表了岭南地区新石器化的萌芽、发展、突变、成熟的整个过程。

1.第一阶段：广谱革命——岭南地区新石器化过程的萌芽时期

"广谱革命（the broad-spectrum revolution）"是20世纪60年代末期西方考

古学界提出的一个重要概念，是指从旧石器时代晚期到新石器时代早期一段时间内，与旧石器时代早中期相比，人类生计方式逐渐转向开发原来没有利用或忽视的动植物资源的显著变化，导致了食物生产的开始。与漫长的旧石器时代相比，这是一种较为快速的变化 [1]。1969 年，肯特·弗兰纳利在《伊朗和近东地区早期驯化的起源和生态影响 》一文中提出了"广谱革命"的假说，指出"西亚新石器时代的序幕开始于之前的狩猎采集社会"，他认为依靠增加新品种到食谱之中形成了生计方式的多样化，提高了更新世末期不稳定环境的承载能力。具体来说就是指在旧石器时代晚期，人们由依赖中小型动物（例如羚羊等）转而开发利用一些以前不受重视的小型动物（鸟类、兔类、鱼类、乌龟等），并且开始采集低等植物种子。当然，这些新食物品种只起辅助作用，中小型动物仍是人类的主要食物来源 [2]。

更新世末期因为全球性环境变化等原因引起的"广谱革命"在世界范围内都有发生，这是人类社会走向新石器时代的宏观背景。公元前 15000 年至公元前 12000 年间，气温、降雨和大气中的二氧化碳含量上升到接近今天的水平，但并不稳定。大约在公元前 11000 年，一次异常迅速而剧烈的气候波动使该地区重新陷入了寒冷干燥的冰川环境，一直持续到公元前 9500 年左右。这个寒冷阶段被称为"新仙女木事件"。"新仙女木事件"后，到公元前 9500 年，地球急剧回暖，年平均气温上升了 7 ℃，进入了全新世早期环境 [3]。但在应对环境变化的生存策略方面，世界各地因地而异。如西亚地区，因为处于内陆，主要是以旱地小型食物为主，而中国岭南地区，因为水生资源和林业资源丰富，呈现出明显的渔猎采集特色。

正是因为岭南地区的"广谱革命"以水产资源为主，所以郭静云、郭立新提出了"蓝色革命"的概念，即将此处的"广谱经济"直接细化和定位在对"水

[1]　Stiner M.C. Thirty years on the "broad spectrum revolution" and paleolithic demography. *PNAS*, 2001, 98（13）：6993-6996.

[2]　Flannery K. V. *Origins and ecological effects of early domestication in Iran and the Near East*. In: Ucko PJ, Dimbleby GW（eds）, The Domestication and Exploitation of Plants and Animals. Chicago: Aldine Publishing Company, 1969.73-100.

[3]　Bellwood, Peter, S. *First Farmers: the Origins of Agriculture Societies*. John Wiley & Sons, 2004.p46.

产资源"的开发和利用，认为"新石器革命的底色是水蓝色的"[1]。他们认为，岭南的"广谱革命"，也就是"蓝色革命"，有以下突出表现。

第一，石质工具创新，出现细石器和磨制石器。细石器工业发展的主要动机是狩猎对象的细小化，即人类由捕猎大型动物转向捕猎鸟、鱼等小型动物。鱼、鸟等动物进入人类食谱，则是因为距今 15000～12600 年间的博林—阿雷罗德震荡（Bølling-Allerød oscillation）环境事件引发了气候暖化、水量增多，由此导致此类可利用水生生物资源增多。磨制石器的发明与独木舟制造业、渔业有着密切关系，发明磨制石器的最初动机是食物获取方式的改变。总的来说，石器工业的巨大突破是一万多年前一些人群转向依赖水生的食物而引起的。

第二，定居在水边宽阔明亮的草坪。依靠水系的生活策略与定居的发展是互相补进的。人们傍水捕捞、射鸟、采集谋生，这推动着人们离开山区到淡水漫流区域边上的宽阔草坪栖息，最终逐渐形成定居生活。

第三，陶器的出现意味着人们对谷类开始产生兴趣。在稳定的定居之后，制陶技术得到了一定的提升，而食用谷物的不同方式（酿酒、煮粥等）又进一步促使人们创造不同的器形和提高烧陶温度。史前人类很可能用稻米和葡萄酿酒，谷类最早的用途不是煮饭而是酿低度酒，陶器发展与此有关。而随着酿酒文化的兴起，保护和栽培谷类成了重要的事情。

郭静云、郭立新"蓝色革命"理论的底层基础是西方学者的"广谱革命"假说，针对岭南的具体观点实际上是对近年来史前考古研究成果的一个系统总结，他们所提出的这些问题，之前也有学者从各个方面分别进行过相关研究。例如陈胜前等对细石器功能的研究[2]，刘莉等对早期陶器酿酒和煮粥功能的研究[3] 等。

---

[1]　a. 郭静云、郭立新：《"蓝色革命"：新石器生活方式的发生机制及指标问题（上）》，《中国农史》2019 年第 4 期，第 3～18 页。b. 郭静云、郭立新：《"蓝色革命"：新石器生活方式的发生机制及指标问题（下）》，《中国农史》2019 年第 5 期，第 3～14 页。

[2]　陈胜前：《史前的现代化——中国农业起源过程的文化生态考察》，科学出版社，2014 年，第 93～118 页。

[3]　刘莉：《早期陶器、煮粥、酿酒与社会复杂化的发展》，《中原文物》2017 年第 2 期，第 24～34 页。

　　从考古资料来看，岭南地区这个时期主要的遗址包括广东英德牛栏洞[1]、阳春独石仔[2]、封开黄岩洞[3]，广西临桂大岩[4]、柳州白莲洞[5]和鲤鱼嘴[6]等。

　　英德牛栏洞遗址比较典型，可以以此为例说明这个时期的文化演进情况。牛栏洞遗址共分三期。第一期堆积含较多陆生动物遗骸，基本上不见螺壳，少量打制石器和骨器。石器包括砍砸器、刮削器和敲砸器等，制作简单；骨器包括打制的锥、铲和针，出现磨制技术。第二期堆积螺壳显著增加，打制石器的器类和数量增加，出现了穿孔石器。第三期堆积包含大量螺壳，石器以打制为主，但已经出现磨刃石器，并且出现了陶器。第一期还是比较典型的旧石器时代的生计方式，到第二期，可能环境已经发生了改变，牛栏洞人开始利用以往不食用的甲壳类水生动物，穿孔石器的出现说明可能使用渔网[7]，加大了捕捞水生动物的力度。第三期已经出现了磨制石器、陶器等新石器时代的典型器物，说明这个时期人群的流动性降低，定居程度提高，居住形态和生活方式都有了巨大改变。

　　柳州白莲洞的发现更为丰富，可以更清晰地看出这条演化路线。白莲洞的文化堆积分为五期，代表了三组文化。第一组为第一期文化，黄色堆积，遗物有打制石器和晚期智人化石，以及大熊猫—剑齿象动物群化石，时代为旧石器时代晚期；第二组为第二期文化，灰黄色和棕黄色螺壳堆积，含大量的打制石器，少量的磨刃石斧和穿孔砾石，打制石器中有不少具有类似细石器特色的燧石小石器，动物化石有野猪、水牛、鹿、豪猪、猕猴等，都属于现生种，属于中石器时代；第三、第四、第五组为第三期文化，是含陶片的钙化板层，属于新石器时代。这三期文化构成了从旧石器时代晚期过渡到新石器时代早期的完整的文化发展序列。第一期属于典型的旧石器时代文化，第二期的文化有了很大的改变。第二期文化螺壳很多，石器以打制砾石和燧石小石器为主，出现了石镞，燧石小石器较多，特别是出现了钻磨而成的穿孔砾石和磨刃石器，反

　　[1]　广东省珠江文化研究会岭南考古研究专业委员会：《英德牛栏洞遗址——稻作起源与环境考古综合研究》，科学出版社，2013年。
　　[2]　邱立诚、宋方义、王令红：《广东阳春独石仔洞穴文化遗址发掘简报》，《古脊椎动物与古人类》第18卷第3期，1980年。
　　[3]　宋方义、邱立诚、王令红：《广东封开黄岩洞洞穴遗址》，《考古》1983年第1期。
　　[4]　傅宪国：《桂林地区史前文化面貌轮廓初现》，《中国文物报》2001年4月4日。
　　[5]　广西柳州白莲洞洞穴科学博物馆编著，蒋远金主编：《柳州白莲洞》，科学出版社，2009年。
　　[6]　何乃汉、黄云忠、刘文：《柳州市大龙潭鲤鱼嘴新石器时代贝丘遗址》，《考古》1983年第9期。
　　[7]　穿孔石器的一个重要功能是作为渔网的网坠。

映出经济形态有了很大变化，定居程度提高，这正是"广谱革命"的表现。

2. 第二阶段：富裕采集——岭南地区新石器化过程的发展时期

大约距今 12000 年，岭南地区进入新石器时代。岭南地区的新石器时代整体上与黄河流域和长江流域相当，延续了 8000 多年的时间。如果以生业经济形式划分，岭南的新石器时代可以划分为两个不同的阶段。第一阶段是典型的渔猎采集文化，距今 12000～6000 年；第二阶段是稻作农业传入和发展的阶段，距今 6000～4000 年。第一阶段最富有岭南的地域特征，是典型的土著文化传统，是在岭南地区丰裕的自然环境条件下发展起来的富裕狩猎采集文化。这是具有岭南特色的"新石器时代文化"，完全不同于西方考古学定义中以农业为特征的"新石器时代文化"[1]。

狩猎采集经济因其稳定可靠，在人类历史上曾经是一种极其成功的生存方式，在世界各地长期而广泛地存在[2]。如果有足够的资源，狩猎采集社会的复杂化程度也可以发展到很高的水平。张光直将太平洋沿岸狩猎采集群体称之为"富裕采集者"（affluent foragers）[3]，将中国东南沿海的新石器早期文化称之为"富裕的食物采集文化"[4]，华南和东南亚新石器时代很多早期遗址呈现出这个特点。

岭南地区之所以长期流行渔猎采集文化，与生态环境有密切的关系。岭南地区大多处于亚热带，河流密布，渔猎资源丰富，开发利用动植物资源足以维持生存和发展，缺乏发展农业生产的动力。岭南地区渔猎采集文化的长期存在，实际上反映出当地古人类采取了最适合自身的"最佳觅食模式（the optimal foraging model）"[5]。

岭南的新石器时代渔猎采集文化有多种类型，包括洞穴贝丘类型、螺类贝丘类型、沙丘遗址类型等，具体的采集对象和采集方式有所不同，出现的时间

---

[1] 但这两种经济方式又具有共性，即都属于"食物生产（food production）"的范畴，不再是粗放式的狩猎采集。

[2] Bellwood, P. *First farmers: the origins of agricultural societies*. Oxford: Blackwell, 2005, p. 2.

[3] 张光直、戴国华：《中国沿海地区的农业起源》，《农业考古》1984年第2期，第52～57页。

[4] 张光直：《中国东南海岸的"富裕的食物采集文化"》，《上海博物馆集刊》（第四期），上海古籍出版社，1987年，第143～149页。

[5] Pyke G. H. Optimal foraging theory: a critical review. *Annual Review of Ecology and Systematic*, 1984,15: 532-575.

有早晚，发展也呈现出阶段性，但具有一些共同的文化特征，如高度依赖水生资源、流行蜷曲特甚的屈肢葬等，则有普遍性和延续性[1]。

岭南地区典型的渔猎采集文化包括桂北地区的甑皮岩文化[2]、邕江流域的顶蛳山文化[3]、珠江三角洲的咸头岭文化[4] 等。前二者年代相对较早，咸头岭文化相对较晚，延续较长。

3.第三阶段：稻作农业传入岭南并逐渐与土著文化融合的时期，也即所谓"摩擦区"时期

大约在距今 6000 年，岭南长期以来统一的狩猎采集文化局面开始为外力所打破。这个时候，长江流域的稻作农业已经有了 4000 多年的发展史，已经相对成熟，蓄积了向外扩散的动力。稻作农业族群开始试图逾越南岭山地进入岭南地区。最可行的通道当然是发源于南岭的长江各条支流。他们通过这些支流的末梢继续越岭南下，到达珠江水系后，顺流而下继续向南方迁徙。资江源头的资源晓锦、桂北湘江诸遗址，就是长江流域南迁稻作农业人群留下的最早遗存及其后续[5]。

新石器时代晚期的岭南遗址可以分为两类。一类是占绝大多数的渔猎采集文化遗址，保持着自更新世晚期以来的传统，但已经比较成熟发达。例如百色革新桥遗址，已经不是简单的"渔猎采集"，而是复合了除农业之外的多种经济类型，以植物采集为主，以狩猎、渔猎和家畜饲养（家猪）为辅。与前一个阶段（广西河旁台地贝丘遗存）相比，生计方式发生了很大的变化，主要表现为水生贝类利用比例明显下降甚至消失，植物利用比重加大，植物加工的精细程度也有所提高，以至于有剩余的食物来饲养家猪[6]。另一类是来自长江流域的侵入

[1]　张弛、洪晓纯：《中国华南及其邻近地区的新石器时代采集渔猎文化》，《考古学研究（七）》，科学出版社，2008 年，第 415~434 页。

[2]　中国社会科学院考古研究所等：《桂林甑皮岩》，文物出版社，2003 年。

[3]　中国社会科学院考古研究所广西工作队等：《广西邕宁县顶蛳山遗址的发掘》，《考古》1998 年第 1 期，第 11~33 页。

[4]　深圳博物馆等：《深圳市大鹏咸头岭沙丘遗址发掘简报》，《文物》1990 年第 11 期，第 1~11 页。

[5]　赵志军：《对华南地区原始农业的再认识》，《华南及东南亚地区史前考古——纪念甑皮岩遗址发掘 30 周年国际学术研讨会论文集》，文物出版社，2006 年，第 146~156 页。

[6]　陈伟驹：《革新桥文化的生计方式与广西史前农业起源》，《中央民族大学学报（哲学社会科学版）》2020 年第 1 期，第 110~117 页。

者——稻作农业人群，他们带来了全新的生业方式。在新石器时代中期，他们的数量还十分稀少，到新石器时代晚期，逐渐占据优势地位。这两类人群形成了混杂共生的文化现象。

澳大利亚考古学家彼得·贝尔伍德曾经提出过一个著名的概念——"摩擦区"（friction zone），是指外来农业人口并未在狩猎采集民族领地占据到人口优势，双方在紧张状态下保持一种共生现象。这种情况可能发生在因为气候等因素并不是很适宜发展农业的地区。在共生过程中，当地土著狩猎采集民族也可能会接受农业，进而他们也发生了人口增长，并对外扩张[1]。岭南地区也存在这种文化现象，在桂北、粤北山地以及珠江三角洲均有发现。

4. 第四阶段：稻作农业社会逐渐成熟时期

距今 5000～4000 年的新石器时代末期，岭南传统的渔猎采集文化格局逐渐被打破，稻作农业经过长期发展，落地生根。典型农业文化遗存包括石峡文化、钦州独料遗址、桂南大石铲文化等。

石峡文化的发现证明，在距今 5000～4000 年，水稻在粤北山地已经大量种植[2]。石峡文化就是有代表性的一支稻作农业文化。石峡文化墓葬中出土了大量的石器，其中石镘最为突出。石镘当是在石锛基础上发展出来的，主要发挥起到掘土功能，是典型的农业生产工具。石峡文化还出土了不少石钺和玉钺，说明石斧已经从实用工具演化为武器和礼仪用具，这是农业社会发展到较高程度的证明[3]。

在新石器时代末期，农业不但稳固占领了粤北的山地，而且已经挺进到了南方的北部湾地区。钦州独料遗址出土大量磨制石器，包括石斧、石锛，其中部分石斧、石铲为有肩石器，另外还有大石铲、石锄等。就石器组合而言，农具、木工工具、武器等均有，表现出这是一个比较成熟的农业社会[4]。

---

[1] Bellwood, P. *First farmers: the origins of agricultural societies*. Oxford: Blackwell, 2005, p.274.

[2] 杨晓燕等：《稻作南传：岭南稻作农业肇始的年代及人类社会的生计模式背景》，《文博学刊》2018 年第 1 期，第 33～47 页。

[3] 广东省文物考古研究所等：《石峡遗址——1973～1978 年考古发掘报告》（下册），文物出版社，2014 年，第 226 页。

[4] 广西壮族自治区文物工作队等：《广西钦州独料新石器时代遗址》，《考古》1982 年第 1 期，第 1～8 页。

距今 4000 年以后，稻作农业文化逐渐成为岭南史前社会的主流，狩猎采集文化逐步退出历史舞台。桂南大石铲文化是新石器时代最末期的农业文化，代表了新石器农业发展的顶峰。大石铲起源于前期的双肩石斧，是在农业高度发展的需求下催生出的一种生产工具，随着社会的发展和祀祭仪式的需要，有一部分巨型石铲演变成专用于祭祀以求农业与生育丰产的礼器 [1]。

四　小结

岭南地区的新石器化进程，是一条不同于黄河流域和长江流域的新石器文化发展之路。在更新世末期的环境改变之下，世界各地都走上了"食物生产（food production）"的道路。但出于各地自身的资源特点，"食物生产"的方式并不相同，农业并不是唯一的方式。北方地区的"新石器化"，体现出和西亚基本相同的特点，即主要以发展农业为主。当然，成熟农业的形成，常要经过长期的探索，可能经历数千年的时间。而气候条件较好、自然资源更为丰富的岭南地区，采取的是"富裕狩猎采集"的食物生产模式，社会形态同样迈入了新石器时代。但农业显然代表了一种更为强大的生产力，在大约距今 6000 年前后，长江流域的农业文化侵入岭南，打破了岭南渔猎采集文化的格局，也许这可以称之为岭南地区第二次"新石器化"的进程，事实上也是农业文化的征服过程，代表了黄河流域、长江流域、珠江流域在文化面貌上的进一步统一，为中国文明的起源和发展奠定了基础。

---

[1]　覃义生、覃彩銮：《大石铲遗存的发现及其有关问题的探讨》，《广西民族研究》2001 年第 4 期，第 76～82 页。

主要参考文献

（一）中文文献

徐松石：《粤江流域人民史》，中华书局，1939年。

徐松石：《泰族僮族粤族考》，中华书局，1946年。

罗香林：《中夏系统中之百越》，独立出版社，1943年。

周延儒、刘培桐：《中国的地形和土壤概述》，生活·读书·新知三联书店，1956年。

〔越〕陶维英著，刘统文等译：《越南古代史》，科学出版社，1959年。

王国维：《观堂集林》，中华书局，1961年。

朱天顺：《原始宗教》，上海人民出版社，1978年。

凌纯声：《中国边疆民族与环太平洋文化》，台湾联经图书出版公司，1979年。

〔苏〕P.Φ.伊茨著，冯思刚译：《东亚南部民族史》，四川民族出版社，1981年。

林惠祥：《林惠祥人类学论著》，福建人民出版社，1981年。

中国百越民族史研究会：《百越民族史论集》，中国社会科学出版社，1982年。

中国百越民族史研究会编：《百越民族史论丛》，广西人民出版社，1985年。

广西壮族自治区博物馆编：《广西壮族自治区博物馆重建三十周年论文集》，广西壮族自治区博物馆，1986年。

文物出版社编辑部编：《文物与考古论集——文物出版社成立三十周年纪念》，文物出版社，1986年。

中国大百科全书总编辑委员会《考古学》编辑委员会编：《中国大百科全书·考古学》，中国大百科全书出版社，1986年。

〔英〕格林·丹尼尔著，黄其煦译：《考古学一百五十年》，文物出版社，1987年。

朱俊明主编：《百越史研究》，贵州人民出版社，1987年。

广西民族研究所主编：《广西左江流域崖壁画考察与研究》，广西民族出版社，1987年。

李根蟠、卢勋：《中国南方少数民族原始农业形态》，农业出版社，1987年。

黄现璠、黄增庆、张一民编著：《壮族通史》，广西人民出版社，1988年。

广西壮族自治区博物馆：《广西贵县罗泊湾汉墓》，文物出版社，1988年。

马承源：《中国青铜器》，上海古籍出版社，1988年。

童恩正：《中国西南民族考古论文集》，文物出版社，1990年。

中国历史博物馆考古部：《当代国外考古学理论与方法》，三秦出版社，1991年。

中国社会科学院考古研究所：《中国考古学中碳十四年代数据集（1965～1991）》，文物出版社，1991年。

珠海市博物馆等：《珠海考古发现与研究》，广东人民出版社，1991年。

中山市博物馆（编）：《中山历史文物图集》，中山市博物馆，1991年。

广西植物研究所：《广西植物志》第1卷，广西科学技术出版社，1991年。

广东封开县博物馆编：《纪念黄岩洞遗址发现三十周年论文集》，广东旅游出版社，1991年。

广西壮族自治区文物工作队编：《广西文物考古报告集（1950～1990）》，广西人民出版社，1993年。

香港考古学会编：《岭南古越族文化论文集》，香港市政局出版，1993年。

福建博物馆编：《福建历史文化与博物馆学研究》，福建教育出版社，1993年。

邓聪主编：《南中国及邻近地区古文化研究》，香港中文大学出版社，1994年。

深圳市博物馆等：《深圳考古发现与研究》，文物出版社，1994年。

香港大学美术博物馆：《东南亚考古论文集》，1995年。

曾骐：《珠江文明的灯塔：南海西樵山遗址》，中山大学出版社，1995年。

中国社会科学院考古研究所：《考古学的历史·理论·实践》，中州古籍出版社，1996年。

邓聪、郑炜明：《澳门黑沙》，香港中文大学出版社，1996年。

黄怀信：《逸周书校补注译》，西北大学出版社，1996年。

顾国贤主编：《酿造工艺学·啤酒工艺学》，中国轻工业出版社，1996年。

张声震主编：《壮族通史》，民族出版社，1997年。

覃乃昌：《壮族稻作农业史》，广西民族出版社，1997年。

范宏贵等：《壮族历史与文化》，广西民族出版社，1997年。

王幼平：《更新世环境与中国南方旧石器文化发展》，北京大学出版社，1997年。

中国考古学会：《中国考古学会第九次年会论文集》，文物出版社，1997年。

香港中文大学中国考古艺术研究中心：《东亚玉器》，1998年。

郝思德等：《三亚落笔洞遗址》，南方出版社，1998年。

杨式挺：《岭南文物考古论集》，广东省地图出版社，1998年。

北京大学考古学系等：《驻马店杨庄——中全新世淮河上游的文化遗存与环境信息》，科学出版社，1998年。

童恩正：《南方文明——童恩正学术文集》，重庆出版社，1998年。

赵匡华、周嘉华：《中国科学技术史·化学卷》，科学出版社，1998年

中国社会科学院考古研究所编著：《胶东半岛贝丘遗址环境考古》，社会科学文献出版社，1999年。

河南省文物考古研究所编著：《舞阳贾湖》，科学出版社，1999年。

英德市博物馆等：《中石器文化及有关问题研讨会论文集》，广东人民出版社，1999年。

英德市博物馆等：《英德史前考古报告》，广东人民出版社，1999年。

钟文典主编：《广西通史》，广西人民出版社，1999年。

苏秉琦：《中国文明起源新探》，生活·读书·新知三联书店，1999年。

许倬云、张忠培主编：《中国考古学的跨世纪反思》，商务印书馆，1999年。

张光直：《中国考古学论文集》，生活·读书·新知三联书店，1999年。

吴春明：《中国东南土著民族历史与文化的考古学观察》，厦门大学出版社，1999年。

李世源、邓聪主编：《珠海文物集萃》，香港中文大学中国考古艺术研究中心，2000年。

严文明主编：《稻作、陶器和都市的起源》，文物出版社，2000年。

洪光住编著：《中国酿酒科技发展史》，中国轻工业出版社，2001年。

广东省文物考古研究所编：《广东省文物考古研究所建所十周年文集》，岭南美术出版社，2001年。

黄云忠主编：《邕州考古》，广西人民出版社，2001年。

张镇洪主编：《岭南考古论文集》，岭南美术出版社，2001年。

徐恒彬：《华南考古论集》，科学出版社，2001年。

广东省文物考古研究所：《广东省文物考古研究所建所十周年文集》，岭南美术出版社，

2001 年。

　　韦壮凡、容小宁主编：《广西文物珍品》，广西美术出版社，2002 年。

　　张光直著，印群译：《古代中国考古学》，辽宁教育出版社，2002 年。

　　周建新：《中越中老跨国民族及其族群关系研究》，民族出版社，2002 年。

　　陈淳：《考古学的理论与研究》，学林出版社，2003 年。

　　中国社会科学院考古研究所等：《桂林甑皮岩》，文物出版社，2003 年。

　　覃圣敏主编：《壮泰传统文化比较研究》（第一卷），广西人民出版社，2003 年。

　　林蔚文：《中国百越民族经济史》，厦门大学出版社，2003 年。

　　莫稚：《南粤文物考古集》，文物出版社，2003 年。

　　〔新〕尼古拉斯·塔林主编，贺圣达等译：《剑桥东南亚史》（第一卷），云南人民出版社，2003 年。

　　〔英〕科林·伦福儒、保罗·巴恩：《考古学：理论、方法与实践》，文物出版社，2004 年。

　　臧振华、李匡悌、朱正宜等：《台南科学工业园区道爷遗址未划入保存区部分抢救考古计划期末报告》，2004 年。

　　中国百越民族史研究会：《百越文化研究——中国百越民族史学会第十二次年会暨百越文化国际学术研讨会论文集》，2004 年。

　　广西壮族自治区博物馆编：《广西博物馆文集》，广西人民出版社，2004 年。

　　陈淳：《考古学理论》，复旦大学出版社，2004 年。

　　郑超雄：《壮族文明起源研究》，广西人民出版社，2005 年。

　　蒋炳钊编：《百越文化研究》，厦门大学出版社，2005 年。

　　湖南省文物考古研究所：《彭头山与八十垱》，科学出版社，2006 年。

　　中国社会科学院考古研究所编：《华南及东南亚地区史前考古：纪念甑皮岩遗址发掘 30 周年国际学术研讨会论文集》，文物出版社，2006 年。

　　郑超雄、覃芳：《壮族历史文化的考古学研究》，民族出版社，2006 年。

　　裴安平：《农业·文化·社会——史前考古文集》，科学出版社，2006 年。

　　〔美〕贾雷德·戴蒙德著，谢延光译：《枪炮、病菌与钢铁——人类社会的命运》，上海译文出版社，2006 年。

陈伟明：《全方位与多功能：历史时期岭南交通地理的演变发展》，暨南大学出版社，2006 年。

王明珂：《华夏边缘——历史记忆与族群认同》，社会科学文献出版社，2006 年。

吴绵吉：《中国东南民族考古文选》，香港中文大学中国考古艺术中心，2007 年。

周国兴：《白莲洞文化》，广西科学技术出版社，2007 年。

卜工：《文明起源的中国模式》，科学出版社，2007 年。

王文光、李晓斌：《百越民族发展演变史——从越、僚到壮侗语族各民族》，民族出版社，2007 年。

Christopher Sand, 邱斯嘉编：From Southeast Asia to the Pacific（东南亚到太平洋——从考古学证据看南岛语族扩散与 LAPITA 文化之间的关系），人文社会科学研究中心考古学研究专题中心，2007 年。

湖南省文物考古研究所、国际日本文化研究中心：《澧县城头山——中日合作澧阳平原环境考古与有关综合研究》，文物出版社，2007 年。

郑小炉：《吴越和百越地区周代青铜器研究》，科学出版社，2007 年。

谢崇安：《壮侗语族先民青铜文化艺术研究》，民族出版社，2007 年。

广西文物考古研究所、南宁市博物馆编著：《广西先秦岩洞葬》，科学出版社，2007 年。

范宏贵：《同根生的民族——壮泰各族渊源与文化》，民族出版社，2007 年。

严文明主编：《中国考古学研究的世纪回顾·新石器时代考古卷》，科学出版社，2008 年。

彭兆荣、李春霞：《岭南走廊：帝国边缘的地理和政治》，云南教育出版社，2008 年。

〔英〕戈登·柴尔德著，安家瑗、余敬东译，陈淳审校：《人类创造了自身》，上海三联书店，2008 年。

游修龄主编：《中国农业通史·原始社会卷》，中国农业出版社，2008 年。

北京大学考古文博学院编：《考古学研究》（七），科学出版社，2008 年。

邱立诚：《粤地考古求索——邱立诚论文选集》，科学出版社，2008 年。

彭长林：《云贵高原的青铜时代》，广西科学技术出版社，2008 年。

张宏彦：《中国考古学十八讲》，陕西人民出版社，2008 年。

覃芳：《文明曙光——岭南人的祖先》，广西人民出版社，2009 年。

科技部社会发展科技司、国家文物局博物馆与社会文物司编:《中华文明探源工程文集·环境卷》(Ⅰ),科学出版社,2009年。

广西柳州白莲洞洞穴科学博物馆编著:《柳州白莲洞》,科学出版社,2009年。

蒋廷瑜:《桂岭考古论文集》,科学出版社,2009年。

李昆声、黄德荣:《中国与东南亚的古代铜鼓》,云南美术出版社,2009年。

谢崇安:《滇桂地区与越南北部上古青铜文化及其族群研究》,民族出版社,2010年。

中国社会科学院考古研究所:《中国考古学·新石器时代卷》,科学出版社,2010年。

焦天龙、范雪春:《福建与南岛语族》,中华书局,2010年。

陈洪波:《中国科学考古学的兴起——1928~1949历史语言研究所考古史》,广西师范大学出版社,2011年。

杨杰:《岭南地区青铜时期文化研究》,社会科学文献出版社,2011年。

杨式挺:《岭南文物考古论集续集》,岭南美术出版社,2011年。

吴小凤:《宋明广西海上陶瓷之路研究》,广西人民出版社,2012年。

广西文物考古研究所:《百色革新桥》,文物出版社,2012年。

广西壮族自治区博物馆等编:《广西与东盟青铜文化学术研讨会论文集》,科学出版社,2012年。

广西文物考古研究所编:《广西文物考古报告集(1991~2010)》,科学出版社,2012年。

蒋廷瑜:《广西考古通论》,广西科学技术出版社,2012年。

吴春明:《从百越土著到南岛海洋文化》,文物出版社,2012年。

〔英〕戈登·柴尔德著,陈淳、陈洪波译:《欧洲文明的曙光》,上海三联书店,2012年。

〔英〕科林·伦福儒、保罗·巴恩主编:陈胜前译:《考古学:关键概念》,中国人民大学出版社,2012年。

广东省珠江文化研究会岭南考古研究专业委员会等编:《英德牛栏洞遗址——稻作起源与环境综合研究》,科学出版社,2013年。

李法军、王明辉、朱泓、陈博宇、陈伟驹等著:《鲤鱼墩——一个华南新石器时代遗址的生物考古学研究》,中山大学出版社,2013年。

吕烈丹:《稻作与史前文化演变》,科学出版社,2013年。

陈光祖、臧振华主编:《东亚考古的新发现》,历史语言研究所,2013年。

李富强、白耀天：《壮族社会生活史》，广西人民出版社，2013 年。

王巍主编：《中国考古学大辞典》，上海辞书出版社，2014 年。

谢光茂编著：《远古回眸——广西史前文化探秘》，广西科学技术出版社，2014 年。

广东省文物考古研究所等：《石峡遗址：1973～1978 年考古发掘报告》，文物出版社，2014 年。

赵善德：《先秦秦汉时期岭南社会与文化考察——以考古学为视角》，暨南大学出版社，2014 年。

陈胜前：《史前的现代化——中国农业起源过程的文化生态考察》，科学出版社，2014 年。

〔以色列〕尤瓦尔·赫拉利著，林俊宏译：《人类简史——从动物到上帝》，中信出版社，2014 年。

孙机：《中国古代物质文化》，中华书局，2014 年。

河南省文物考古研究院、中国科学技术大学科技史与科技考古系编著：《舞阳贾湖（二）》，科学出版社，2015 年。

裴安平：《中国史前聚落群聚形态研究》，中华书局，2014 年。

广西文物保护与考古研究所：《广西基本建设重要考古发现》，科学出版社，2015 年。

孙庆伟：《追迹三代》，上海古籍出版社，2015 年。

吕红亮编译：《中国西南及东南亚考古译文集》，四川大学出版社，2015 年。

赵明龙等：《南海丝绸之路与东南亚民族经济文化交流研究》，广西人民出版社，2016 年。

陈淳：《考古学前沿研究：理论与问题》，北京师范大学出版社，2016 年。

四川省文物考古研究院、陕西省考古研究院、越南国家历史博物馆编著：《越南义立：冯原文化遗存发掘报告》，文物出版社，2016 年。

陈洪波：《华南与东南亚新石器时代的文化面貌、生业经济与族群迁徙》，广西师范大学出版社，2016 年。

〔英〕希安·琼斯著，陈淳、沈辛成译：《族属的考古：构建古今的身份》，上海古籍出版社，2017 年。

刘莉、陈星灿：《中国考古学——旧石器时代晚期到早期青铜时代》，生活·读书·新知三联书店，2017年。

〔新西兰〕查尔斯·海厄姆著，云南省文物考古研究所译：《东南亚大陆早期文化——从最初的人类到吴哥王朝》，文物出版社，2017年。

吕余生等：《中原文化在广西的传播与影响》，广西人民出版社，2017年。

彭长林：《越南早期考古学文化研究》，广西科学技术出版社，2018年。

熊昭明：《汉代合浦港的考古学研究》，文物出版社，2018年。

梁庭望：《骆越方国研究》，民族出版社，2018年。

〔美〕肯特·弗兰纳利著，陈淳等译：《圭拉那魁兹：墨西哥瓦哈卡的古代期觅食与早期农业》，上海古籍出版社，2019年。

〔加〕布鲁斯·特里格著，何传坤、陈淳译：《柴尔德：考古学的革命》，中国人民大学出版社，2020年。

〔澳〕彼得·贝尔伍德，陈洪波、谢光茂等译：《最早的农人：农业社会的起源》，上海古籍出版社，2020年。

陈伟驹：《新石器时代的生计方式：基于岭南地区的分析》，社会科学文献出版社，2020年。

李岩：《从石峡到珠三角——中国南方史前先秦考古研究》，科学出版社，2020年。

王伟光、王巍主编：《中国考古学百年史（1921～2021）》，中国社会科学出版社，2021年。

张忠培：《中国考古学：走近历史真实之道》（增订版），文物出版社，2022年。

张宏彦、翟霖林著：《中国考古学十八讲》（第二版），科学出版社，2022年。

〔澳〕彼得·贝尔伍德，陈洪波、谢光茂等译：《最早的岛民：岛屿东南亚史前史及人类迁徙》，上海古籍出版社，2023年。

富霞：《合浦汉墓研究》，科学出版社，2023年。

栾丰实：《中国聚落考古：史前时代的社会图景》，巴蜀书社，2023年。

〔美〕戈登·R.威利、杰瑞米·A.萨伯洛夫著，张颖岚等译：《美洲考古学史》（第三版），文物出版社，2023年。

中国百越民族史研究会：《百越研究》（第一辑），广西科学技术出版社，2008年。

中国百越民族史研究会：《百越研究》（第二辑），安徽大学出版社，2011年。

中国百越民族史研究会：《百越研究》（第三辑），暨南大学出版社，2012年。

中国百越民族史研究会：《百越研究》（第四辑），厦门大学出版社，2015年。

吴绵吉、吴春明主编：《东南考古研究》（第一辑），厦门大学出版社，1996年。

邓聪、吴春明主编：《东南考古研究》（第二辑），厦门大学出版社，1999年。

邓聪、吴春明主编：《东南考古研究》（第三辑），厦门大学出版社，2003年。

邓聪、吴春明主编：《东南考古研究》（第四辑），厦门大学出版社，2010年。

吴春明主编：《海洋遗产与考古》，科学出版社，2012年。

吴春明主编：《海洋遗产与考古》（第二辑），科学出版社，2015年。

广州市文物考古研究所编：《华南考古》（1），文物出版社，2004年。

广州市文物考古研究所编：《华南考古》（2），文物出版社，2008年。

广西壮族自治区博物馆编：《广西考古文集》，文物出版社，2004年。

广西壮族自治区文物工作队编：《广西考古文集》（第二辑），科学出版社，2006年。

广西文物考古研究所编：《广西考古文集》（第三辑），文物出版社，2007年。

广西文物考古研究所编：《广西考古文集》（第四辑），科学出版社，2010年。

广西文物保护与考古研究所编：《广西考古文集》（第五辑），科学出版社，2013年。

广西壮族自治区文物工作队编：《广西文物考古报告集（1950~1990）》，广西人民出版社，1993年。

广西文物考古研究所：《广西文物考古报告集（1991~2010）》，科学出版社，2012年。

中国考古学会编：《中国考古学年鉴》，文物出版社，1984~2013年。

中国考古学会编：《中国考古学年鉴》，中国社会科学出版社，2014~2021年。

（二）外文文献

Adi bin Haji Taha. 1993. Recent Archaeological Discoveries in Peninsular Malaysia (1991-1993). *Journal Malay Branch of the Royal Asiatic Society* 66(1): 67-83.

Anderson, Douglas D. 1988. Excavations of a Pleistocene rockshelter in Krabi and the Prehistory of Southern Thailand. In *Prehistoric Studies: The Stone and Metal Ages in Thailand*.

Anderson, Douglas D. 1990. *Lang Rongrien Rockshelter: A Pleistocene-Early Holocene Archaeological Site from Krabi, Southwestern Thailand*. University Museum Monograph 71.

Philadelphia: The University Museum.

Ardika, I. W., and P. Bellwood. 1991. Sembiran: The beginnings of Indian contact with Bali. *Antiquity* 65: 221-232.

Ayres, William. 1995. The Hunter-Gatherer to Food Producer Transition in Southern Thailand. In *Archaeology of Northeast Asia and the Pacific Regions*, Festschrift for Professor S.N. Rhee, pp. 65-88. Seoul: Korean Ancient Historical Society.

Bannanurag, Rachanie. 1988. Evidence of Ancient Woodworking: A microwear study of Hoabinhian Stone Tools. In *Prehistoric Studies: The Stone and Metal Ages in Thailand*, pp. 61-79.

Bar-Yosef, Ofer. 2011. Climatic Fluctuations and Early Farming in West and East Asia, *Current Anthropology*, Vol. 52, No. S4, The Origins of Agriculture: New Data, New Ideas. October. pp. S175-S193.

Barnes, Gina. 1990. *Hoabinhian, Jomon, Yayoi, early Korean States*. Oxford: Oxbow Books.

Bartstra, Gert-Jan and Basoeki. 1989. Recent Work on the Pleistocene and the Paleolithic of Java. *Current Anthropology* 30: 241-244.

Bayard, D. 1972. Early Thai Bronze. *Science* 176: 1411-1412.

Bayard, D. 1971. *Non Nok Tha: The 1968 excavations, procedures, stratigraphy, and summary of the evidence*. Dunedin: Anthropology, University of Otago.

Bayard, D. 1984. *Southeast Asian Archaeology at the XV Pacific Science Congress*. Dunedin: Anthropology, University of Otago.

Bellwood, P. 1979. *Man's Conquest of the Pacific*. New York: Oxford University Press.

Bellwood, P. 1990. From Late Pleistocene to Early Holocene in Sundaland. In *The World at 18,000 BP*, C. Gable and O. Sofer, eds, Vol2, pp. 255-263. London: Unwin Hyman.

Bellwood, P. 1993. Cultural and Biological Differentiation in Peninsular Malaysia: The last 10,000 years. *Asian Perspectives : 32(1): 37-60.

Bellwood, Peter, J. Fox, and D. Tyron (eds.) 1995. *The Austronesians: Comparative and Historical Perspectives*. Canberra: Research School of Pacific Studies, ANU.

Bellwood, P. and Adi bin Haji Taha. 1980. Home for Ten Thousand Years. *Hemisphere*.

Bellwood, P., R. Gillespie, G.B. Thompson, J.S. Vogel, I.W. Ardika, and I. Datan. 1992.

New Dates for Prehistoric Asian Rice. *Asian Perspectives* 31: 161-170.

Bellwood, Peter. 2005. *First farmers: the Origins of agricultural Societies*. Oxford: Blackwell.

Binford，Lewis. 1962. Archaeology as Anthropology. *American Antiquity* 28: 217．

Binford, L.R. 1968. Archaeological Perspectives. In: Binford S. R. & L. R. Eds. *New Perspectives in Archaeology*. Chicago: Aldine.

Binford, L. R. 2001. *Constructing Frames of Reference: an Analytical Method for Archaeological Theory Building Using Hunter- Gatherer and Environmental Data Sets*. University of California Press. Berkeley.

Boserup, E. 1965. *Conditions of Agricultural Growth*，Chicago: Aldine.

Bougas, Wayne. 1986. Some Early Islamic Tombstones in Patani. *Journal of the Malay Branch of the Royal Asiatic Society* 59(1): 85-112.

Brain E. Hayden B. *Models of Domestication*. 1992. A. B. Gebauer, et al. *Transition to Agriculture in Prehistory*. Monographs in World Archaeology, No.4. Madson: Prehistory Press, 11-19.

Braidwood, Robert J. 1975. Prehistoric Men. 8th ed. Glenview & Foresman. *The Agricultural Revolution. Scientific American*, 203: 130-141.

Briggs, L.P. 1951. *The Ancient Khmer Empire*. Transactions of the American Philosophical Society. Phildelphia.

Bronson, B., and J. White. 1992. Southeast Asia. In *Chronologies in Old World Archaeology*, R. W. Ehrich, ed, pp. 475-515. Chicago: University of Chicago Press.

Carneiro, R. L. 1970. A Theory of the Origin of the State. *Science*, (169): 733-738.

Carrigan Matthew A. et al. 2015. Hominids adapted to metabolize ethanol long before human-directed fermentation. *Proceedings of the National Academy of Sciences of the United States of America*. January 13, 112 (2) 458-463.

Chang, K. 1986. *The Archaeology of Ancient China*. 1986, 4th ed. New Haven: Yale University Press.

Chang, T.T. 1989. Domestication and Spread of the Cultivated Rices. In *Foraging and Farming*, D. Harris and D.N. Keightly, eds, pp. 408-417.

Childe, V. G. 1936. *Man Makes Himself*. London: Watts.

Clarke, D. L. 1968. *Analytical Archaeology*. London: Methunen .

Cohan, MN., 1977.*The Food Crisis in Prehistory—over population and the Origin of Agriculture*. New Haven, Yale University Press.

Fagan, Brian. 1988. *Archaeology: A Brief Introduction*. Boston: Scott Foresman.

Fuller Dorian Q., Yo-Ichiro Sato , Cristina Castillo, et al.2010. Consilience of Genetics and Archaeobotany in the Entangled History of Rice. Archaeological and Anthropological Sicences, 2(2) .

Glover, Ian. 1986. *Archaeology in Eastern Timor*. Terra Australis 11. Canberra: Australian National University.

Glover, Ian, Pornchai Suchitta, John Villiers (eds). 1992 *Early Metallurgy, Trade and Urban centres in Thailand and Southeast Asia* : 13 archaeological essays. Bangkok: White Lotus.

Gould, R. A. 1978. (ed) *Exploration in Ethnoarchaeology*. Albuquerque: University of New Mexico Press.

Gorman, C., 1971. The Hoabinhian and After: Subsistence Patterns in SE Asia during the later Pleistocene and early Recent periods. *World Archaeology* 2: 300-320.

Heekeren, H.R. van 1967. *Archaeological Excavations in Thailand*.

Hall, K.R. 1985. *Maritime Trade and State Development in Early Southeast* Asia. Sydney: Allen and Unwin.

Higham, C. 1984. Prehistoric Rice Cultivation in Southeast Asia. *Science* T/1/.S5.

Higham, C. 1996. *The Bronze Age of Southeast Asia*. Cambridge: Cambridge University Press.

Higham C.R. W. 2011. Xie Guangmao & Lin Qiang. The prehistory of a Friction Zone: first farmers and hunters-gatherers in Southeast Asia. *Antiquity*. 85 : 529-543.

Hodder, I. 1986. *Reading the Past: Current Approaches in Interpretation in Archaeology*. Cambridge: Cambridge University Press.

Higham, C., and R. Thosarat. 1994. *Khok Panom Di*. Fort Worth: Harcourt Brace.

Higham Charles.2014.*Early Mainland Southeast Asia: From First Humans to Angkor. Bangkok*. Thailand: River Books.

Huang X，etc. 2012. A map of rice genome variation reveals the origin of cultivated rice and domestication-associated genes. *Nature*. 490 ： 497-502.

Hutterer, K. 1977. Economic Exchange and Social Interaction in Southeast Asia. Ann Arbor: University of Michigan.

Hutterer, K. 1977. Reinterpreting the Southeast Asian Paleolithic. In *Sunda and ahul*, Allen, J., et al. eds, pp. 31-71.

Hutterer, K., and W. K. MacDonald eds, 1982. *Houses Built on Scattered Poles*. Cebu City: University of San Carlos.

Hà Văn Tấn chủ biên. 1998. Khảo cổ học Việt Nam (Tập I-Thời đại đá Việt Nam). Hà Nội: Nhà xuất bản khoa học xã hội.

Ikawa-Smith, F. 1977. *Early Paleolithic in South and East Asia*.

Kealhofer, Lisa, and Delores R. Piperno. 1994. Early Agriculture in Southeast Asia: Phytoliths from Thailand. *Antiquity* 68(260): 564-573.

Keates, S.G., and G.J. Bartstra. 1991/92. Island Migration of Early Modern *Homo sapiens* in Southeast Asia: The Artifacts from the Walanae Depression, Sulawesi, Indonesia. *Paleohistoria* 33/34: 19-30 (1991/92).

Keegan W F. 1986. The Optimal Foraging Analysis of Horticultural Production. *American Anthropologist,* 88: 92-107.

Keeley, L.H. 1997. Frontier warfare in the early Neolithic. In D.L. Martin and D.W. Frayer eds., *Troubled Times*. Amsterdam: Gordon and Breach. pp. 303-319.

Lipson Mark et al. 2018. Ancient genomes document multiple waves of migration in Southeast Asian prehistory. *American Association for the Advancement of Science*, pp. 92-95.

Matsumura, H. 2016. The population history of Southeast Asia viewed from morphometric analyses of human skeletal and dental remains. In M. Oxenham and N. Tayles, eds, *Bioarchaeology of Southeast Asia*, Cambridge: Cambridge University Press. pp. 33–58.

Maxime N. Brami. 2019.The Invention of Prehistory and the Rediscovery of Europe: Exploring the Intellectual Roots of Gordon Childe's "Neolithic Revolution" (1936). *Journal of World Prehistory. Volume* 32, Issue 1. PP 311-351.

McGovern P. E, Zhang J, Tang J, Zhang Z, Hall G. R, et al. 2004. Fermented beverages of pre- and proto-historic China. *Proceedings of the National Academy of Sciences of the United States of*

America 101(51),17593–17598.

McGovern, Patrick E., *Uncorking the Past: The Quest for Wine, Beer, and Other Alcoholic Beverages*. Berkeley and Los Angeles: University of California Press, 2009.

Miksic, John N. 1995. Evolving Archaeological Perspectives on Southeast Asia, 1970-1995. *Journal of Southeast Asian Studies* 26(1): 46-62.

Morwood, M.J., F. Aziz, P. O'Sullivan, Nasruddin, D.R. Hobbs, and A. Raza. 1999, Archaeological and Paleontological Research in Central Flores, East Indonesia: Results of Fieldwork 1997-1998. *Antiquity* 73: 273-286.

Mourer, Roland. 1977. Laang Spean and the Prehistory of Cambodia. *Modern Quaternary Research in Southeast Asia* 3: 29-56.

Movius, H.L. 1944. Early Man and Pleistocene Stratigraphy in Southern and Eastern Asia. *Papers of the Peabody Museum* 19(3). Cambridge: Harvard University.

Mudar, Karen. 1997. Patterns of Animal Utilization in the Holocene of the Philippines: A comparison of faunal samples from four archaeological sites. *Asian Perspectives* 36(1): 67-105.

Osborne, Milton. 1990. *Southeast Asia: An Illustrated Introductory History*. Boston: Allen & Unwin.

Parlman S M. 1980. An Optimum Diet Model, Coastal Variability, and Hunter-gatherer Behavior. *Advances in Archaeological Method and Theory*, 3: 257-310.

Pham Huy Thong, 1983. Con Moong Cave: A noteworthy archaeological discovery. *Asian Perspectives* (1980) 23 (1): 17-21.

Prishanchit, Sayan. 1988. A Preliminary Survey of Lithic Industries in Mae Hong Son.

Nan and Uttaradit, Northern Thailand. In *Prehistoric Studies: The Stone and Metal Ages in Thailand*, pp. 81-91.

Reynolds, T. 1993. Problems in the Stone Age of Southeast Asia. *Proceedings of the Prehistoric Society* 59: 1-16.

Rindos, D. 1984. *The Origins of Agriculture: an Evolutionary Perspective*. Academic Press,

Orlando,

Rice, Prudence M. On the Origins of Pottery. *Journal of Archaeological Method and Theory* 6 (1), 1999: 1-51.

Rispoli F. 2008. The Incised and Impressed Pottery Style of Mainland Southeast Asia: Following the Paths of Neolithization. *East & West*. 57(1-4): 235-304.

Sagart, L. 2008. The expansion of Setaria farmers in East Asia: a linguistic and archaeological model. In A. Sanchez-Mazas et al. eds, *Past Human Migrations in East Asia: Matching Archaeology, Linguistics and Genetics,* pp. 133 -157.

Simanjuntak, T., and F. Semah. 1996. A New Insight into the Sangiran Flake Industry. *Bulletin of the Indo Pacific Prehistory Association* 14: 22-26.

Smith Bruce. 2001. Low-level Food Production. *Journal of Archaeological Research*. 9(1): 1-43.

Smith P E L. 1976. *Food Production and its Consequence*. 2nd edition, Menlo Park, California, Cumming Publishing Company.

Smith, R., and W. Watson (eds). 1979. *Early Southeast Asia*. New York: Oxford University Press.

Stoneking M. et al. 2023. Genomic perspectives on human dispersals during the Holocene. *PNAS*, Vol. 120, No. 4. pp.1-10.

Soejono, R. P. 1991. Important Prehistoric Discoveries in Indonesia. *Jurnal Arkeologi Malaysia* 4: 16-22.

Solheim Ⅱ, Wilhelm G.1967. International Congresses and Symposia. *Asia Perspectives*. Vol. 10.

Solheim, W.G. 1987 Archaeology and Anthropology in Southeast Asia. *Journal of Southeast Asian Studies* 18(2): 175-181.

Solheim, W.G. 1996. The Nusantao and north-south Dispersals. *Bulletin of the Indo Pacific Prehistory Association* 15: 101-109.

Swisher, C.C., G.H. Curtis, T. Jacob, A.G. Getty, A. Suprijo, Widiasmoro. Age of the Earliest Known Hominids in Java, Indonesia. *Science* 263: 1118-1121.

Theil, B. 1988-1989. Excavations at Musang Cave, northeast Luzon, Philippines. *Asian Perspectives* 28: 61-82.

Watson P. J. 1995. Explaining the transition to agriculture. In T. D. Price and A. B. Gebauer eds, *Last Hunters-First Farmers*. School of American Research Press, Santa Fe, New Mexico, pp. 21-38.

Welch, David J., and Judith R. McNeill. 1989. Archaeological Investigations of Pattani History. *Journal of Southeast Asian Studies* 19(1): 27-41.

White, J. 1995. Modeling the Development of Early Rice Agriculture: Ethnoecological Perspectives from Northeast Thailand. *Asian Perspectives* 34(1): 34-68.

White, J.P., and J. F. O'Connell. 1982. *A Prehistory of Australia, New Guinea, and Sahul*. Sydney: Academic Press.

后　记

　　本书来自于作者 2017 年的国家社科基金一般项目《岭南地区新石器化的过程考古学研究》研究成果，该项目于 2022 年结项，成果鉴定等级为"优秀"，专家给予了较高的评价。在以上成果基础上，又加入了作者历年来关于岭南及东南亚新石器时代考古研究的一些心得，撰写成为此书。

　　我的硕士阶段在山东大学历史文化学院追随栾丰实教授求学，学习新石器时代考古，研究的是鲁豫皖交界地带的新石器时代文化，论文修改后发表在《考古》2007 年第 2 期。我博士阶段的导师是复旦大学文博系陈淳教授，陈老师的专长是史前考古和考古学理论，尽管我的博士论文写的是民国时期历史语言研究所的考古史，但在培养过程中学习到了很多史前考古的知识。2008 年我博士毕业后来到广西师范大学工作，从事考古学及博物馆学学科的教学科研工作，这时候面临一个科研方向的选择问题。根据所在学校的客观情况，我决定以华南和东南亚考古作为自己的主攻方向。十余年来，经过潜心学习钻研，我对这个领域日渐熟悉，也撰写了不少论文。期间在该领域先后获得了三项国家社科基金项目，分别是 2012 年的《华南与东南亚新石器时代比较考古研究》、2017 年的《岭南地区新石器化的过程考古学研究》和 2023 年的《中南半岛新石器时代文化进程的综合研究》。前两个项目已经结题，分别获得"良好"和"优秀"等级。第一个项目的结项结果已经出版，即广西师范大学出版社 2016 年出版的《华南与东南亚新石器时代的文化面貌、生业经济和族群迁徙》，这本书是国内比较早关注东南亚史前考古的一本著作，在同行中产生了一定影响。2017 年项目的结项成果就是本书，这本书的不少内容实际上已经在期刊上发表过了，包括《南方文物》《华夏考古》《农业考古》《广西民族研究》《广西民族大学学报（哲社版）》和《广西师范大学学报（哲社版）》等，其中有些论文的引用率还比较高。另外，这些年我和广西文物保护与考古研究所的谢光茂研究员还做了一件重要的事情，就是合作翻译了澳大利亚国立大学彼得·贝尔伍德教授的两本著作（《最早的农人：农业社会的起源》和《最早的岛民：岛屿东南亚史前史与人类迁徙》，由上海古籍出版社分别于 2020 年和 2023 年出版）。这两本书是关于东南亚考古的权威著作，对于中国考古界了解东南亚考古有重要作用，学术界普遍有较好的评价。我自己的体会，翻译的过程也是深入了解东南亚考古的过程，对于项目研究很有助益。这方面的工作我和谢光茂研究员还会继续做下去，尽力将东南亚考古的最新成果介绍给中国考古界。

在新石器时代考古方面，岭南地区和黄河流域、长江流域区别很大，根本原因在于，黄河流域和长江流域是世界上少数几个农业起源核心地带，而岭南由于地理阻隔，只是处于农业核心地带的外围，但因为空间位置上和农业起源核心地带毗邻，所以当长江流域的农业社会蓄积了足够的力量向外扩张时，岭南地区首当其冲最先受到了农业文化的洗礼。这个文化和人群的冲击波源源不断，逐渐改变了岭南和东南亚的面貌。当然，我们并不否认更新世以来岭南和东南亚发生的渔猎采集文化剧变，在本书中仍然称这个阶段为"新石器时代"，以纳入中国考古学的现有体系中。但很清楚，岭南和东南亚新石器时代的前半段和后半段是有根本区别的。这并不涉及文化发展水平的评价，因为，无论采取哪种经济方式，都是古人类面对生存环境采取的最佳适应策略。

岭南与东南亚特别是中南半岛有密切联系，这一点在本书中多次提到，并使用了较多篇幅进行了探讨。在新石器时代的前半段，二者之间在文化和人种上都有较高程度的一致性。后半段则是中国农业文化强烈影响东南亚的过程，粟作和稻作农业人群先后进入东南亚大陆地区，奠定了后来东南亚社会的人种和社会基础。本书特别使用了张光直先生创造的"龙山化"一词，来指代距今 5000 年之后东亚农业核心地带对东南亚的影响，在广大地域范围内发生的这种文化同质性现象，是有目共睹的。

由于研究对象的范围广，材料复杂，难度很大，加之本人学养有限，所以本书对于岭南新石器化的进程并未做面面俱到的讨论，而只是挑选了几个自以为比较新颖的角度入手，例如陶质酒器、石斧石锛、史前战争、稻作农业、粟作农业、狩猎采集经济等，虽然对岭南新石器时代难窥全貌，但希望能够一叶知秋。

　　本书的撰写参考了不少新考古学的理论和方法，和传统的研究方式相比，本书论述有一定的发散性，但在逻辑上是比较清楚的，研究时段和研究内容基本上是层层递进的关系，大致构成一个逻辑自洽的整体。

　　本书依托的国家社科基金项目名称为《岭南地区新石器化的过程考古学研究》，鉴定专家提出，出版时书名可改为《岭南地区新石器化过程的考古学研究》，更为合理。作者采纳了专家的意见，并致以谢意。

　　本书部分内容曾经在指导研究生过程中让多人参与，包括韩恩瑞、罗晓东、刘恒、李中阳等，都参加了初步工作。他们现在已经走上工作岗位，全都从事考古文博专业，希望他们一切顺利，有所成就。本书中的插图，由广西师范大学历史文化与旅游学院白丽群老师进行了重绘，深表谢意。封面和封底照片为广西隆安娅怀洞遗址远景，此照片由谢光茂研究员提供，谨此致谢！

　　在作者强烈请求之下，中山大学郑君雷教授不吝赐序。郑教授在百忙之中通读了全部书稿，提出了很多中肯的意见，非常感谢郑教授的赞许和鼓励！

　　本书出版经费由广西师范大学人文社会科学发展研究中心和历史文化与旅游学院共同提供，谨致谢忱！

　　文物出版社责编秦彧对本书提出了很多专业性意见，在此特别致谢！

陈洪波

2023 年 9 月 28 日于广西师范大学华南边疆考古研究中心